쓱싹 시리즈 ⑫

쓱 하고
싹 배우는

한글 2016 (NEO)

저자 김영미

YoungJin.com Y.
영진닷컴

쓱 하고 싹 배우는
한글 2016(NEO)

401, STX-V Tower 128, Gasan digital 1-ro, Geumcheon-gu, Seoul, Republic of Korea.
All rights reserved. First published by Youngjin.com. in 2022. Printed in Korea
저작권법에 의해 한국 내에서 보호를 받는 저작물이므로 무단 전재와 복제를 금합니다.

ISBN 978-89-314-6598-3

독자님의 의견을 받습니다

이 책을 구입한 독자님은 영진닷컴의 가장 중요한 비평가이자 조언가입니다. 저희 책의 장점과 문제점이 무엇인지, 어떤 책이 출판되기를 바라는지, 책을 더욱 알차게 꾸밀 수 있는 아이디어가 있으면 이메일, 또는 우편으로 연락주시기 바랍니다. 의견을 주실 때에는 책 제목 및 독자님의 성함과 연락처(전화번호나 이메일)를 꼭 남겨 주시기 바랍니다. 독자님의 의견에 대해 바로 답변을 드리고, 또 독자님의 의견을 다음 책에 충분히 반영하도록 늘 노력하겠습니다.

이메일 : support@youngjin.com
주 소 : 서울특별시 금천구 가산디지털1로 128 STXV타워 4층 401호
등 록 : 2007. 4. 27. 제16-4189호

STAFF

저자 김영미 | **기획** 기획 1팀 | **총괄** 김태경 | **진행** 김연희 | **디자인** 박지은 | **편집** 이주은
영업 박준용, 임용수 | **마케팅** 이승희, 김근주, 조민영, 김예진, 채승희, 김민지 | **제작** 황장협 | **인쇄** 제이엠

이 책은요!

문서 편집 프로그램인 한글 2016(NEO)의 사용 방법을 배우며
나만의 문서를 작성해 보아요!

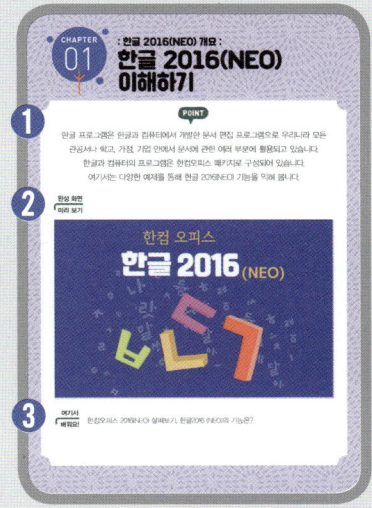

① POINT
챕터에서 배우게 될 내용을 간략하게 소개해요.

② 완성 화면 미리 보기
챕터에서 배우게 되는 예제의 완성된 모습을 미리 만나요.

③ 여기서 배워요!
어떤 내용을 배울지 간략하게 살펴봐요. 배울 내용을 미리 알아 두면 훨씬 쉽고 재미있게 배울 수 있어요.

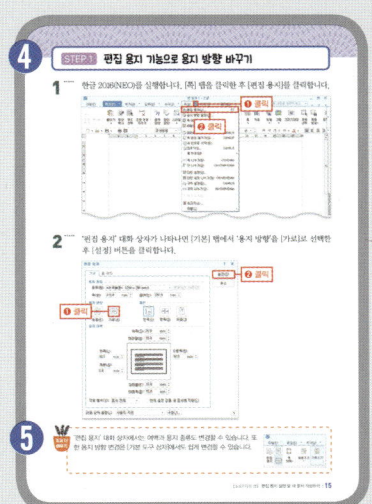

④ STEP
예제를 하나하나 따라 하면서 본격적으로 기능들을 익혀 봐요.

⑤ 조금 더 배우기
본문에서 설명하지 않은 내용 중 중요하거나 알아 두면 좋을 내용들을 알 수 있어요.

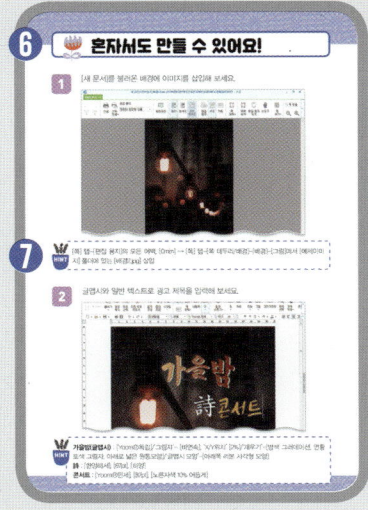

⑥ 혼자서도 만들 수 있어요!
챕터에서 배운 내용을 연습하면서 한 번 더 기능을 숙지해 봐요.

⑦ HINT
문제를 풀 때 참고할 내용을 담았어요.

이 책의 목차

: 한글 2016(NEO) 개요 :

CHAPTER 01 한글 2016(NEO) 이해하기 ········· 06

CHAPTER 02 한글 2016 환경 설정 및 화면 구성 ········· 08

: 한글 2016(NEO) 기본 기능 익히기 :

CHAPTER 03 편집 용지 설정 및 새 문서 작성하기 ········· 14

CHAPTER 04 문서 편집하기 ········· 22

CHAPTER 05 글상자 다루기 ········· 31

CHAPTER 06 이미지 다루기 ········· 38

CHAPTER 07 저장 및 인쇄하기 ········· 46

: 예제로 배우기 :

CHAPTER 08	이미지와 글맵시로 광고 배경과 제목 만들기	50
CHAPTER 09	표 및 이미지를 이용한 광고지 꾸미기	64
CHAPTER 10	카카오톡으로 광고지 전송하기	78
CHAPTER 11	바탕쪽을 이용한 여행지 제목 만들기	83
CHAPTER 12	다단을 이용해 여행지 정보 정리하기	91
CHAPTER 13	꼬리말을 이용한 페이지 번호 매기기	99
CHAPTER 14	PDF 파일로 저장한 후 블로그에 게시하기	104
CHAPTER 15	표 삽입 및 자동 채우기로 여행 경비 비교 항목 작성하기	110
CHAPTER 16	표 계산 및 캡션 삽입하기	119
CHAPTER 17	도형과 개체를 이용하여 약도 만들기	126
CHAPTER 18	이미지 및 글상자 활용하여 약도 꾸미기	134
CHAPTER 19	여행 용품 라벨 만들기	139
CHAPTER 20	메일 머지 기능을 이용한 우편 봉투 만들기	147

CHAPTER 01

: 한글 2016(NEO) 개요 :
한글 2016(NEO) 이해하기

한글 프로그램은 한글과컴퓨터에서 개발한 문서 편집 프로그램으로 우리나라 모든 관공서나 학교, 가정, 기업 안에서 문서에 관한 여러 부분에 활용되고 있습니다. 한글과컴퓨터의 프로그램은 한컴 오피스 패키지로 구성되어 있습니다. 여기서는 다양한 예제를 통해 한글 2016(NEO) 기능을 익혀 봅니다.

완성 화면 미리 보기

여기서 배워요! 한컴 오피스 2016(NEO) 살펴보기, 한글 2016(NEO)의 기능은?

STEP 1 한컴 오피스 2016 구성 및 기능 살펴보기

■ 한컴 오피스 2016 구성

한컴 2016(NEO)는 아래와 같이 다양한 패키지로 구성되어 있습니다.

- 한컴 오피스 NEO 한글
- 한컴 오피스 NEO 한워드
- 한컴 오피스 NEO 한셀
- 한컴 오피스 NEO 한쇼
- 한글과컴퓨터 문서찾기
- 한글과컴퓨터 사전
- 한글과컴퓨터 타자연습
- 한글과컴퓨터 개인정보 탐색기

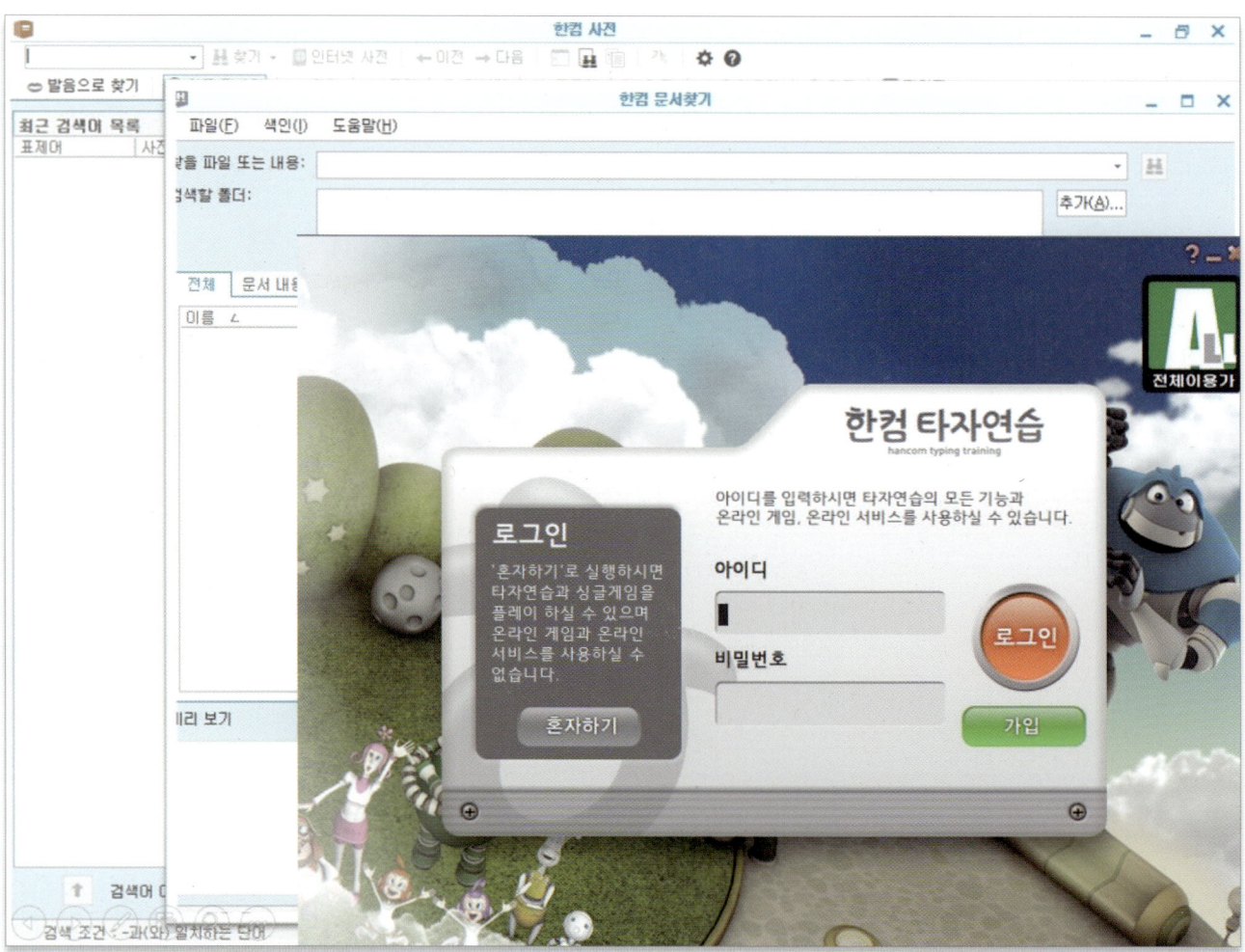

■ 한컴 오피스 2016 기능

한컴 2016(NEO)는 아래와 같은 다양한 기능을 제공합니다.

- 일반적인 편집 기능과 텍스트의 3D 효과 및 3D 프린터 출력 지원
- Word 문서 전용 편집기인 한워드를 제공
- PDF 문서를 오피스 문서로 편집
- 국내외 표준 문서 파일 포맷(OOXML, OWPML, ODF) 지원

CHAPTER 02

: 한글 2016(NEO) 개요 :
한글 2016 환경 설정 및 화면 구성

POINT

이번 장은 한글 2016(NEO) 파일을 불러올 때 나타나는
기본 폴더를 지정하는 방법과 기본 화면 구성을 살펴봅니다.

완성 화면 미리 보기

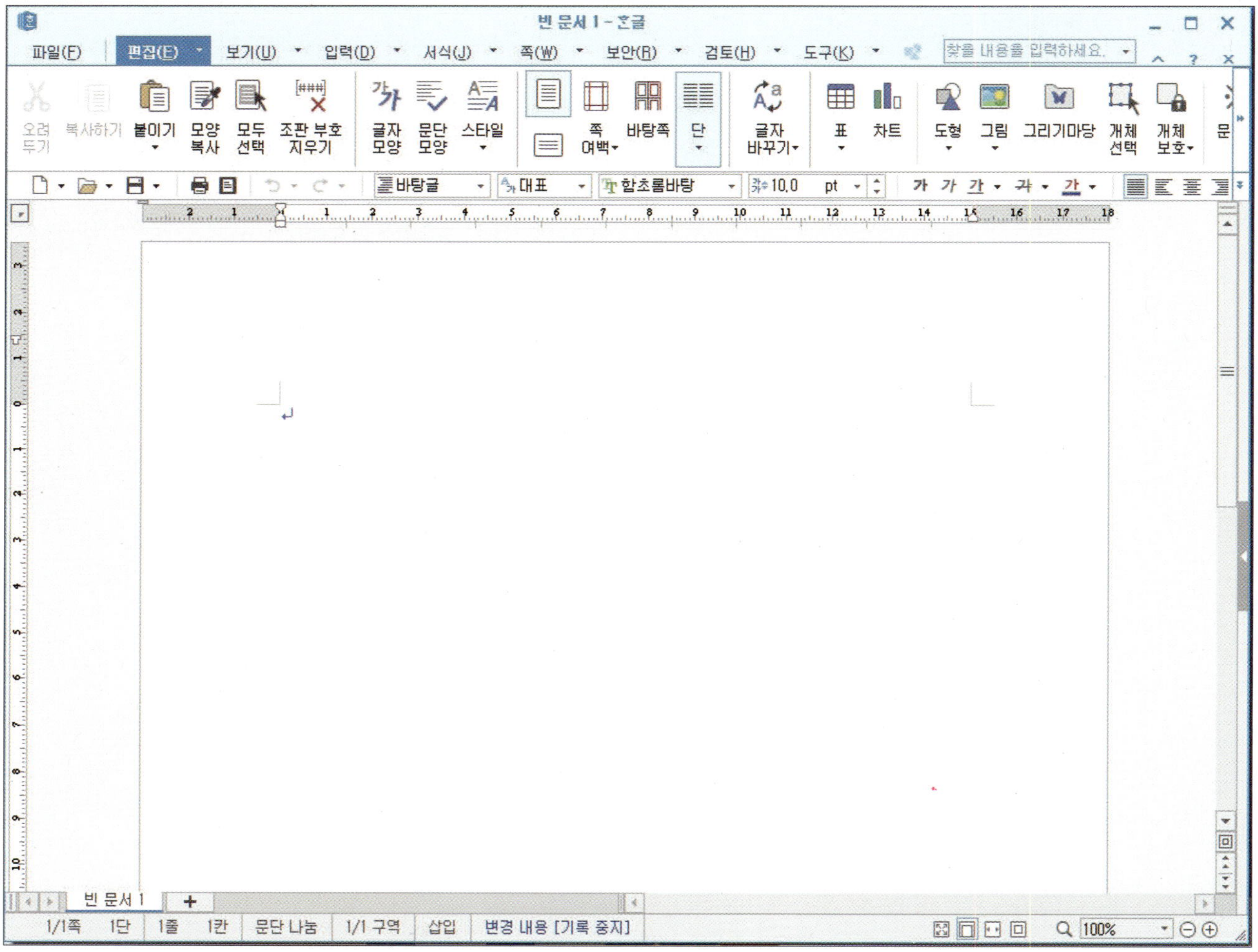

여기서 배워요! 기본 폴더 지정하기, 한글 2016(NEO) 실행 및 기본 화면 구성 살펴보기, 종료하기

STEP 1 기본 폴더 지정하기

1 [시작](■) 버튼을 클릭한 후 [한컴 기본 설정]을 클릭합니다.

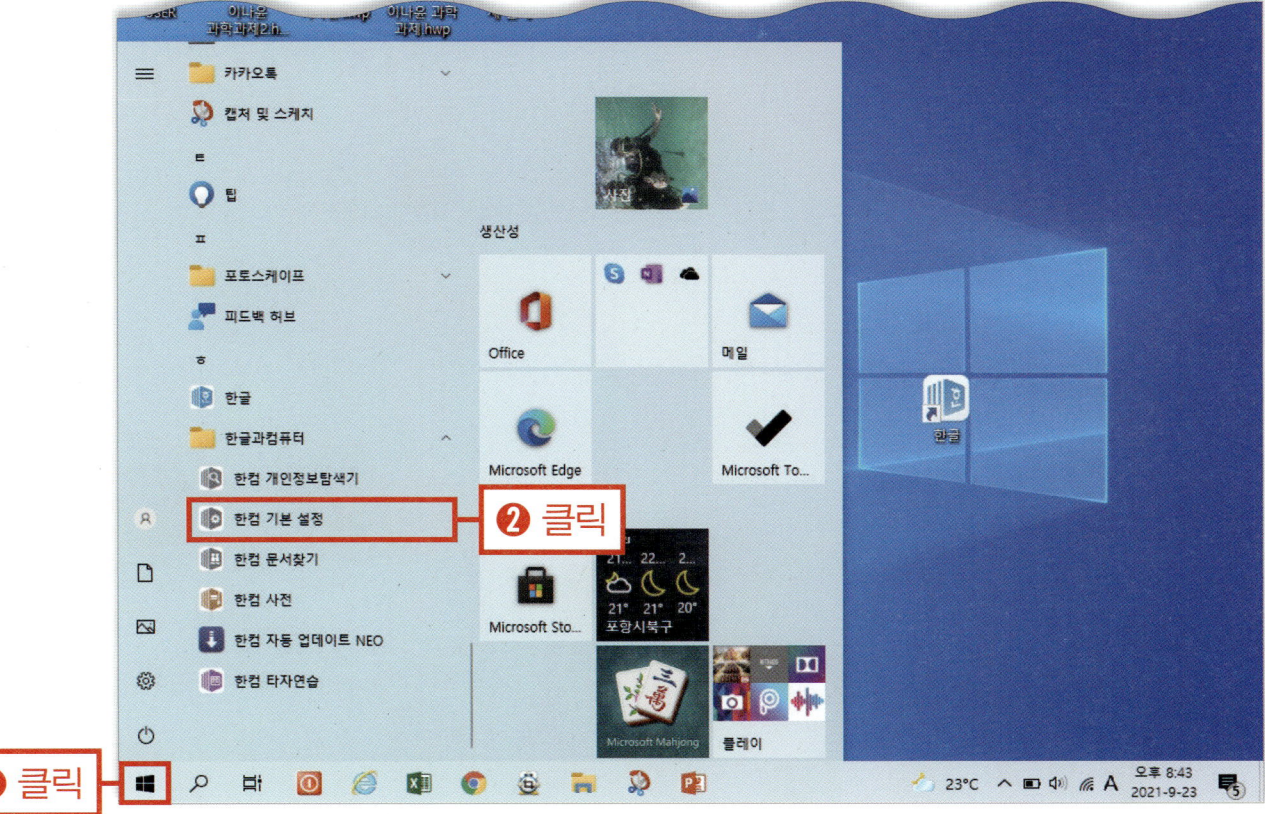

2 '한컴 기본 설정' 대화 상자가 나타나면 [사용자 설정] 버튼을 클릭합니다.

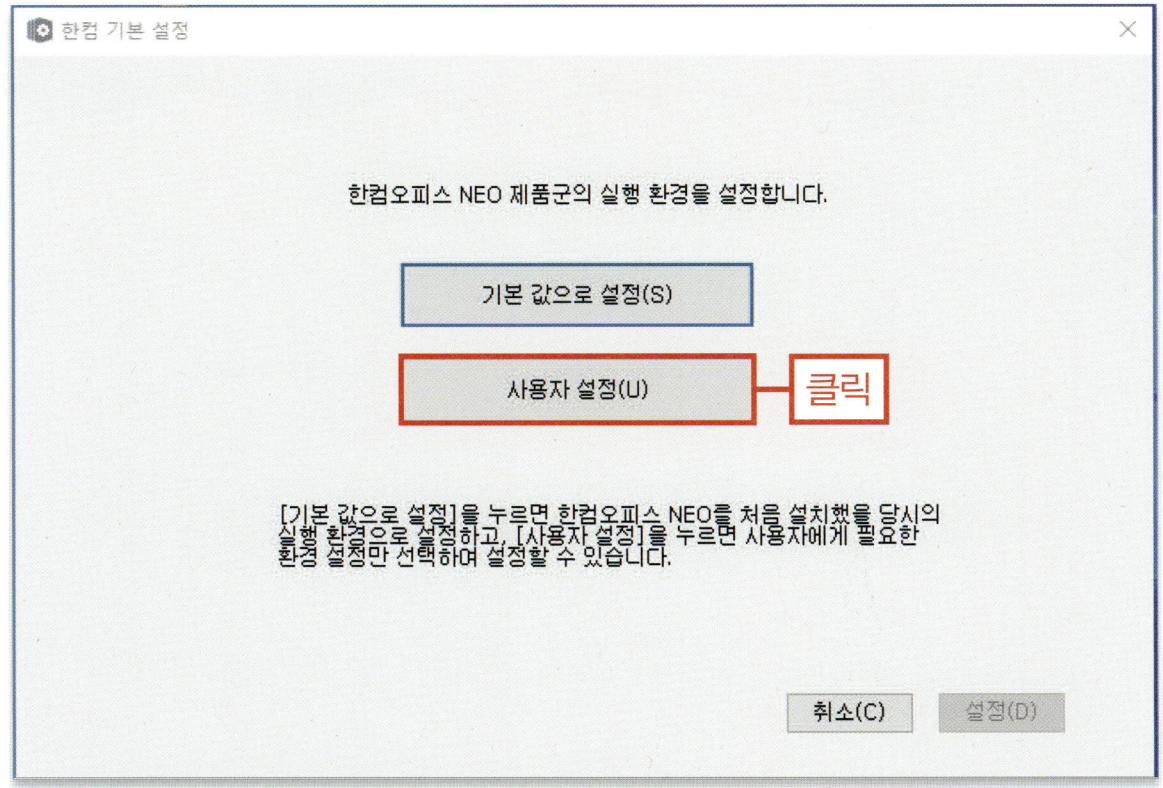

3 [한글] 탭을 선택한 다음 '작업 폴더' 영역에서 [찾아보기](...) 버튼을 클릭합니다. '폴더 찾아보기' 대화 상자가 나타나면 원하는 폴더를 선택합니다. 여기서는 [바탕 화면]을 선택한 후 [확인]-[설정] 버튼을 차례대로 클릭합니다.

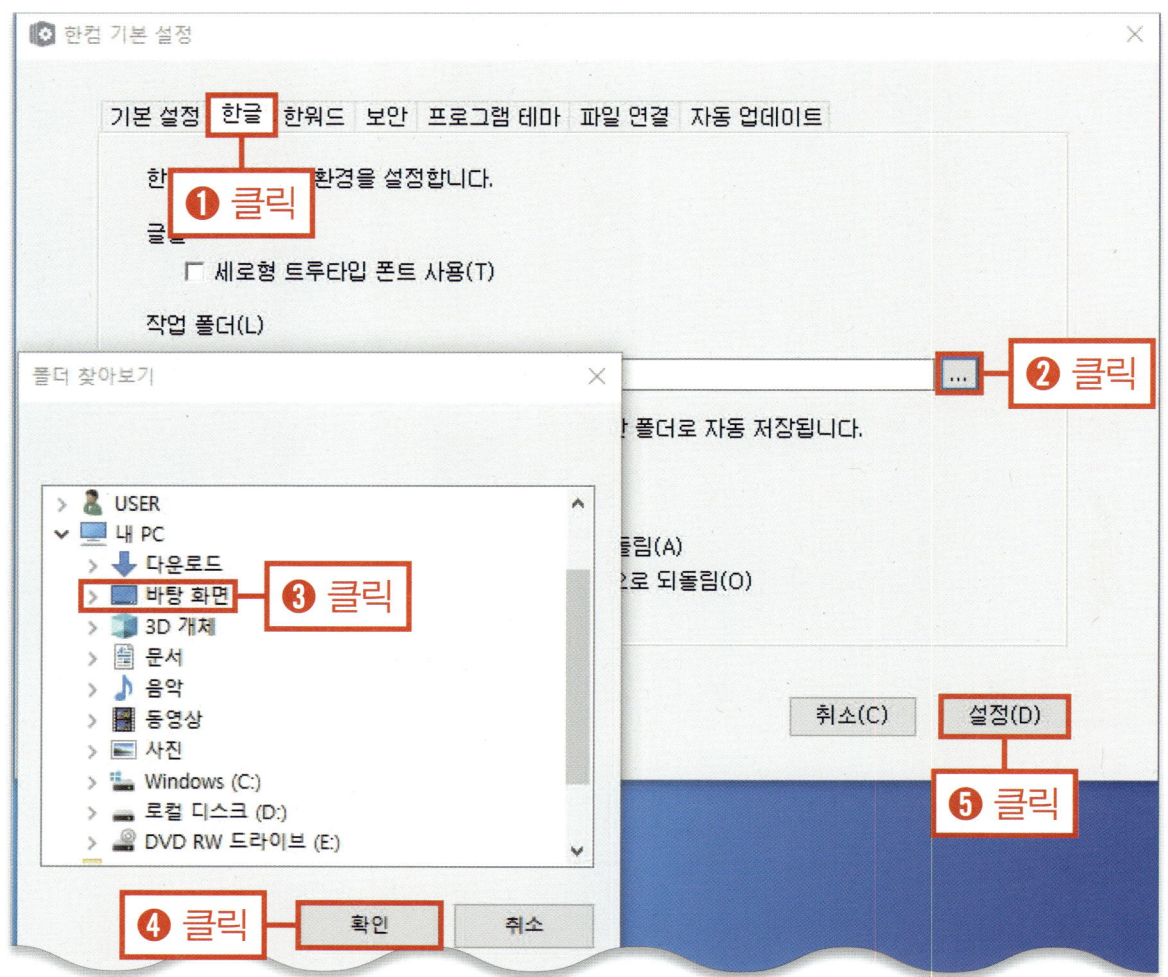

4 [마침] 버튼을 클릭합니다.

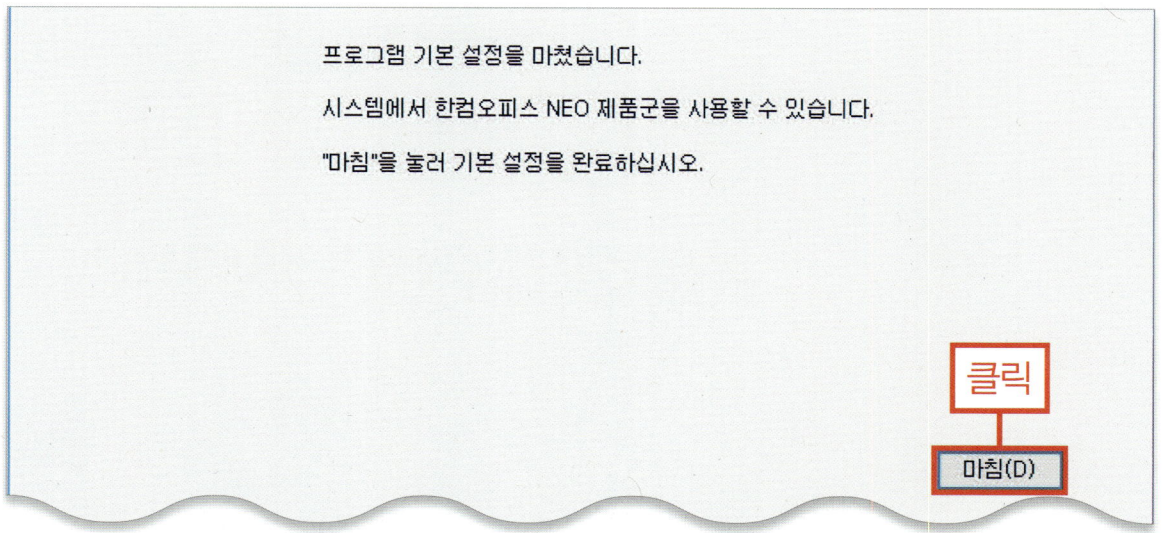

5 [시작](■) 버튼을 클릭한 다음 [한글]을 실행합니다.

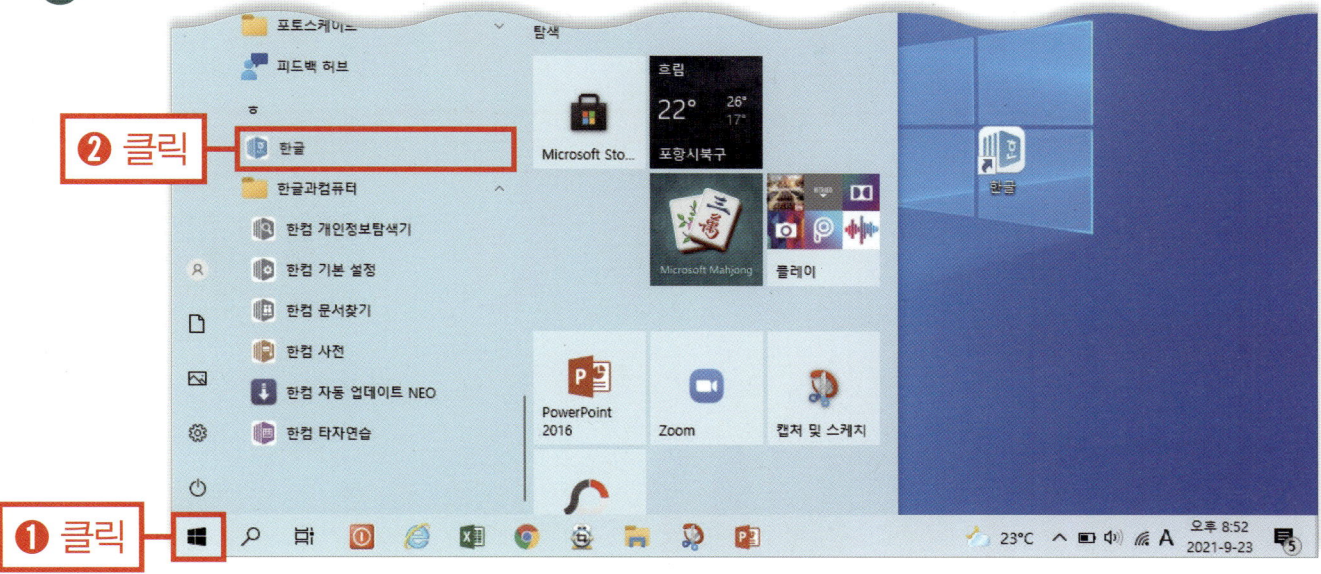

- '한글 2016(NEO)'는 실행 시 프로그램 이름에 2016이 나타나지 않습니다.
- 윈도우 바탕 화면에 있는 [한글 2016(NEO)](■) 바로가기 아이콘을 더블 클릭해도 실행됩니다.

6 [파일] 탭-[불러오기]를 클릭하면 나타나는 폴더가 '바탕 화면'인 것을 확인할 수 있습니다.

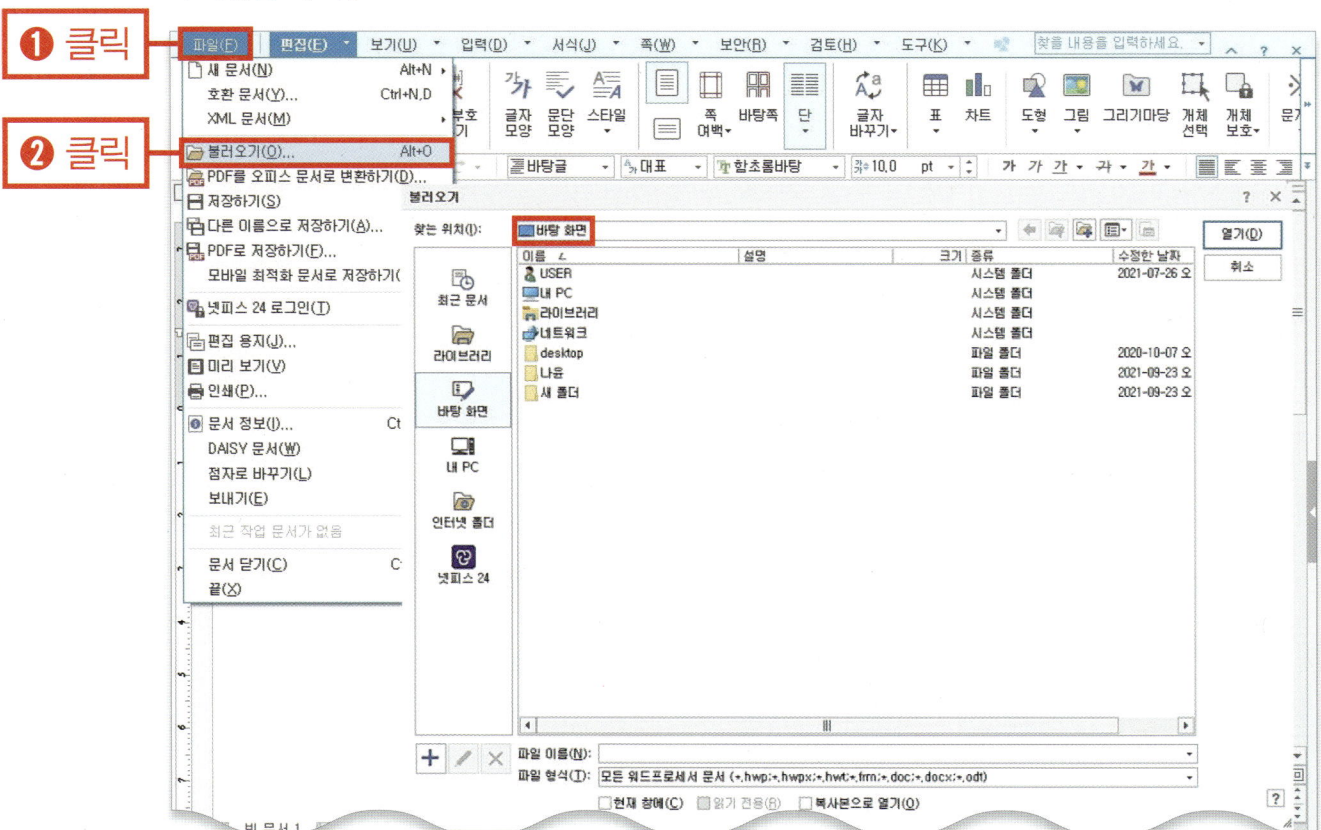

STEP 2 한글 2016(NEO) 기본 화면 구성 살펴보기

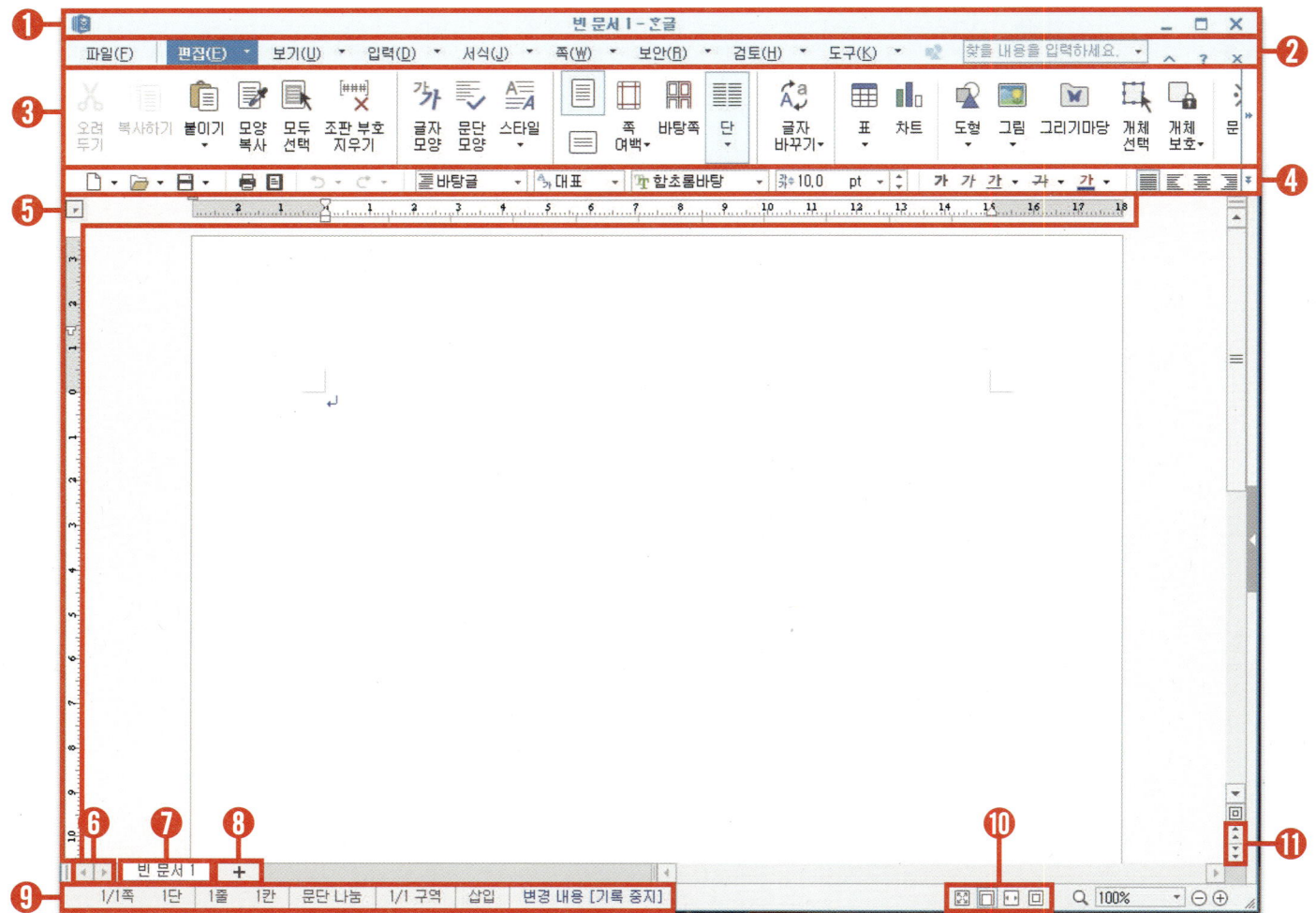

① **제목표시줄** : 파일을 저장한 후 제목과 최소화, 최대화, 닫기 단추가 표시됩니다.

② **메뉴 탭** : 다양한 메뉴들이 탭으로 정리되어 있습니다.

③ **기본 도구 상자** : 각 메뉴에서 자주 사용되는 기능을 그룹 형식으로 묶어서 표시합니다.

④ **서식 도구 상자** : 서식을 조금 더 빠르게 설정할 수 있도록 기본 서식이 표시됩니다.

⑤ **눈금자** : 개체를 맞춤할 때 유용한 기능입니다.

⑥ **탭 이동 단추** : 문서가 탭으로 나타날 때 이동이 편리합니다.

⑦ **문서 탭** : 저장한 파일이 문서의 탭으로 나타납니다.

⑧ **새 탭 삽입** : 새로운 문서를 탭으로 삽입할 때 사용합니다.

⑨ **상황선** : 파일의 전반적인 정보를 나타냅니다.

⑩ **보기 선택 아이콘** : 여러 보기 상태로 문서를 확인할 수 있습니다.

⑪ **쪽 이동 단추** : 쪽을 이동합니다.

STEP 3 한글 2016(NEO) 종료하기

1 한글 2016(NEO)를 종료하려면 오른쪽 상단의 [닫기](✕) 버튼을 클릭합니다. '닫기' 대화 상자가 나타나면 상황에 맞는 버튼을 클릭합니다.

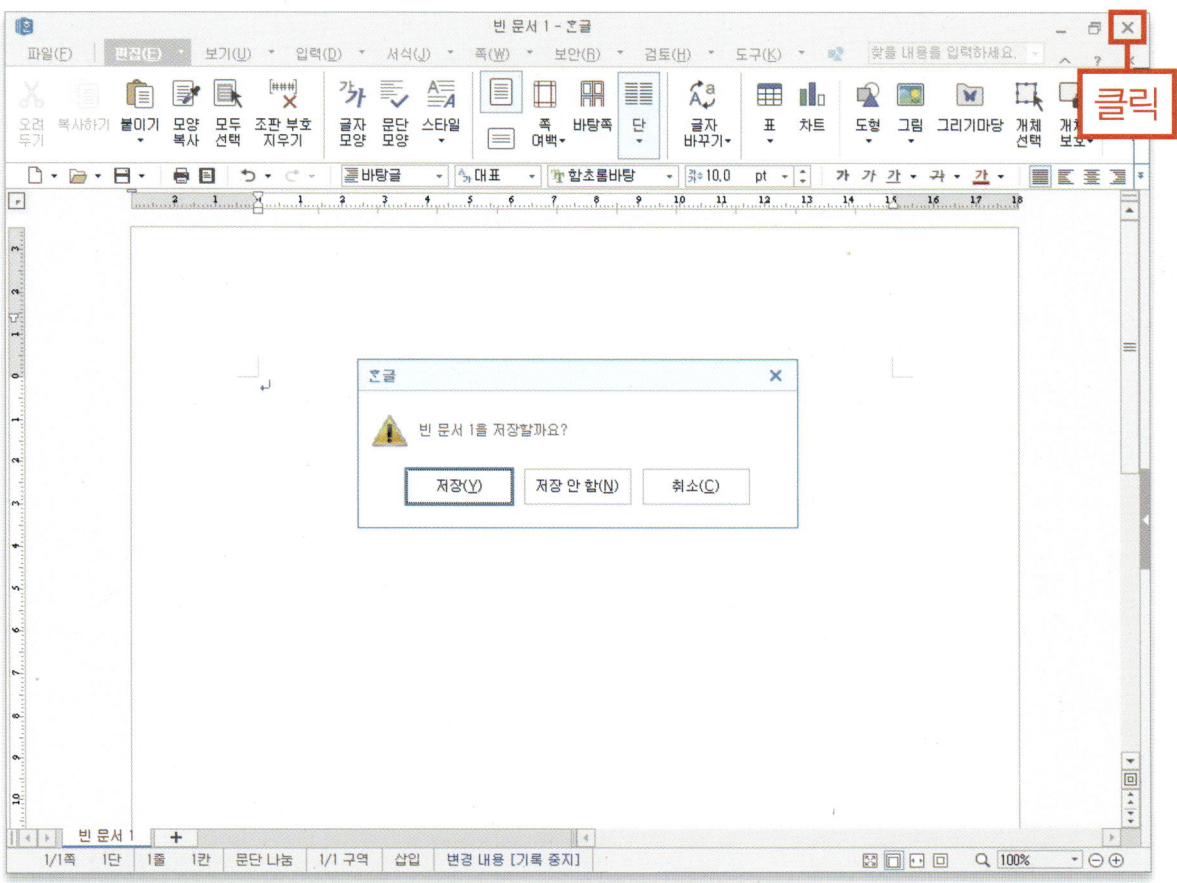

 [파일] 탭-[문서 닫기]를 클릭해도 종료할 수 있습니다.

CHAPTER 03

: 한글 2016(NEO) 기본 기능 익히기 :

편집 용지 설정 및 새 문서 작성하기

POINT

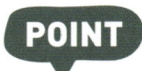

3장에서 7장까지는 한글 2016(NEO) 기본 기능을 익혀 봅니다.
이번 장에서는 문서 작성 시작 전에 편집 용지를 설정하는 방법과 새 문서 작성법,
그리고 여러 문자를 입력하는 방법을 알아봅니다.

완성 화면 미리 보기

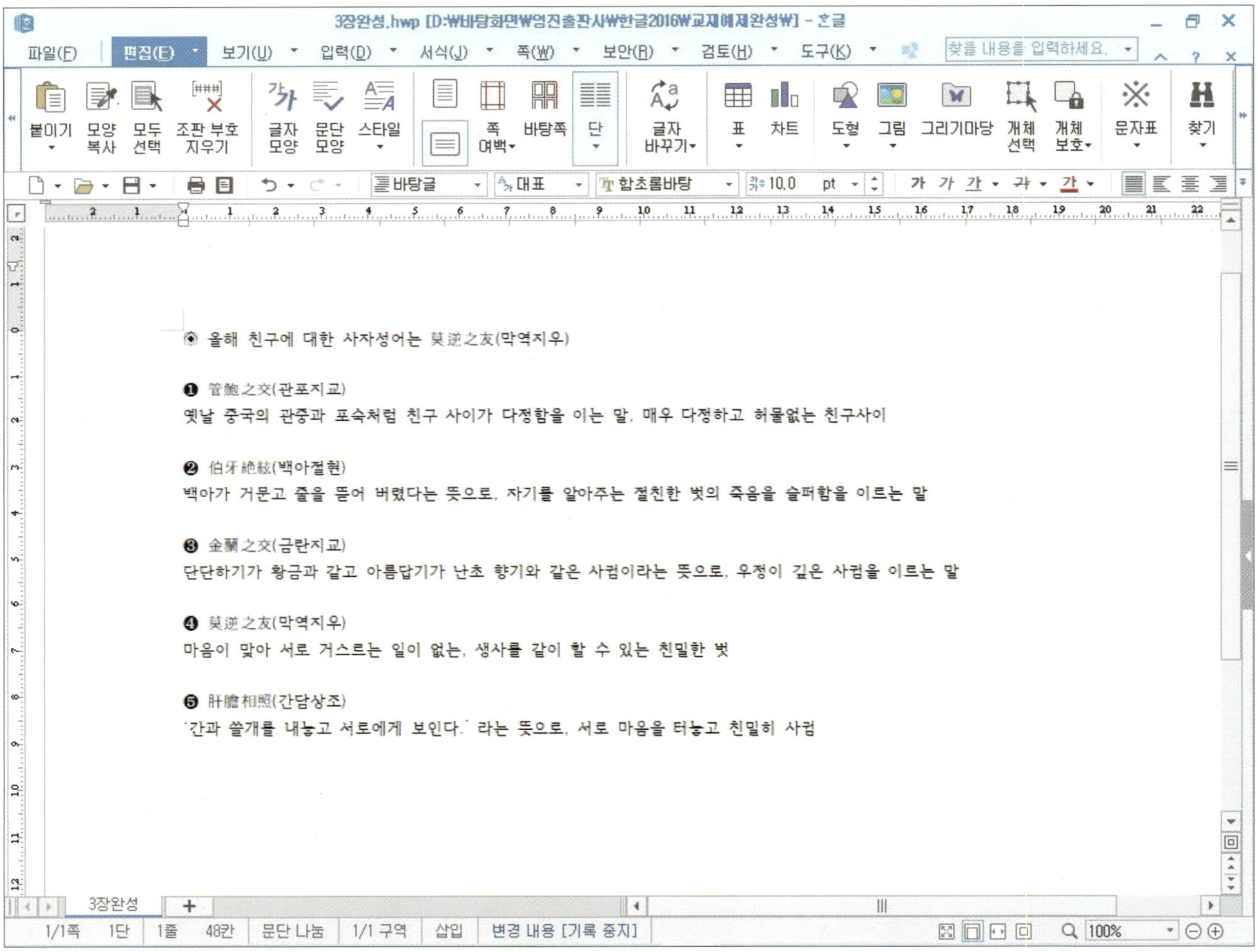

여기서 배워요!

편집 용지 설정하기, 새 문서 작성하기, 한자 및 특수 문자 입력하기

STEP 1 편집 용지 기능으로 용지 방향 바꾸기

1 한글 2016(NEO)를 실행합니다. [쪽] 탭의 [목록 단추]-[편집 용지]를 차례대로 클릭합니다.

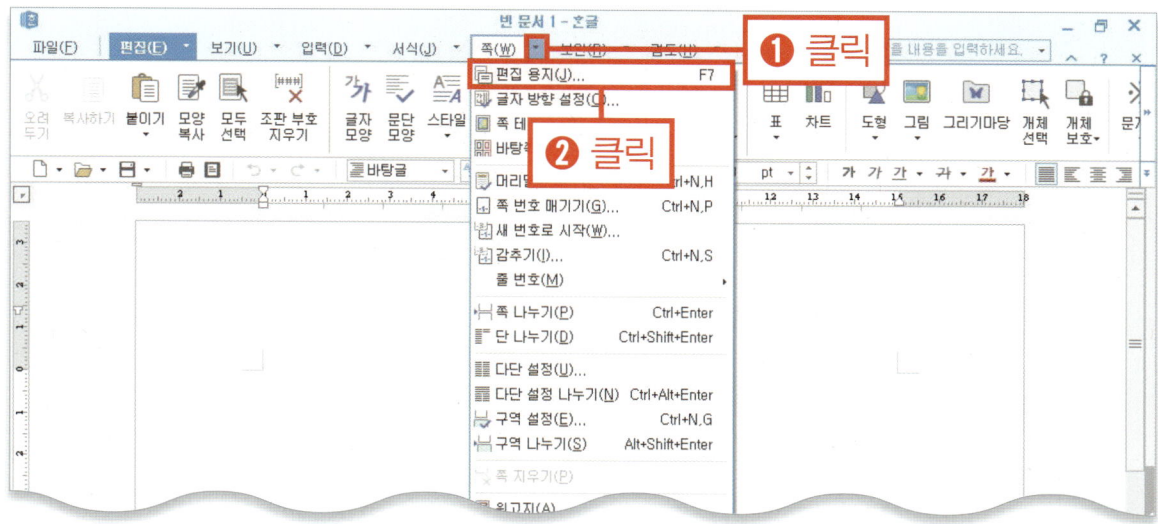

2 '편집 용지' 대화 상자가 나타나면 [기본] 탭에서 '용지 방향'을 [가로]로 선택한 후 [설정] 버튼을 클릭합니다.

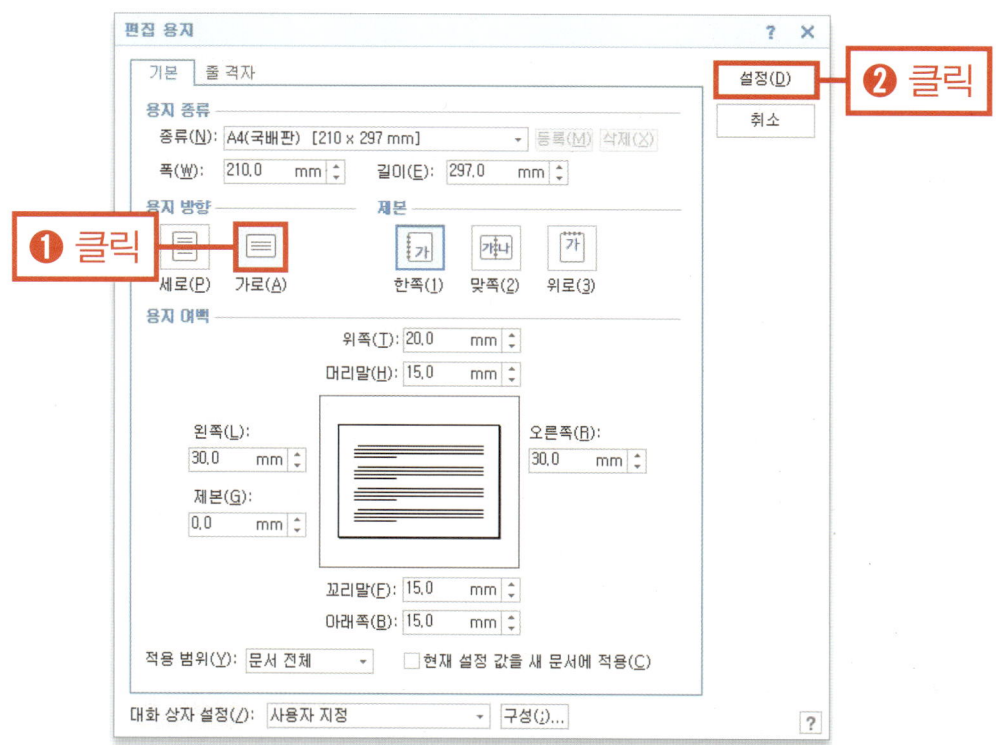

> **조금 더 배우기**
> '편집 용지' 대화 상자에서는 여백과 용지 종류도 변경할 수 있습니다. 또한 용지 방향 변경은 [기본 도구 상자]에서도 쉽게 변경할 수 있습니다.
>
>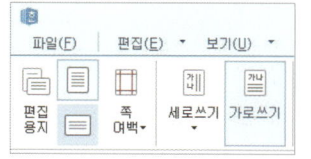

STEP 2　새 문서 작성하기

1 화면에 다음과 같이 입력하거나 [예제] 폴더에서 [3장.hwp] 파일을 불러옵니다.

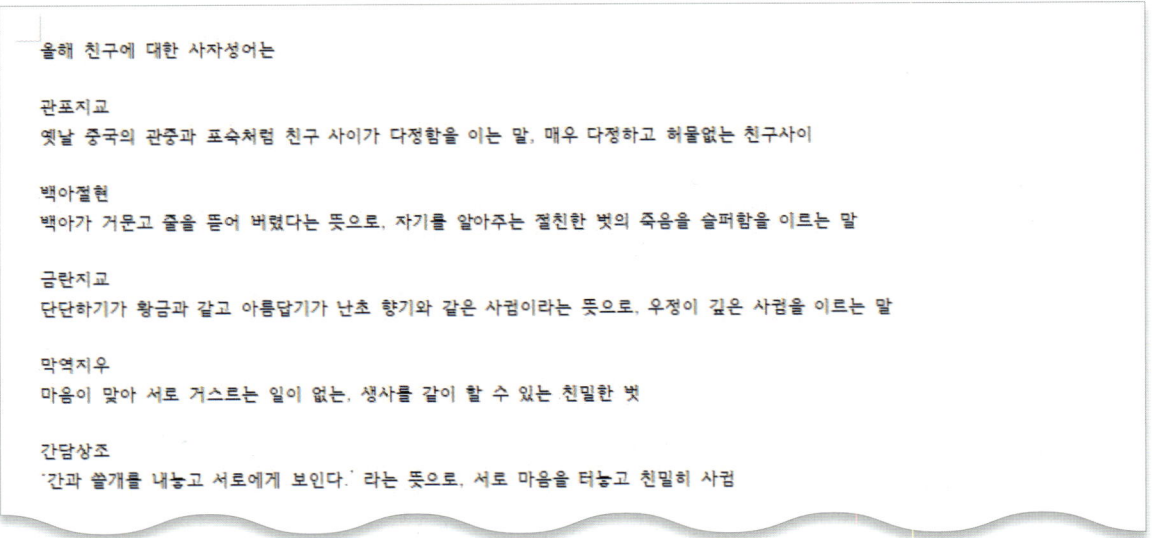

2 '막역지우'를 제목에 복사하기 위해 텍스트를 드래그하여 블록 설정한 후 마우스 오른쪽 버튼을 눌러 [복사하기]를 클릭합니다.

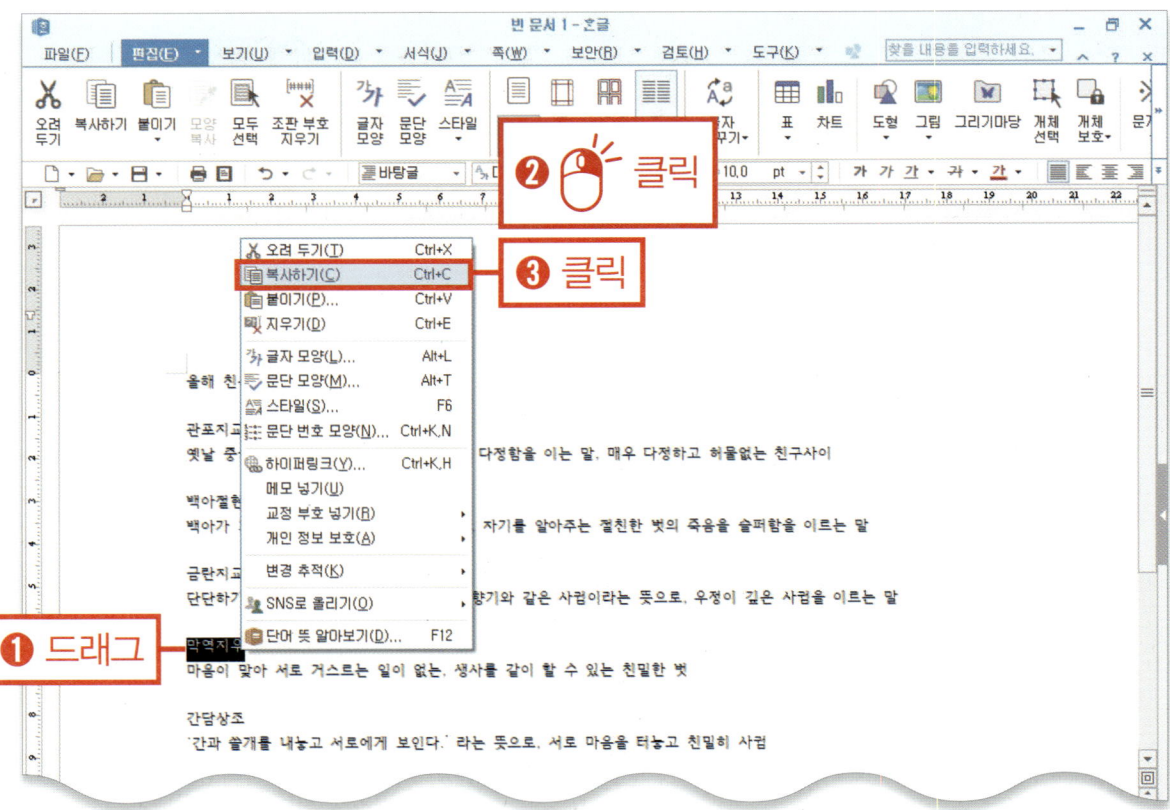

> 드래그하여 블록 설정한 후 단축키 Ctrl+C를 눌러도 복사할 수 있습니다.

3 제목 끝에 마우스 오른쪽 버튼을 눌러 [붙이기]를 클릭합니다.

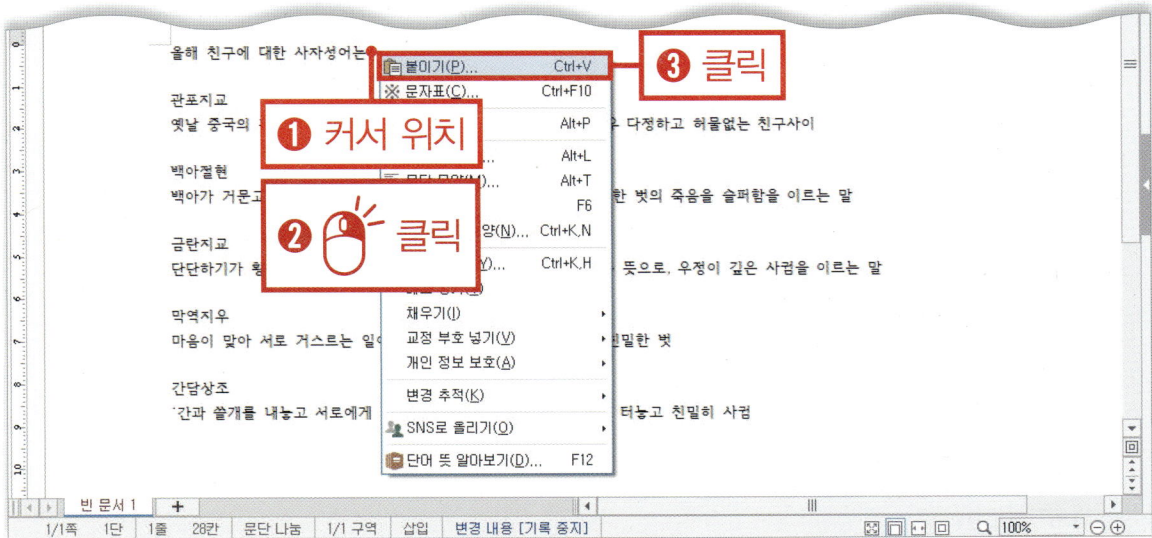

- [편집] 탭-[기본 도구 상자]에서 [복사하기]와 [붙이기]를 선택해도 됩니다.
- 붙이기 단축키 Ctrl+V를 눌러도 됩니다.

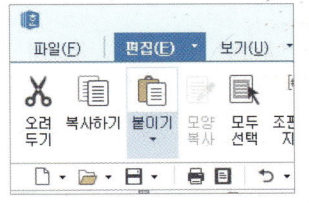

STEP 3 한자 및 특수 문자 입력하기

1 '관포지교'를 드래그한 후 키보드의 [한자] 버튼을 누릅니다. '한자로 바꾸기' 대화 상자가 나타나면 '입력 형식'을 [漢字(한자)]로 선택한 후 [바꾸기] 버튼을 클릭합니다.

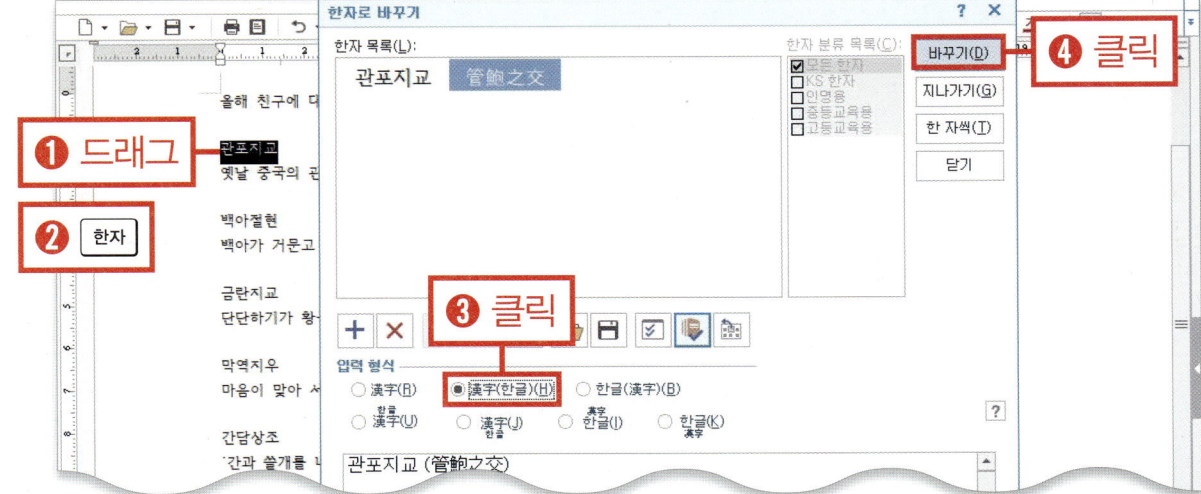

2 나머지 사자성어도 동일한 방법으로 변환합니다.

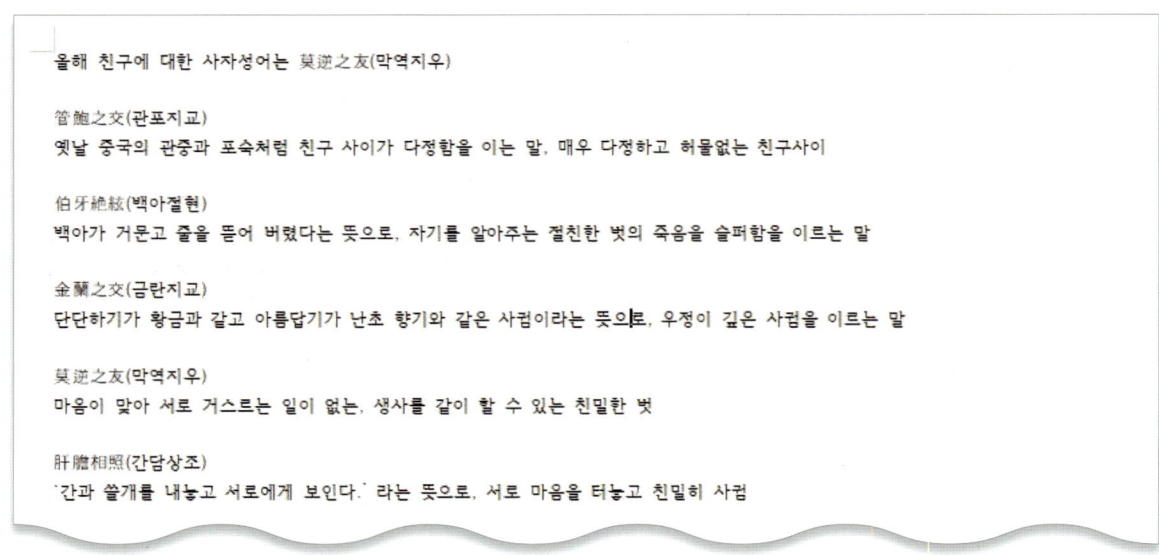

 [편집] 탭-[기본 도구 상자]에서 [글자 바꾸기]-[한자로 바꾸기]를 차례대로 클릭해도 됩니다.

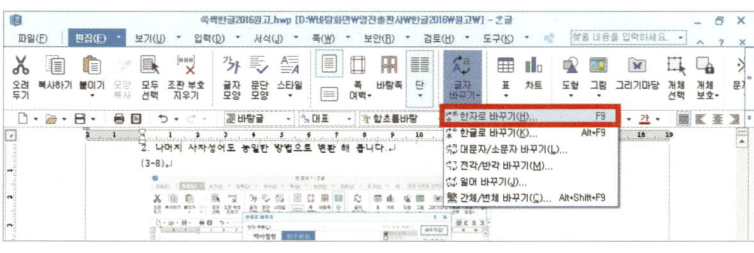

3 각 사자성어에 원 문자를 붙이기 위해 먼저 '管鮑之交(관포지교)' 앞에 마우스 커서를 위치시킨 다음 [편집] 탭-[기본 도구 상자]에서 [문자표]-[문자표]를 차례대로 클릭합니다.

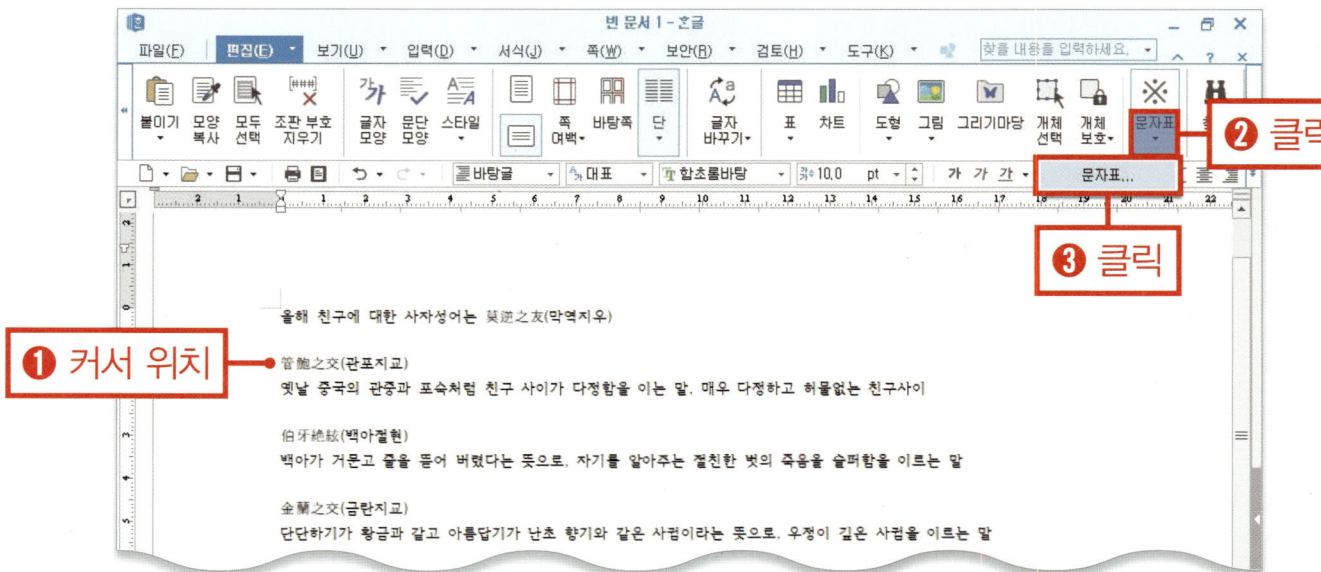

4 '문자표 입력' 대화 상자가 나타나면 [한글(HNC) 문자표] 탭을 클릭한 후 '문자 영역'에서 [원 문자 조각]을 선택합니다. [❶]을 선택한 다음 [넣기] 버튼을 클릭합니다. 나머지 사자성어에도 동일하게 순서대로 입력합니다.

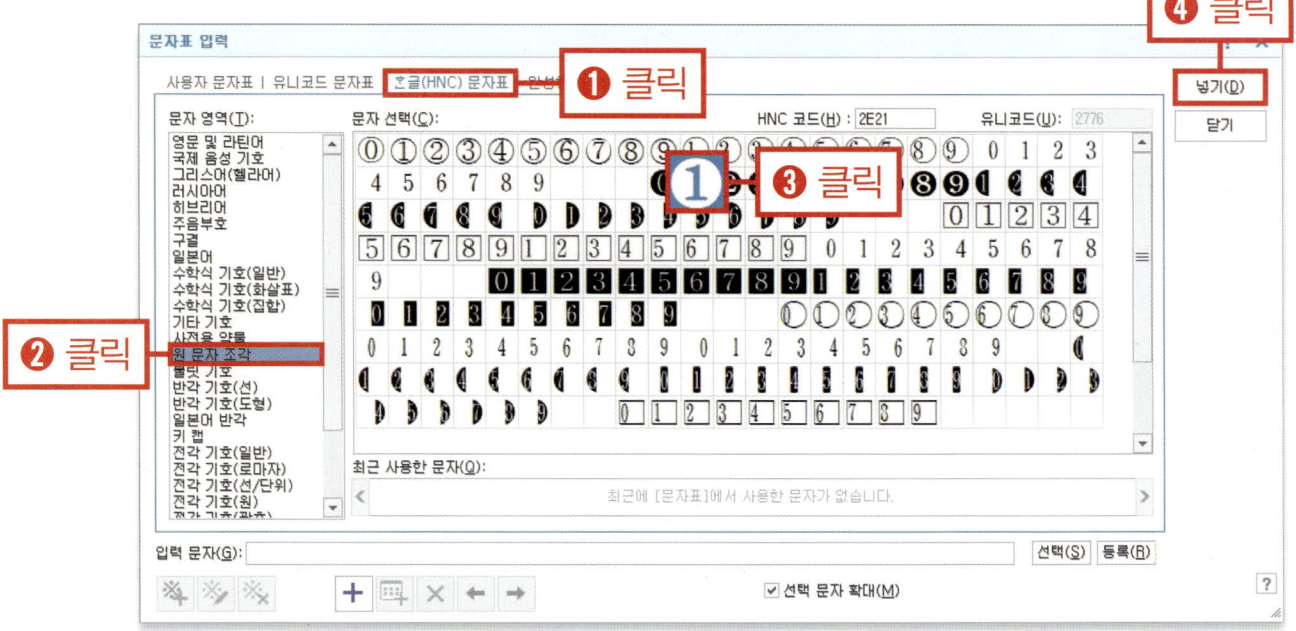

5 제목 앞에 커서를 위치시킵니다. 문자표에 없는 독특한 문자를 입력하기 위해 [입력] 탭의 [목록 단추]-[㉑ 글자 겹치기]를 차례대로 클릭합니다.

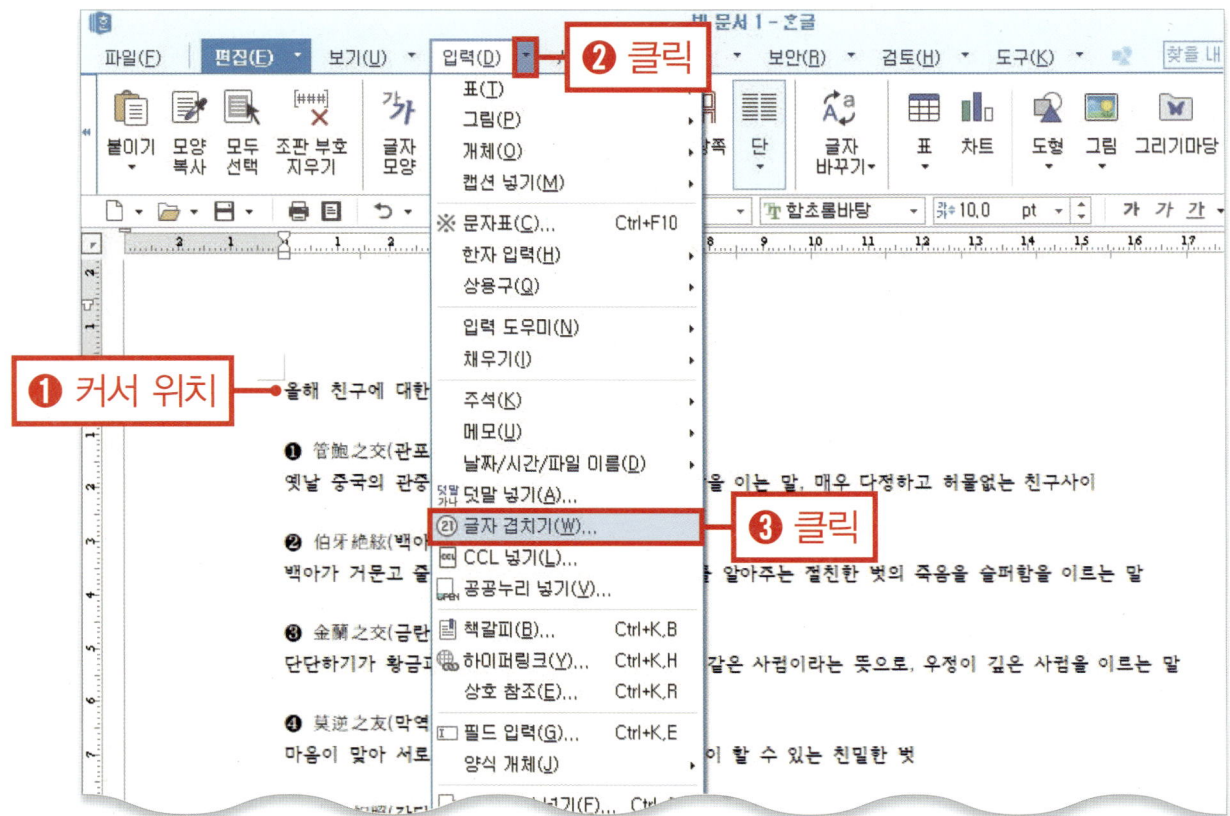

CHAPTER 03 편집 용지 설정 및 새 문서 작성하기 | 19

6 '글자 겹치기' 대화 상자가 나타나면 '겹쳐 쓸 글자'란에 마우스 오른쪽 버튼을 눌러 [문자표]를 클릭합니다.

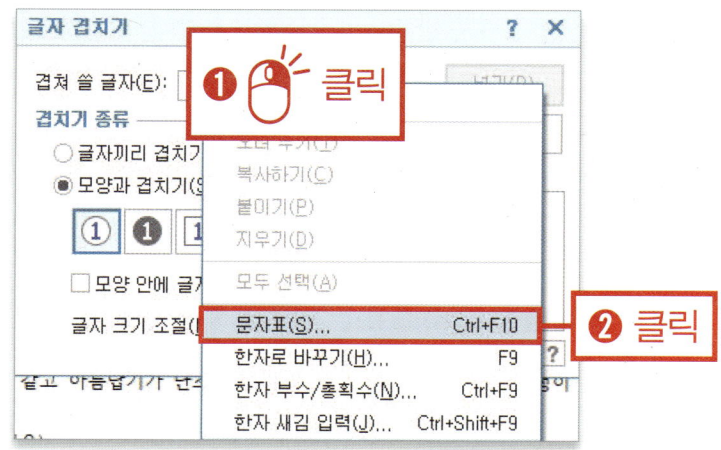

7 '문자표 입력' 대화 상자가 나타나면 [유니코드 문자표] 탭을 클릭한 후 [문자 영역]의 [도형 기호]에서 [□]를 선택한 다음 아래의 [선택] 버튼을 클릭합니다.

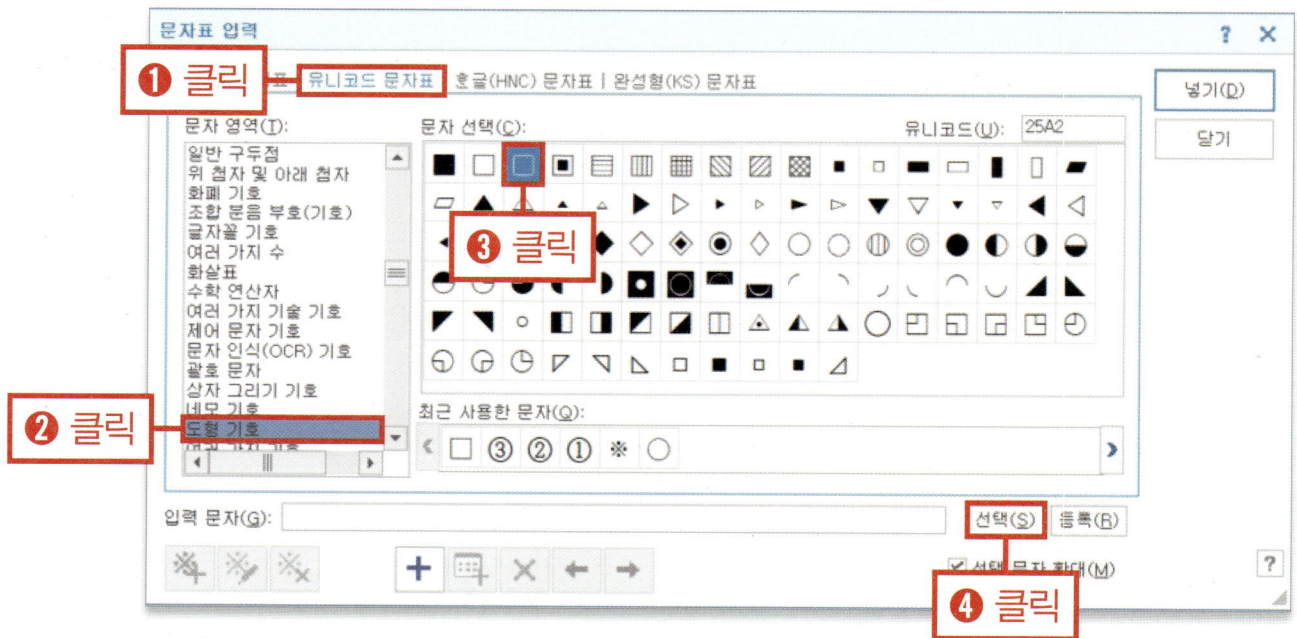

8 이번에는 [◆]를 선택한 다음 아래의 [선택] 버튼을 클릭합니다. [넣기] 버튼을 클릭합니다.

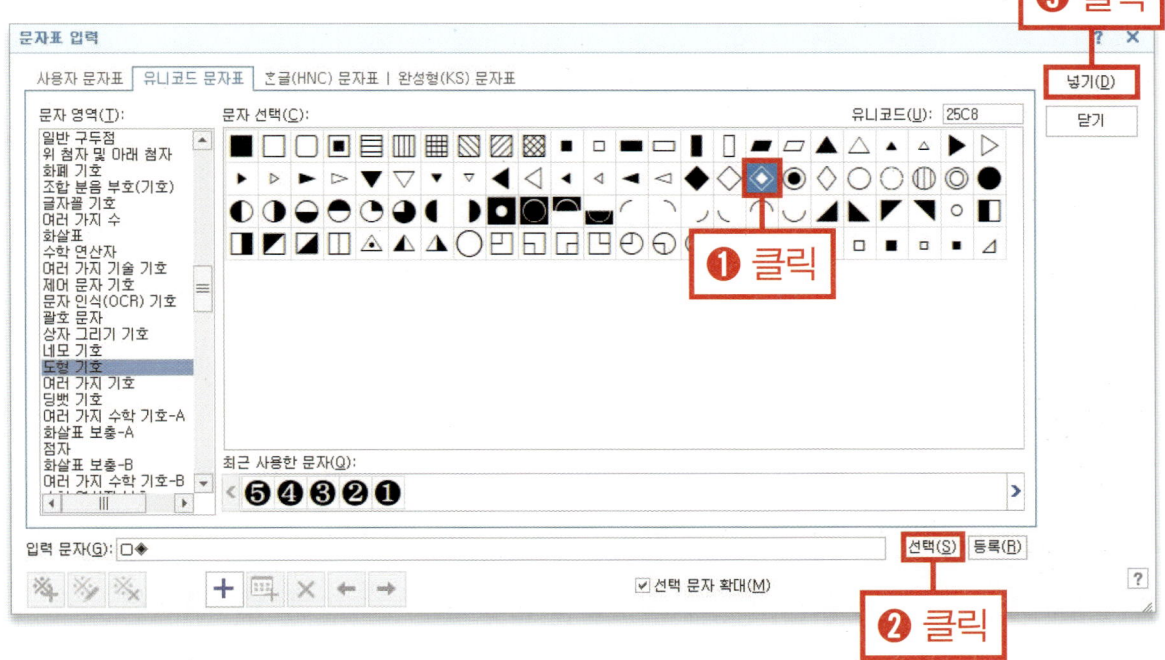

9 '겹치기 종류'를 [글자끼리 겹치기]로 선택한 후 [넣기] 버튼을 클릭합니다.

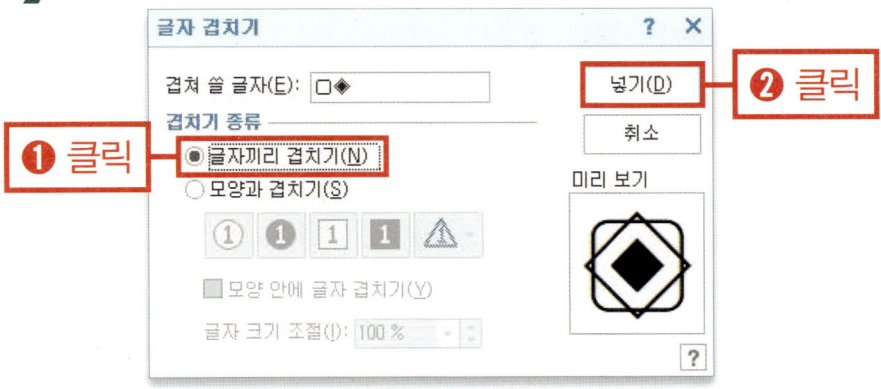

10 전체적으로 입력한 내용을 확인합니다.

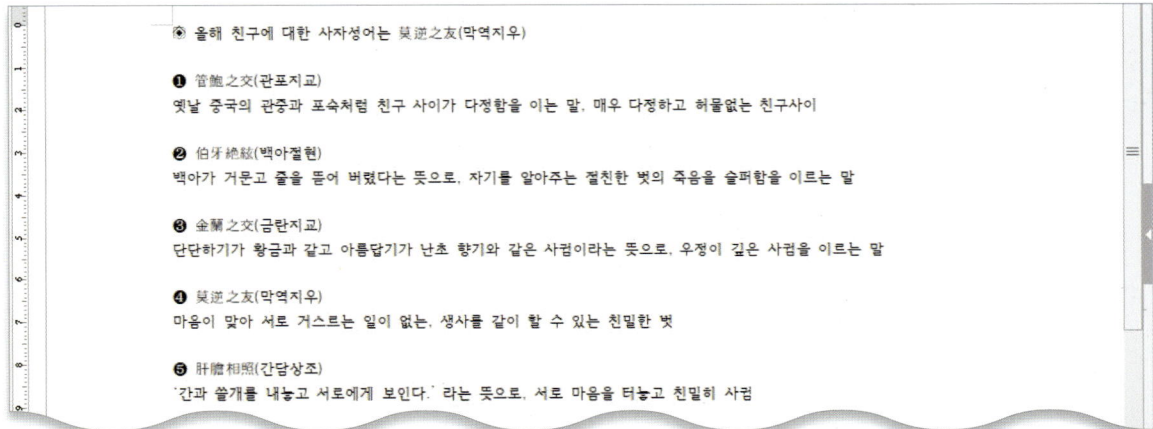

CHAPTER 03 편집 용지 설정 및 새 문서 작성하기 | **21**

CHAPTER 04

: 한글 2016(NEO) 기본 기능 익히기 :
문서 편집하기

POINT

문서 작성이 완성되면 문서를 꾸며야 합니다.
이번 장은 글자 모양과 문단 모양 그리고 쉽고 빠르게 문서를 꾸미고
편집하는 방법을 알아봅니다.

완성 화면 미리 보기

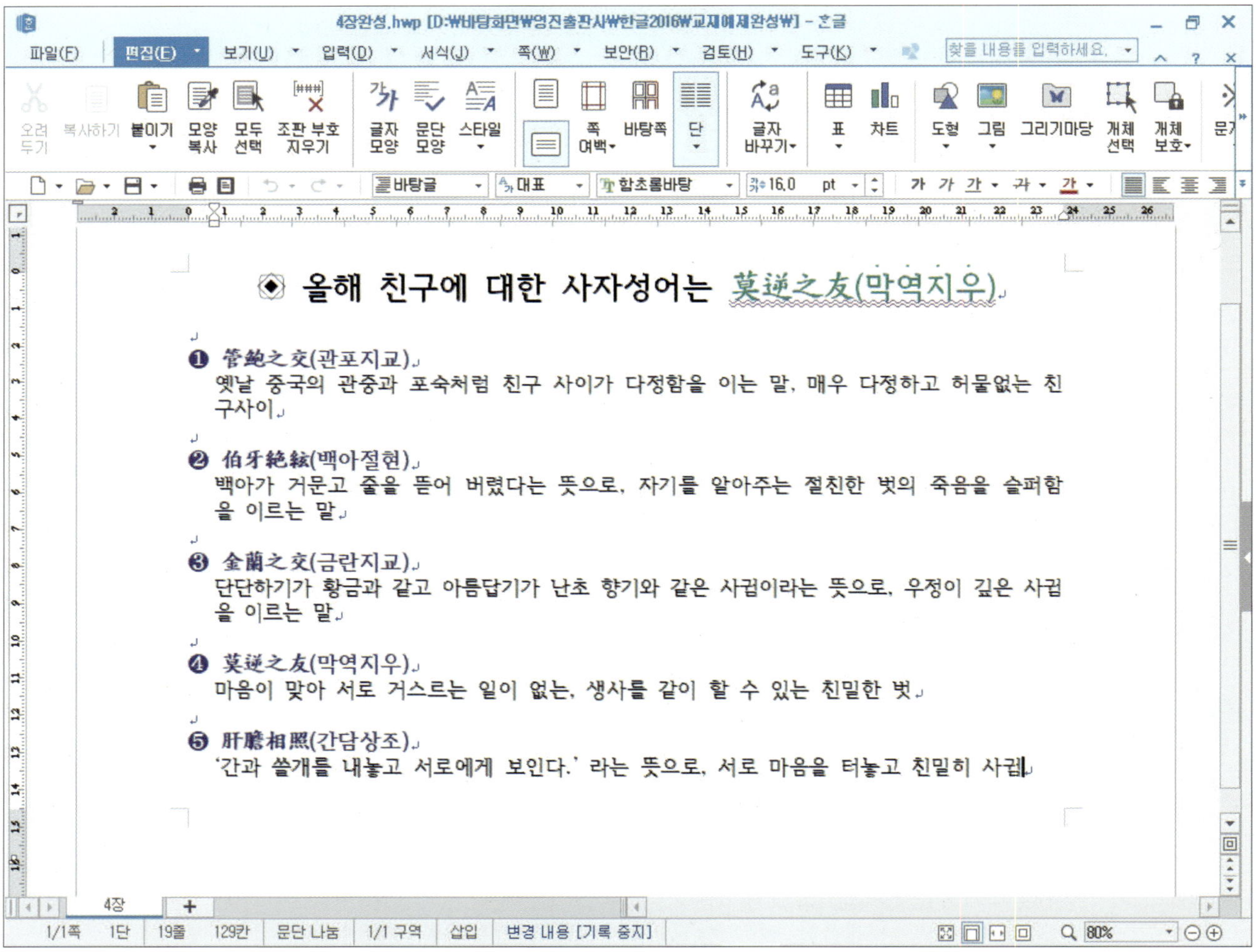

여기서 배워요! 글자 모양 적용하기, 문단 모양 적용하기, 모양 복사 익히기

STEP 1 글자 모양 적용하기

1 [예제] 폴더에서 [4장.hwp] 파일을 불러옵니다. 제목 전체를 블록 설정한 후 [서식] 탭의 [목록 단추]-[글자 모양]을 차례대로 클릭합니다.

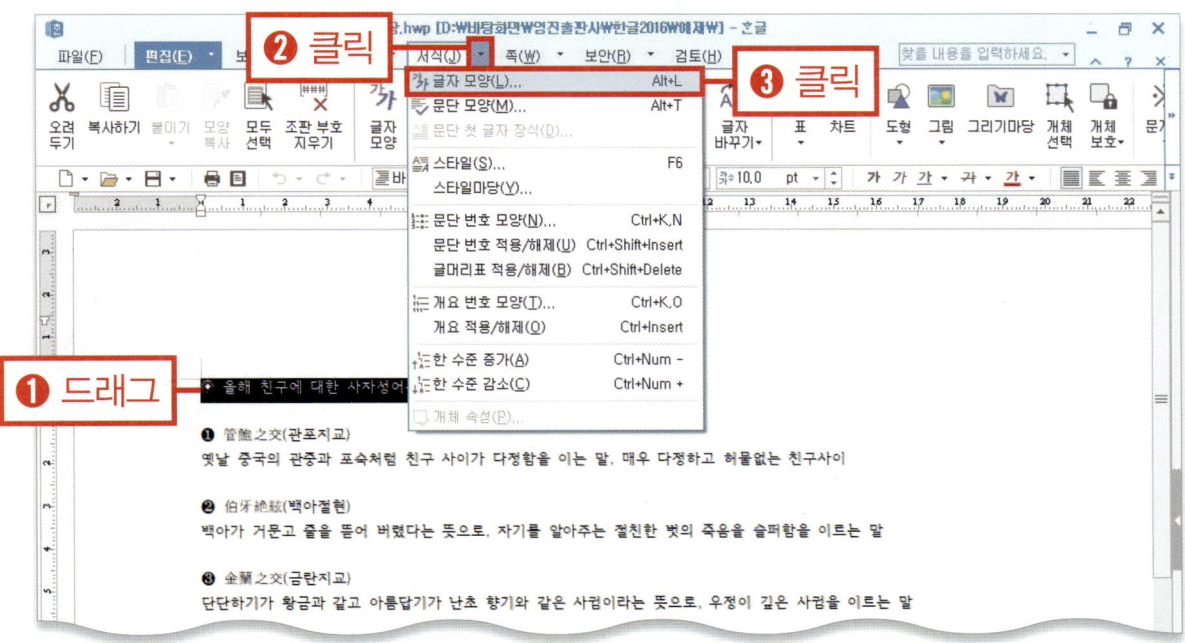

2 '글자 모양' 대화 상자가 나타나면 [기본] 탭에서 '기준 크기'를 [24pt]로 선택합니다. '언어'를 [한자]로 변경한 후 [글꼴]을 [한양해서]로 선택합니다. [설정] 버튼을 클릭합니다.

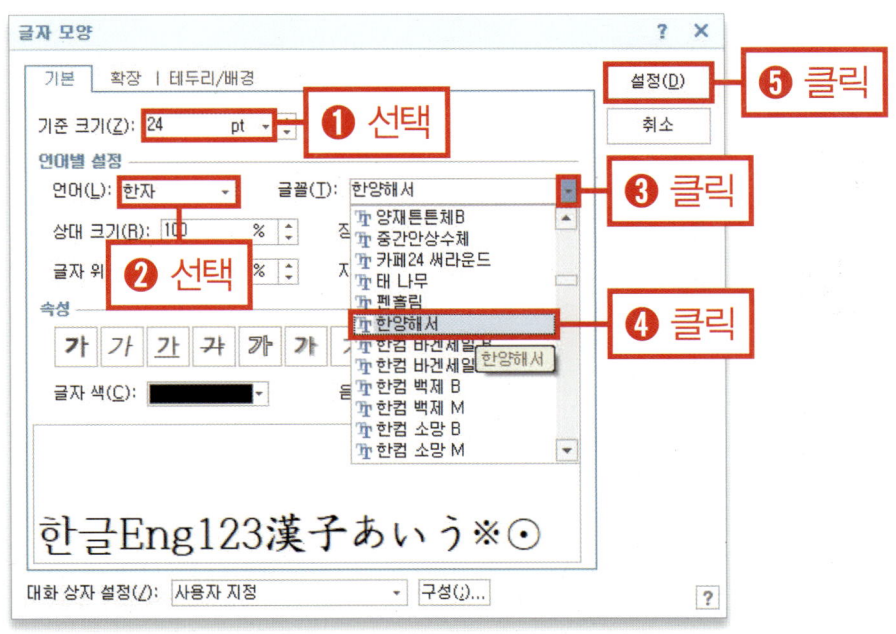

 한글 프로그램은 각 언어별로 글꼴이 다르게 적용됩니다. 예를 들어 영문을 입력한 후 '궁서체'로 적용하면 영문 입력 글자에는 '궁서체'가 적용되지 않습니다. 각 언어별로 글꼴을 설정하려면 언어별로 선택한 후 글꼴을 지정해 줍니다. 한글은 언어를 '대표'로 설정한 후 지정하면 됩니다.

3 제목의 한자 부분 서식을 다르게 적용하기 위해 제목의 사자성어를 드래그하여 블록 설정한 후 [서식] 탭의 [목록 단추]-[글자 모양]을 차례대로 클릭합니다.

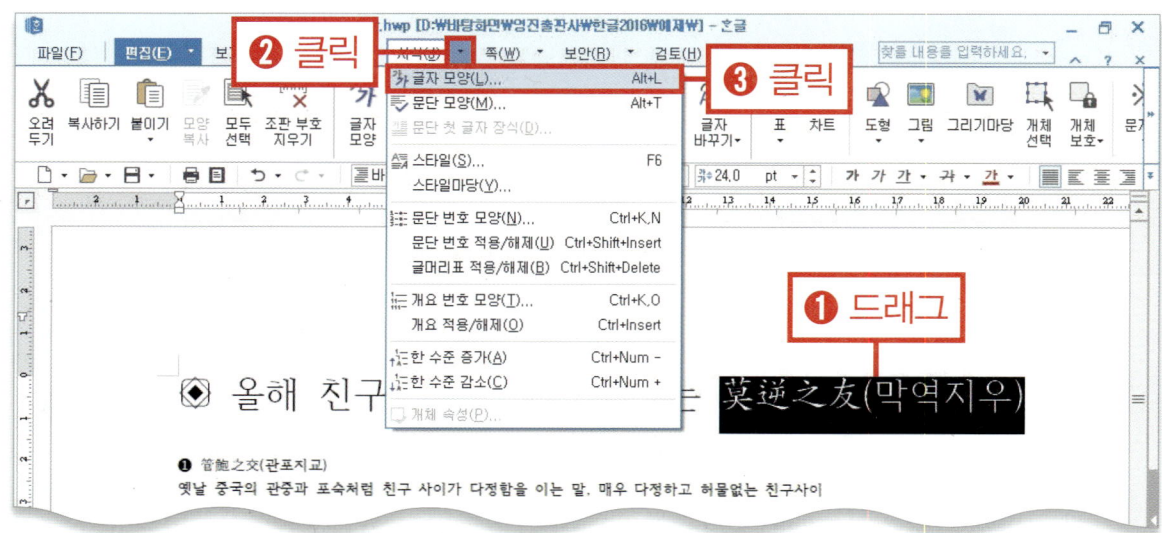

4 '글자 모양' 대화 상자가 나타나면 '속성'을 [진하게]로 설정하고 '글자 색'을 [초록]으로 지정합니다.

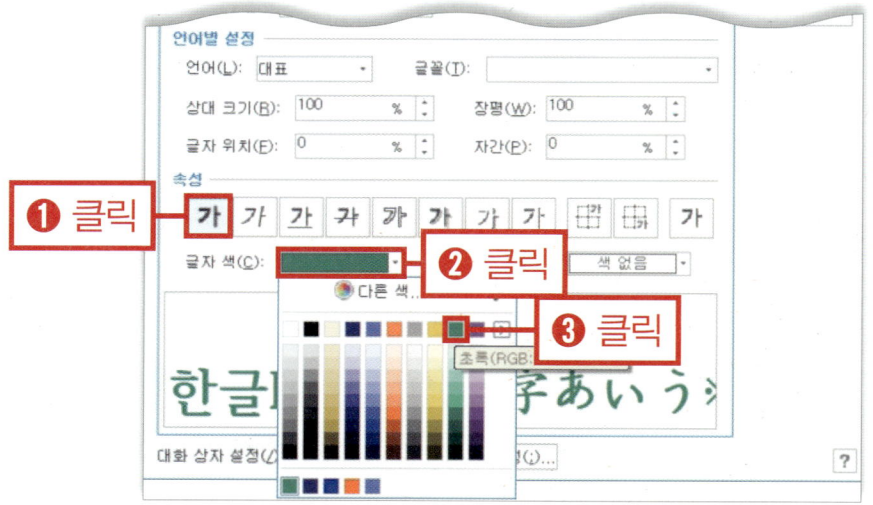

> **조금 더 배우기**
> 한글에서 색상은 다양하게 지정할 수 있습니다. 색상을 적용하는 메뉴나 버튼을 클릭한 후 오른쪽 위의 ▶ 버튼을 클릭하면 여러 가지 색상표가 나타납니다. 기본 색상은 '기본'입니다.

5 [확장] 탭을 클릭한 후 '밑줄'의 위치는 [아래쪽], '모양'은 [이중 물결선]을 선택합니다. '색'은 [보라]를 적용한 후 [설정] 버튼을 클릭합니다.

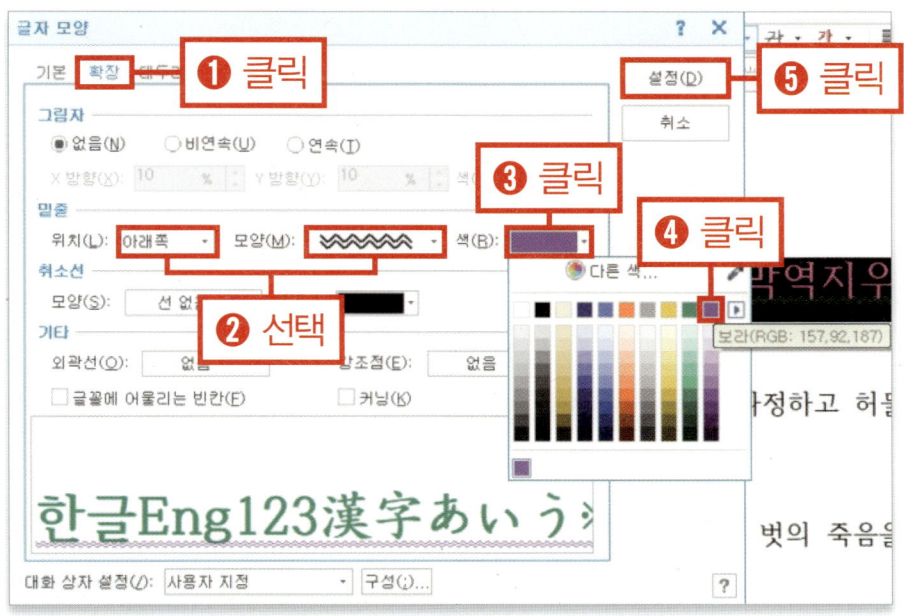

6 제목 중 '막역지우'를 드래그해 블록 설정한 후 '글자 모양' 대화 상자를 불러옵니다. [확장] 탭의 '기타'에서 '강조점'을 [위쪽]으로 선택합니다. [설정] 버튼을 클릭합니다.

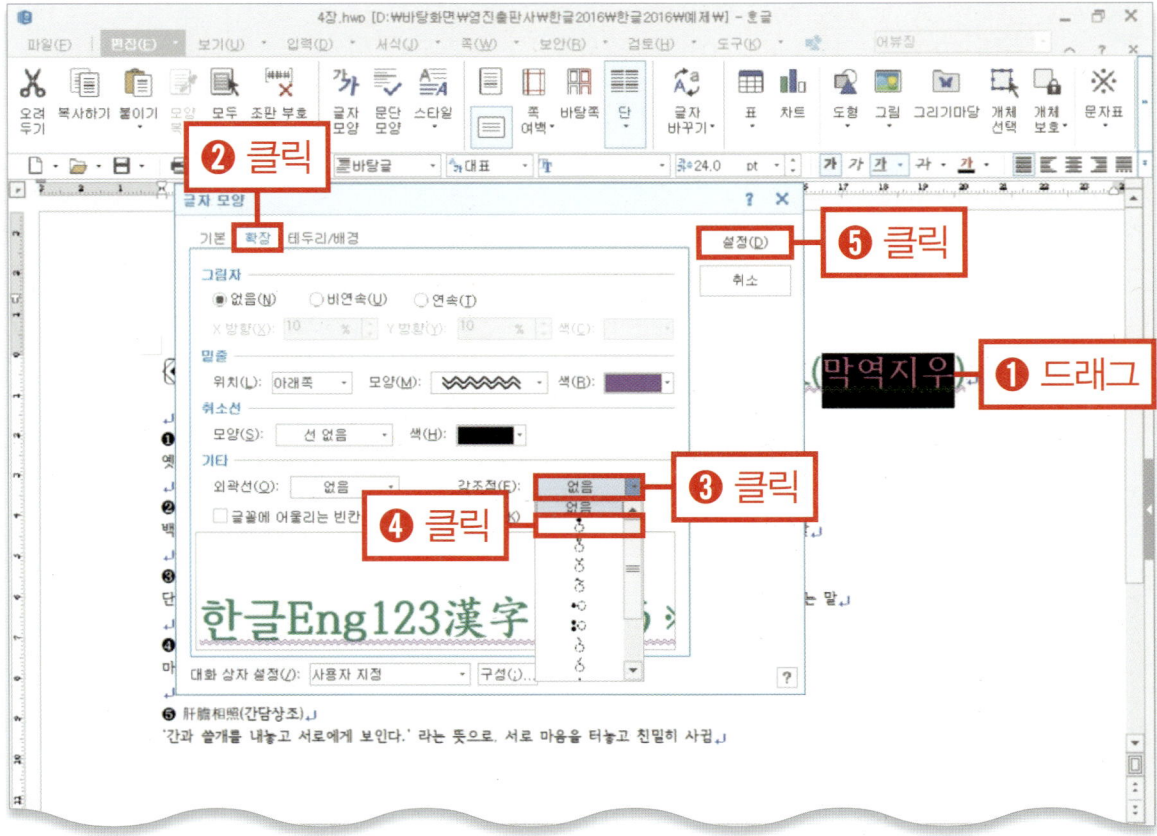

CHAPTER 04 문서 편집하기 | 25

7 본문의 첫 번째 줄을 블록 설정한 후 '글자 모양' 대화 상자를 불러옵니다. [기본] 탭에서 '기준 크기'는 [17pt], '언어'는 [한자], '글꼴'은 [한양해서], '속성'은 [진하게], '글자 색'은 [남색]을 지정한 후 [설정] 버튼을 클릭합니다.

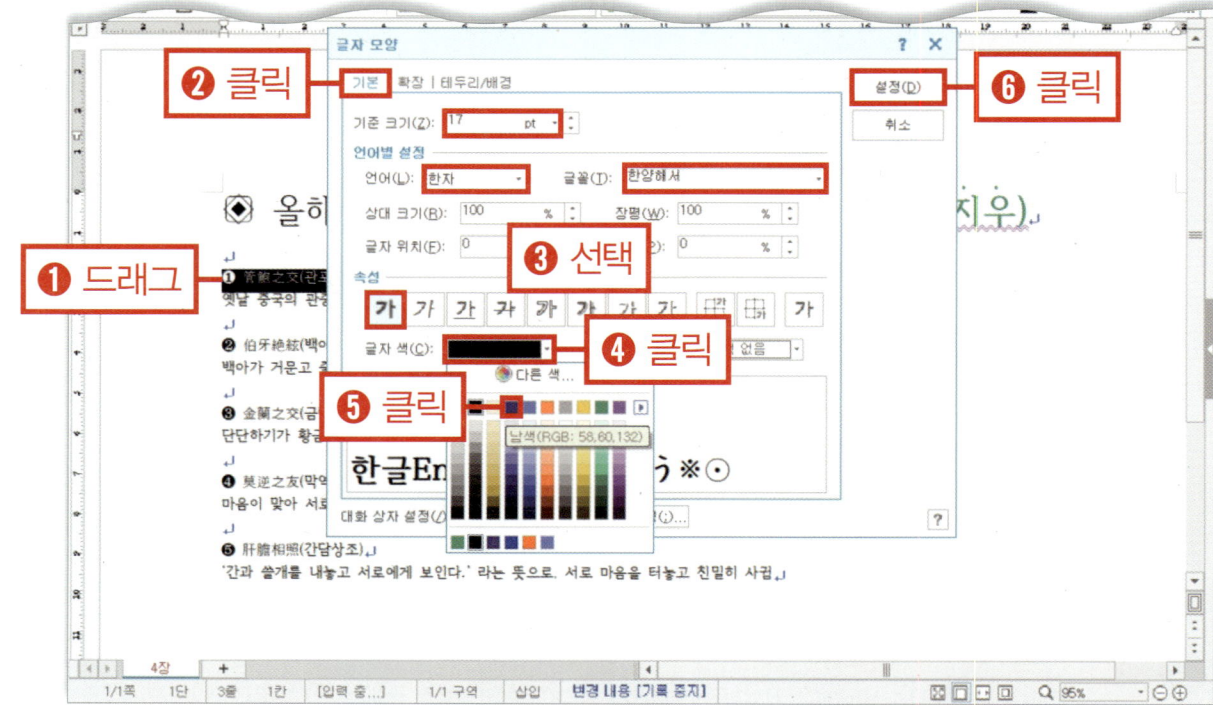

8 본문의 두 번째 줄을 블록 설정한 후 '글자 모양' 대화 상자를 불러옵니다. '기준 크기'는 [16pt], '언어'는 [대표], '글꼴'은 [함초롬바탕]을 선택한 후 [설정] 버튼을 클릭합니다.

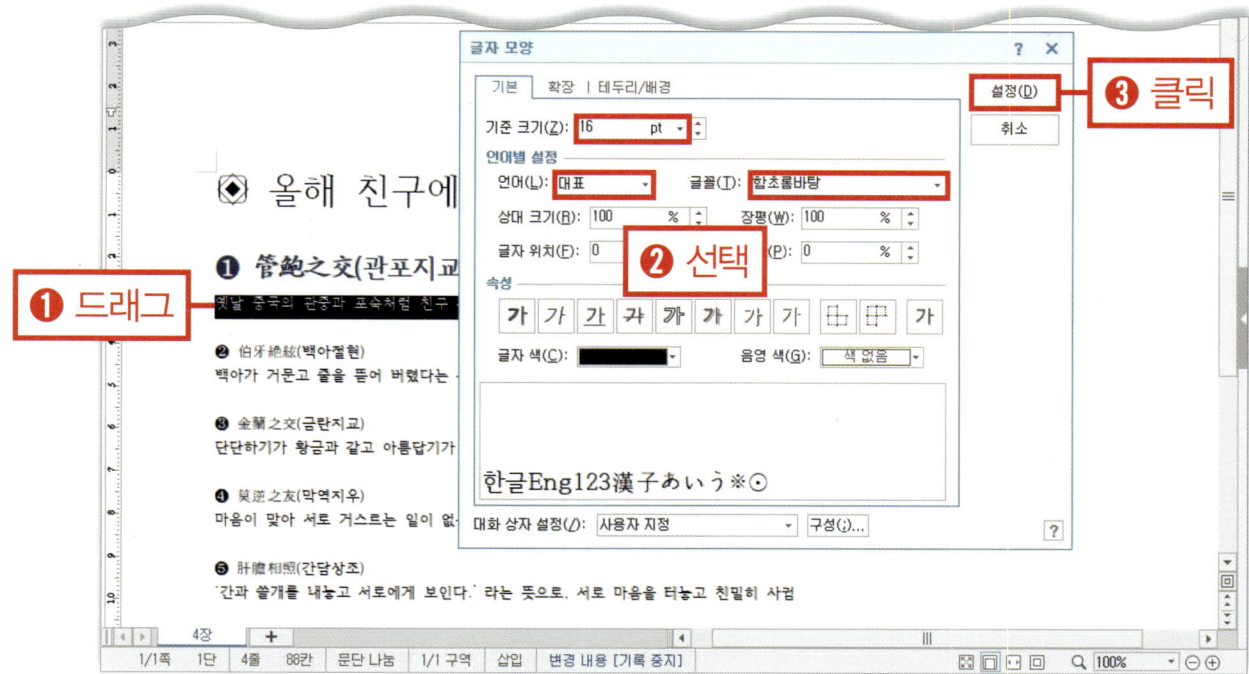

STEP 2 문단 모양 적용하기

1 제목을 가운데 정렬하기 위해 제목에 마우스 커서를 위치시킨 후 [서식] 탭의 [목록 단추]-[문단 모양]을 차례대로 클릭합니다.

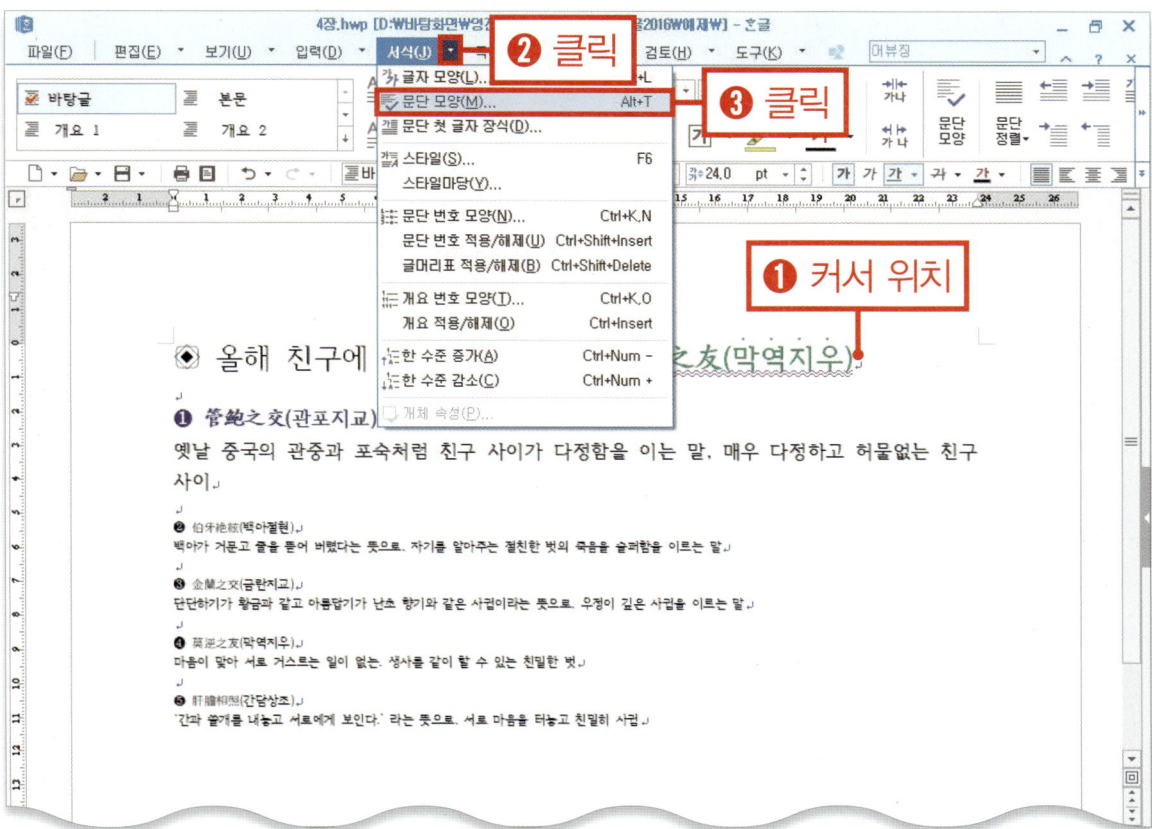

2 '문단 모양' 대화 상자가 나타나면 [기본] 탭의 '정렬 방식'을 [가운데 정렬](≡)로 선택한 후 [설정] 버튼을 클릭합니다.

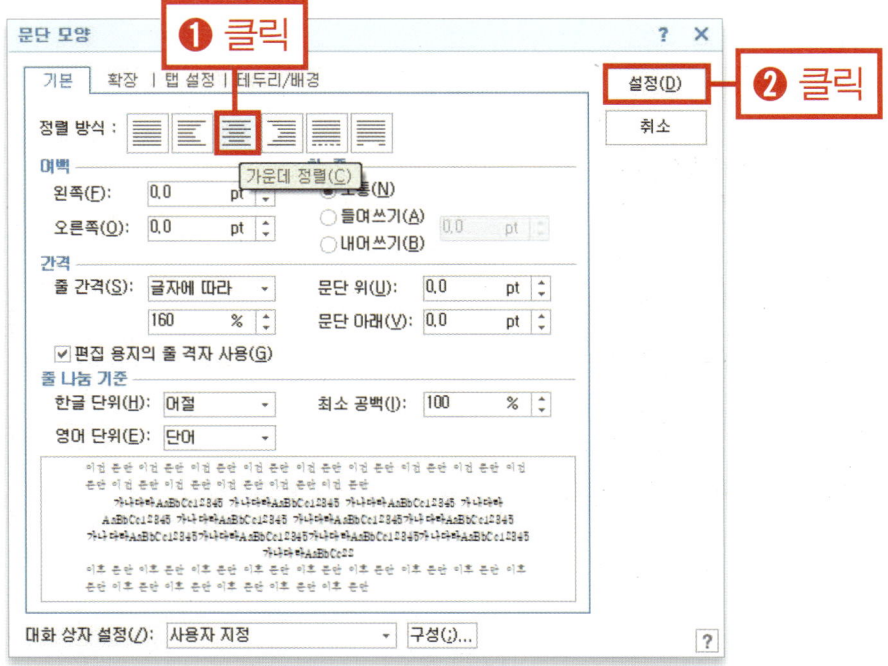

3 본문의 두 번째 줄을 들여쓰기 하기 위해 마우스 커서를 위치시킨 후 '문단 모양' 대화 상자를 불러옵니다. '여백'의 '왼쪽'을 [20pt]로 선택한 후 [설정] 버튼을 클릭합니다.

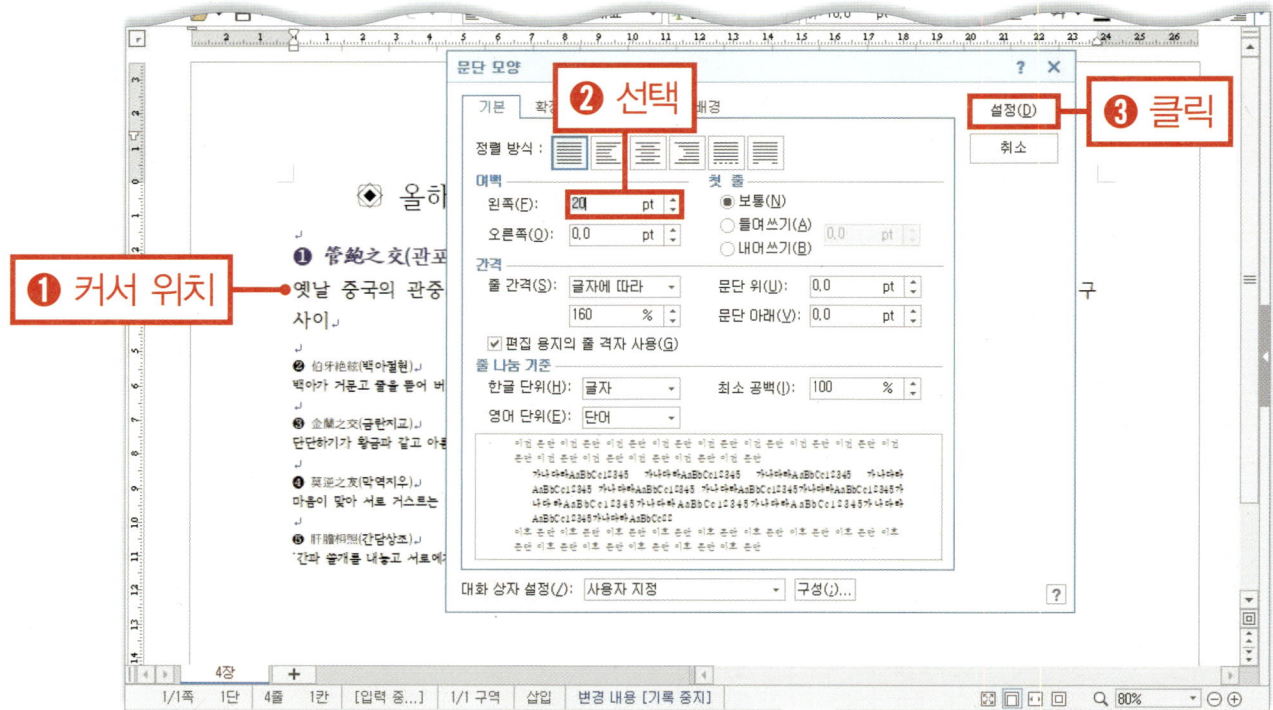

4 전체 본문의 줄 간격을 줄이기 위해 본문을 드래그합니다. '문단 모양' 대화 상자를 불러온 후 '줄 간격'을 [120%]로 선택한 다음 [설정] 버튼을 클릭합니다.

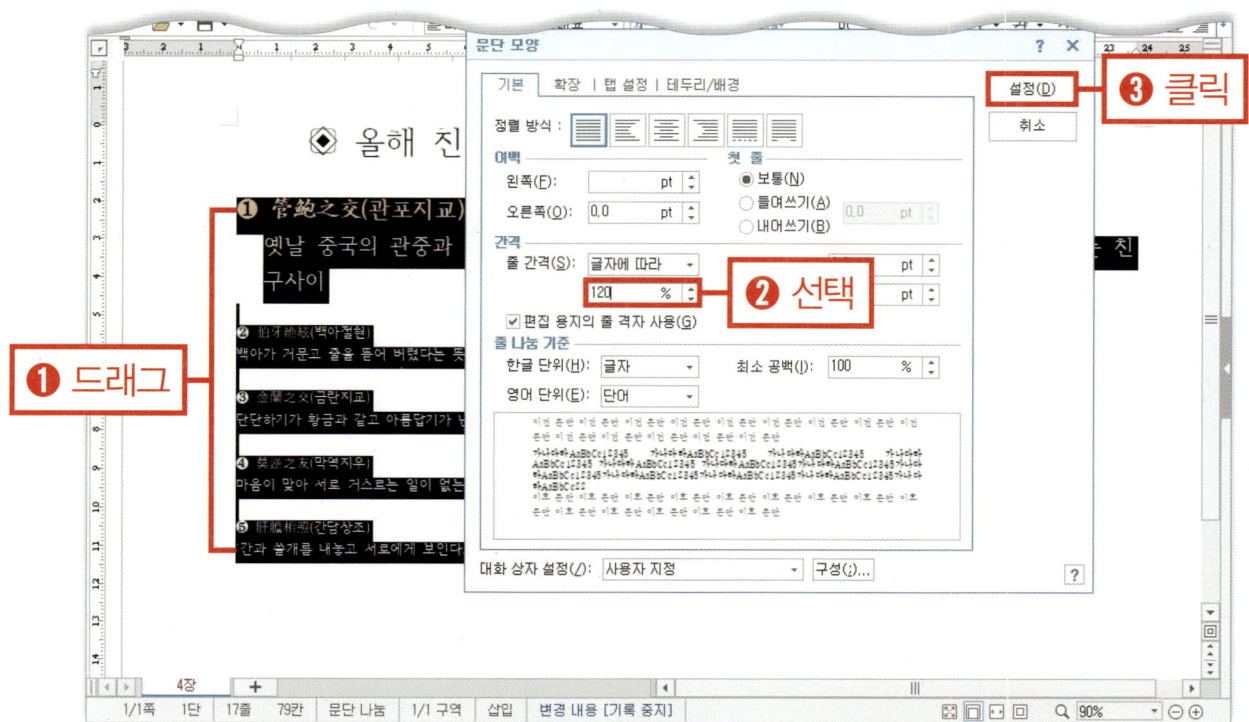

STEP 3 모양 복사 익히기

1 본문의 첫 번째 사자성어의 서식을 복사하기 위해 管鮑之交(관포지교)에 마우스 커서를 위치시킨 다음 [편집] 탭의 [목록 단추]-[모양 복사]를 차례대로 클릭합니다. '모양 복사' 대화 상자가 나타나면 '본문 모양 복사'에서 [글자 모양과 문단 모양 둘 다 복사]를 선택한 후 [복사] 버튼을 클릭합니다.

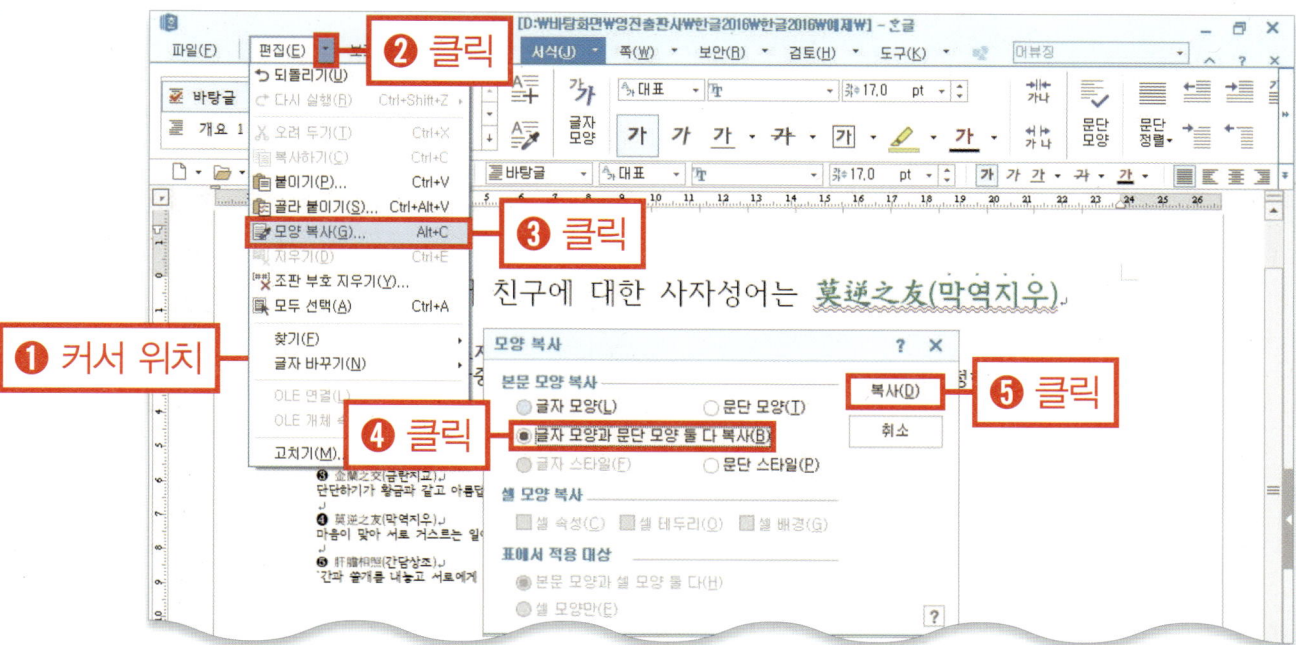

> **조금 더 배우기**
> 글자 서식을 복사하여 그대로 적용하는 기능을 모양 복사라고 합니다. 모양 복사는 단축키를 많이 사용합니다. 모양 복사의 단축키는 Alt + C 입니다.

2 복사를 적용하기 위해 적용할 나머지 사자성어를 각각 블록 설정한 후 모양 복사의 단축키인 Alt + C 를 누릅니다.

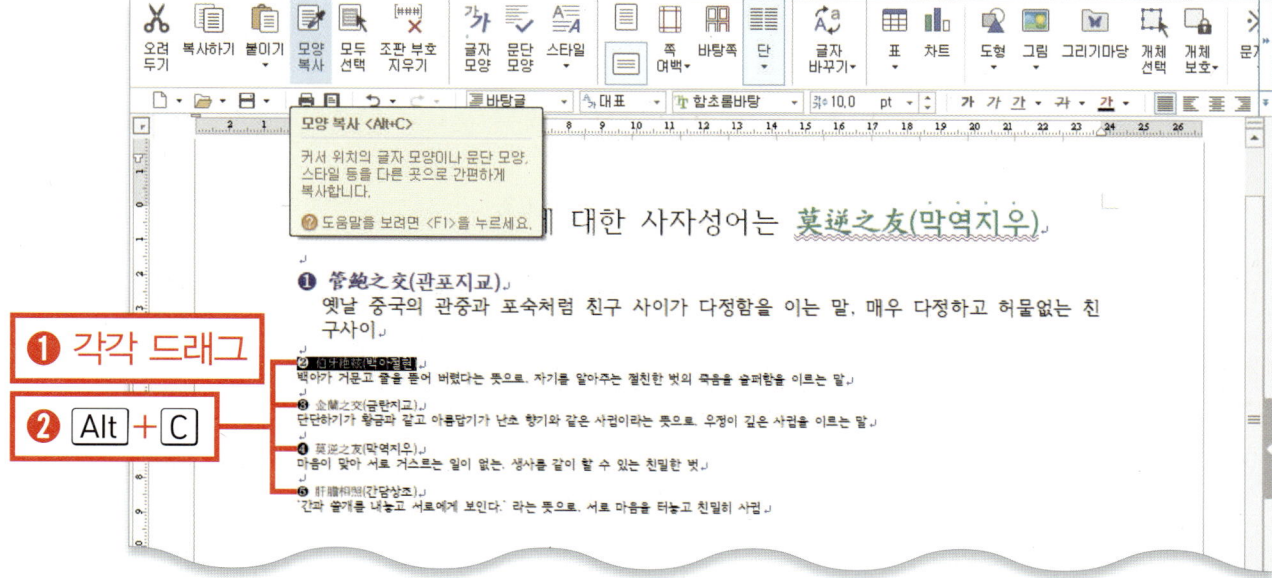

3 본문의 두 번째 줄에 마우스 커서를 위치시킨 다음 [모양 복사] 대화 상자를 불러옵니다. '본문 모양 복사'에서 [글자 모양과 문단 모양 둘 다 복사]를 선택한 후 [복사] 버튼을 클릭합니다.

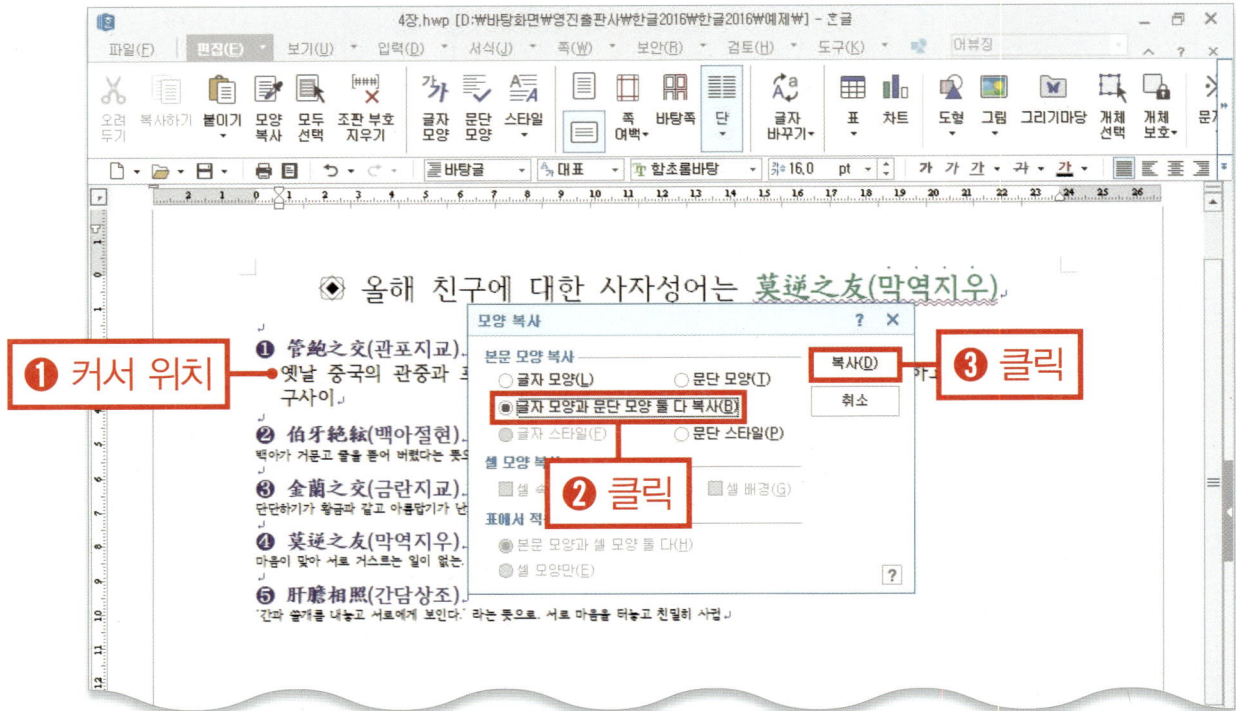

4 나머지 본문의 내용을 각각 블록 설정한 후 [편집] 탭-[기본 도구 상자]에서 [모양 복사]를 클릭합니다.

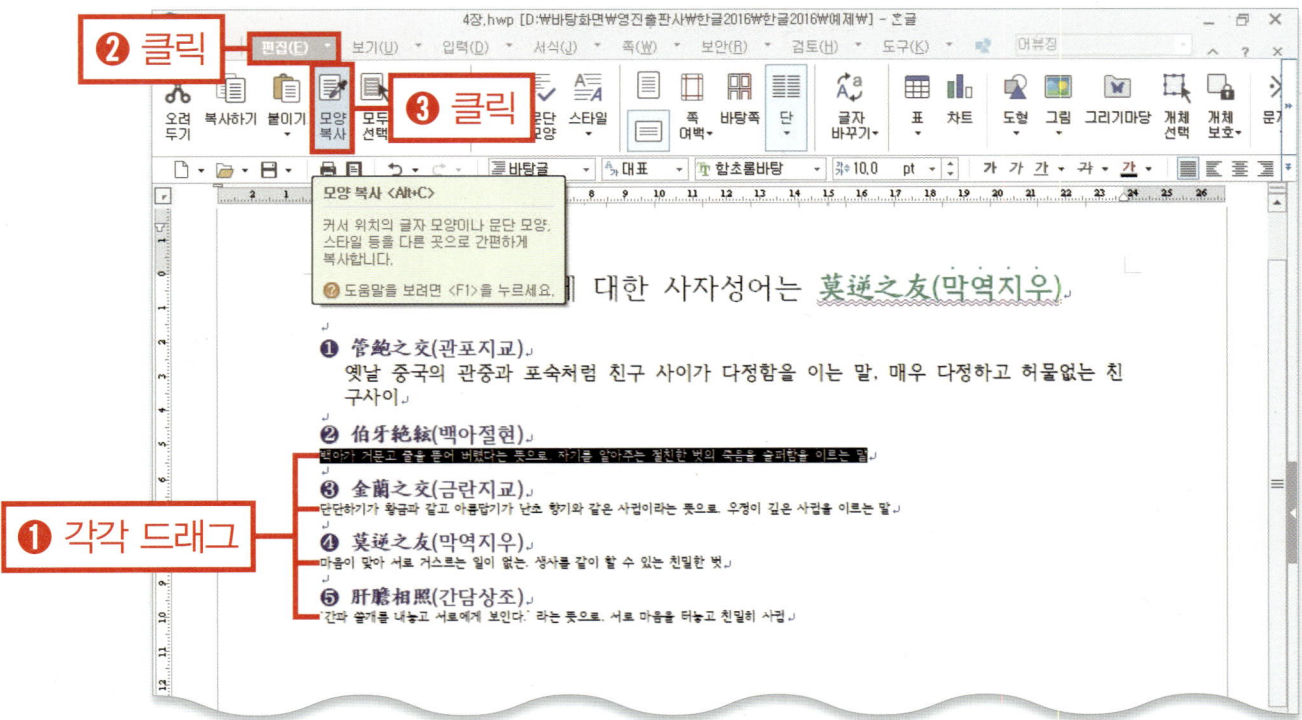

CHAPTER 05

: 한글 2016(NEO) 기본 기능 익히기 :

글상자 다루기

POINT

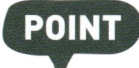

한글 2016(NEO)는 글자를 원하는 위치에 자유롭게 배치할 수 있고 개체처럼 쓸 수 있는 글상자 기능이 있습니다. 이번 장은 글상자의 기능을 익혀 봅니다.

완성 화면 미리 보기

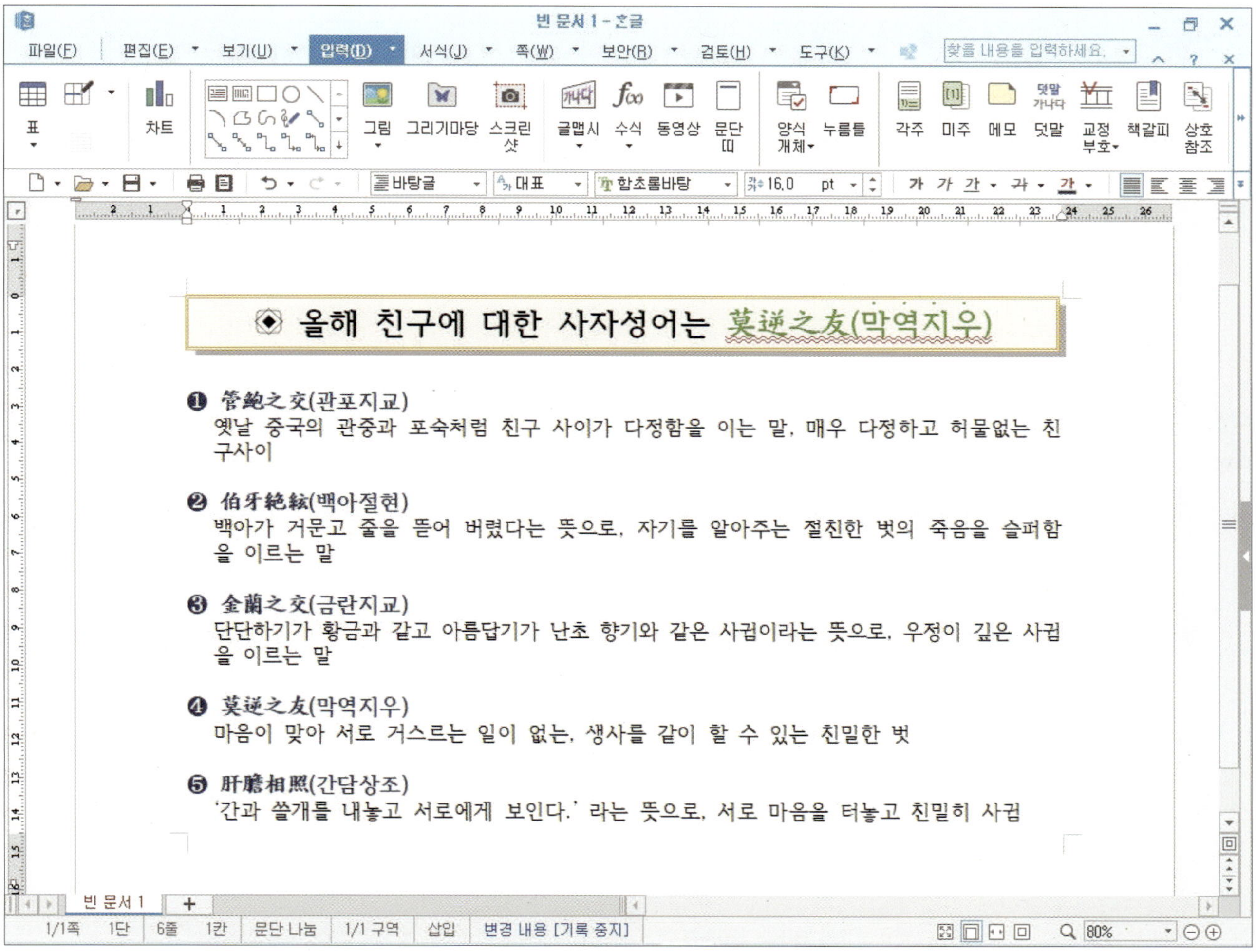

◈ 올해 친구에 대한 사자성어는 莫逆之友(막역지우)

❶ 管鮑之交(관포지교)
옛날 중국의 관중과 포숙처럼 친구 사이가 다정함을 이는 말. 매우 다정하고 허물없는 친구사이

❷ 伯牙絶絃(백아절현)
백아가 거문고 줄을 뜯어 버렸다는 뜻으로, 자기를 알아주는 절친한 벗의 죽음을 슬퍼함을 이르는 말

❸ 金蘭之交(금란지교)
단단하기가 황금과 같고 아름답기가 난초 향기와 같은 사귐이라는 뜻으로, 우정이 깊은 사귐을 이르는 말

❹ 莫逆之友(막역지우)
마음이 맞아 서로 거스르는 일이 없는, 생사를 같이 할 수 있는 친밀한 벗

❺ 肝膽相照(간담상조)
'간과 쓸개를 내놓고 서로에게 보인다.' 라는 뜻으로, 서로 마음을 터놓고 친밀히 사귐

여기서 배워요! 글상자 삽입하기, 글상자 꾸미기

STEP 1 글상자 삽입하기

1 [예제] 폴더에서 [5장.hwp] 파일을 불러옵니다. 제목을 드래그해 블록 설정한 후 Ctrl+X를 눌러 잘라내기합니다. [입력] 탭을 클릭한 후 [가로 글상자]를 선택한 다음 아래와 같이 드래그해 삽입합니다.

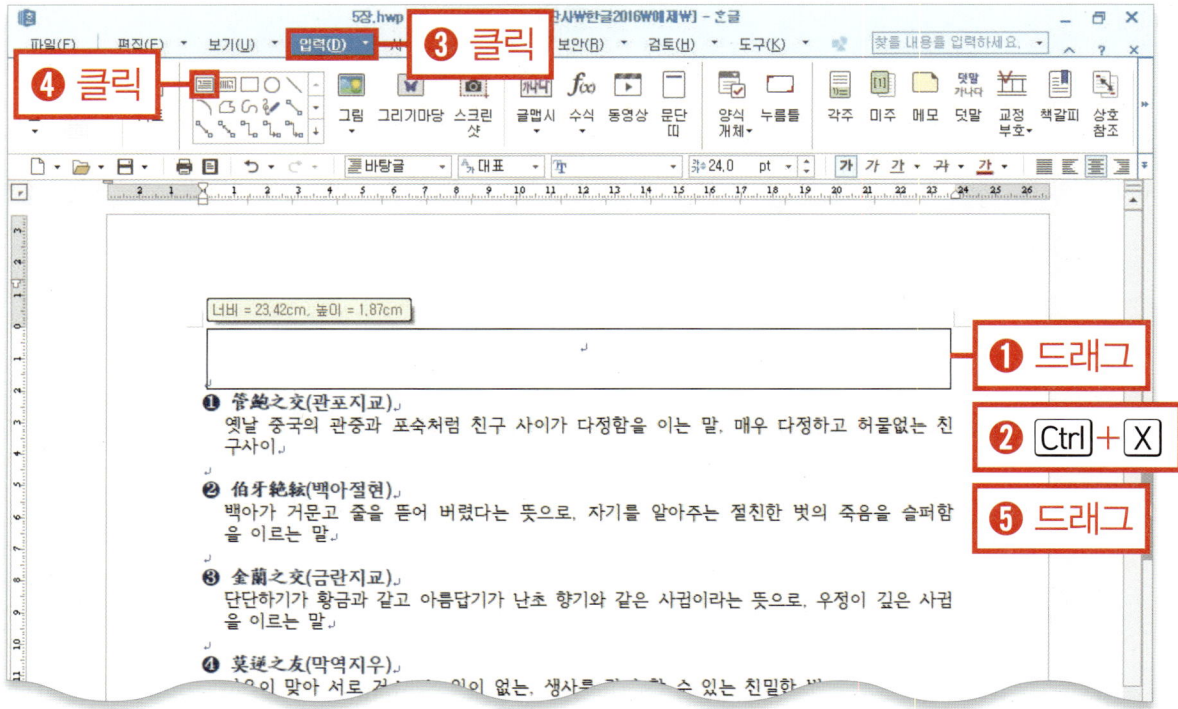

2 글상자 안에 마우스 커서가 삽입되면 [편집] 탭을 클릭한 후 [기본 도구 상자]에서 [붙이기]-[붙이기]를 차례대로 클릭하여 잘라내기한 제목을 삽입합니다.

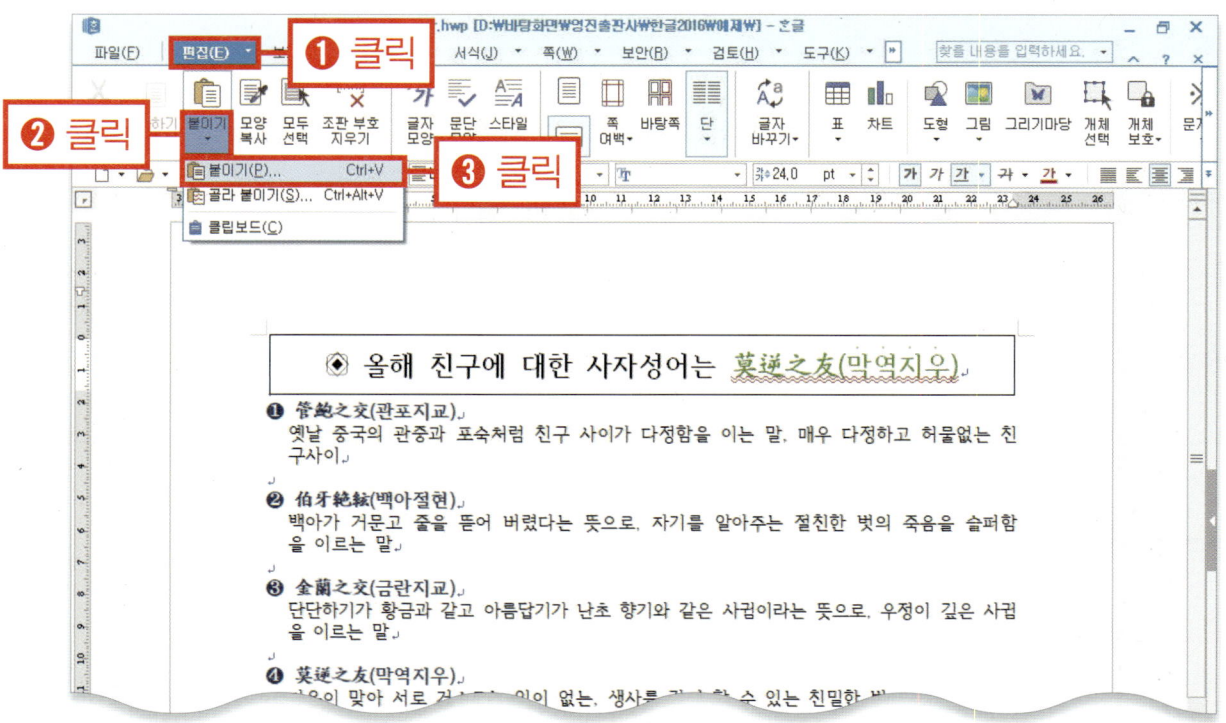

글상자를 삽입하는 또 다른 방법

1. [입력] 탭–[기본 도구 상자]에서 [직사각형]을 선택한 다음 아래와 같이 드래그하여 삽입합니다.

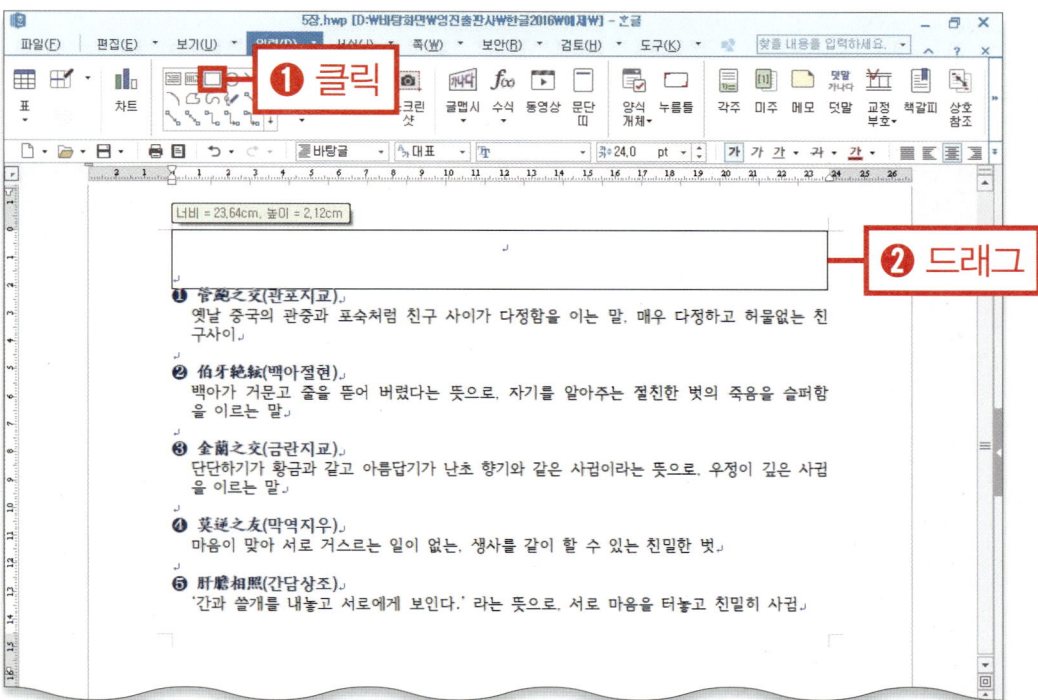

2. 삽입된 직사각형에 마우스 오른쪽 버튼을 누른 후 [도형 안에 글자 넣기]를 클릭합니다.

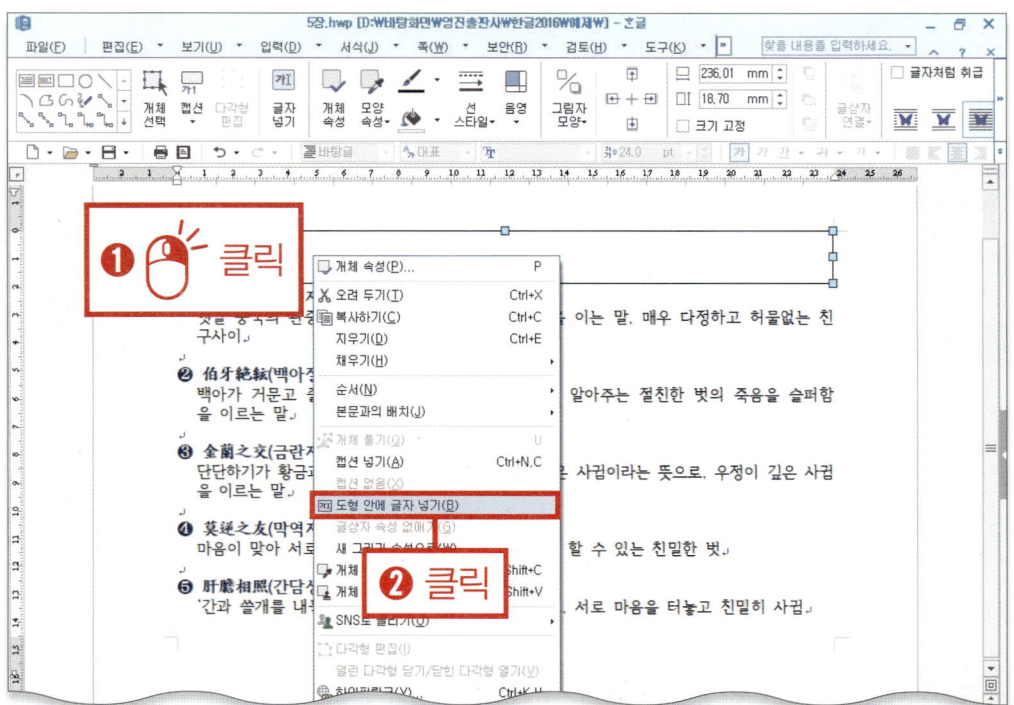

참고로 글상자를 선택할 때 개체 안이 투명하기 때문에 외곽선을 클릭하여 선택합니다. 직사각형은 개체 안이 흰색으로 채워져 있어서 개체 안을 클릭하면 선택되기 때문에 글상자보다 서식을 주거나 선택해서 이동할 때 더 편리합니다.

CHAPTER 05 글상자 다루기 | 33

STEP 2 글상자 꾸미기

1 삽입된 글상자를 선택한 후 오른쪽 끝에 [글상자]( ) 탭-[기본 도구 상자]에서 [선 스타일]-[선 종류]를 차례대로 클릭합니다. 이후 [이중 실선]을 클릭합니다.

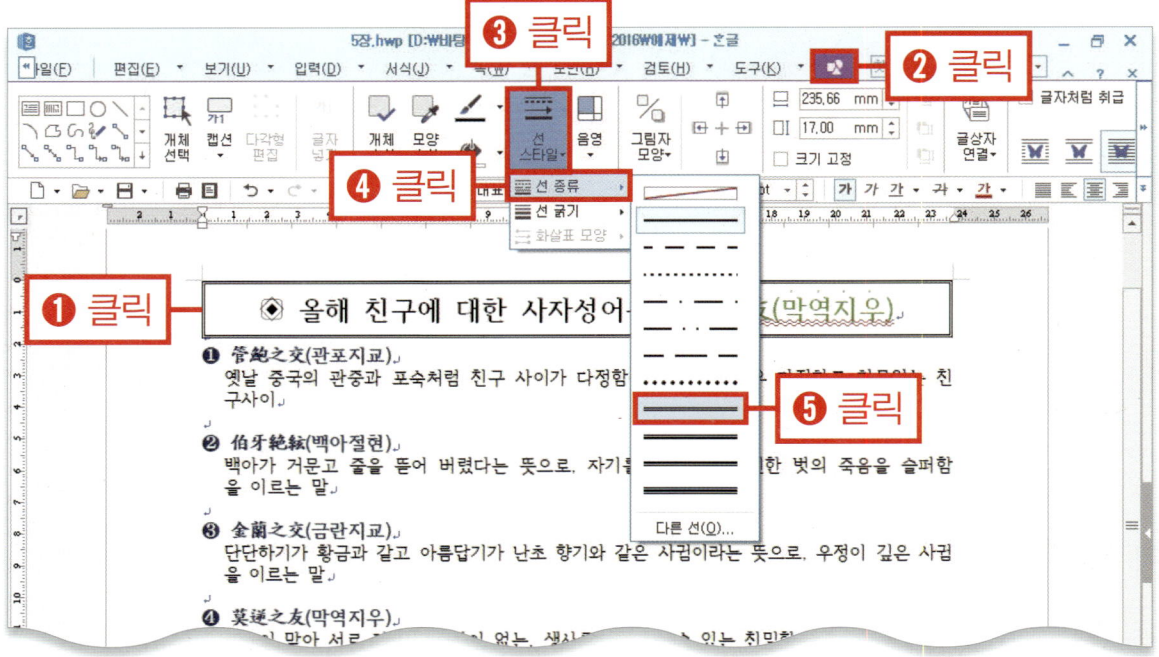

- 한글 2016(NEO)는 이미지, 표, 글상자 등 조절점이 있는 개체를 삽입하면 메뉴 탭 끝에 해당 개체의 탭이 새롭게 생깁니다.
- 개체를 삽입한 후 해당 탭의 [기본 도구 상자]를 이용합니다.

2 이번에는 [선 색]의 [목록 단추](▼)를 클릭한 후 [주황 40% 밝게]를 클릭합니다.

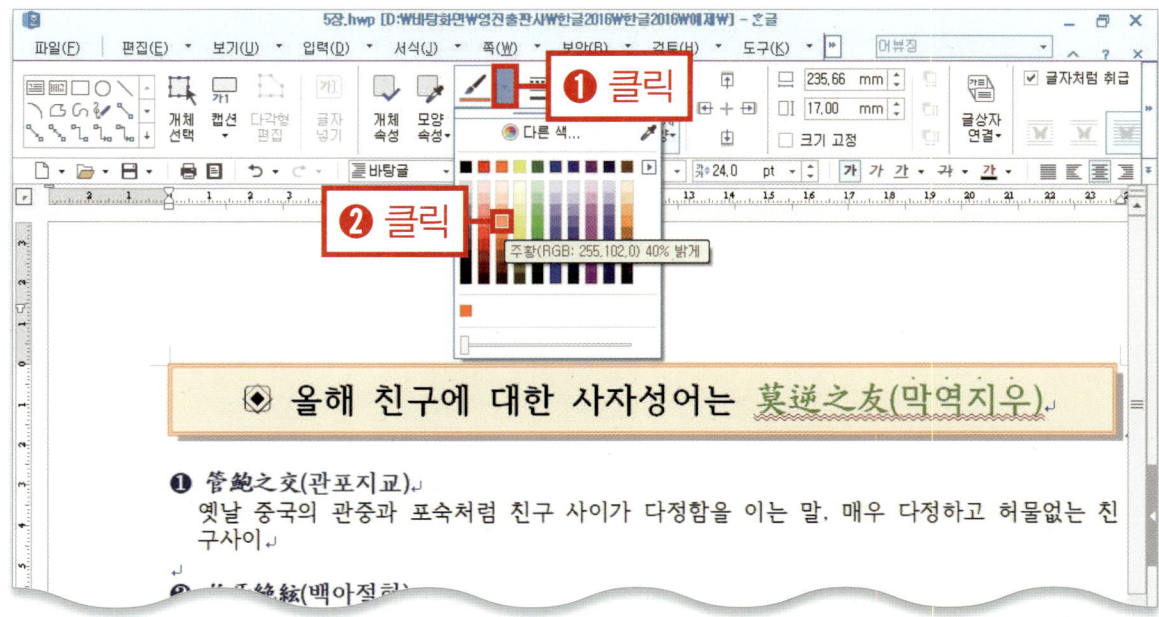

3 [채우기]의 [목록 단추](▼)를 클릭하고 [연한 노랑]을 클릭합니다.

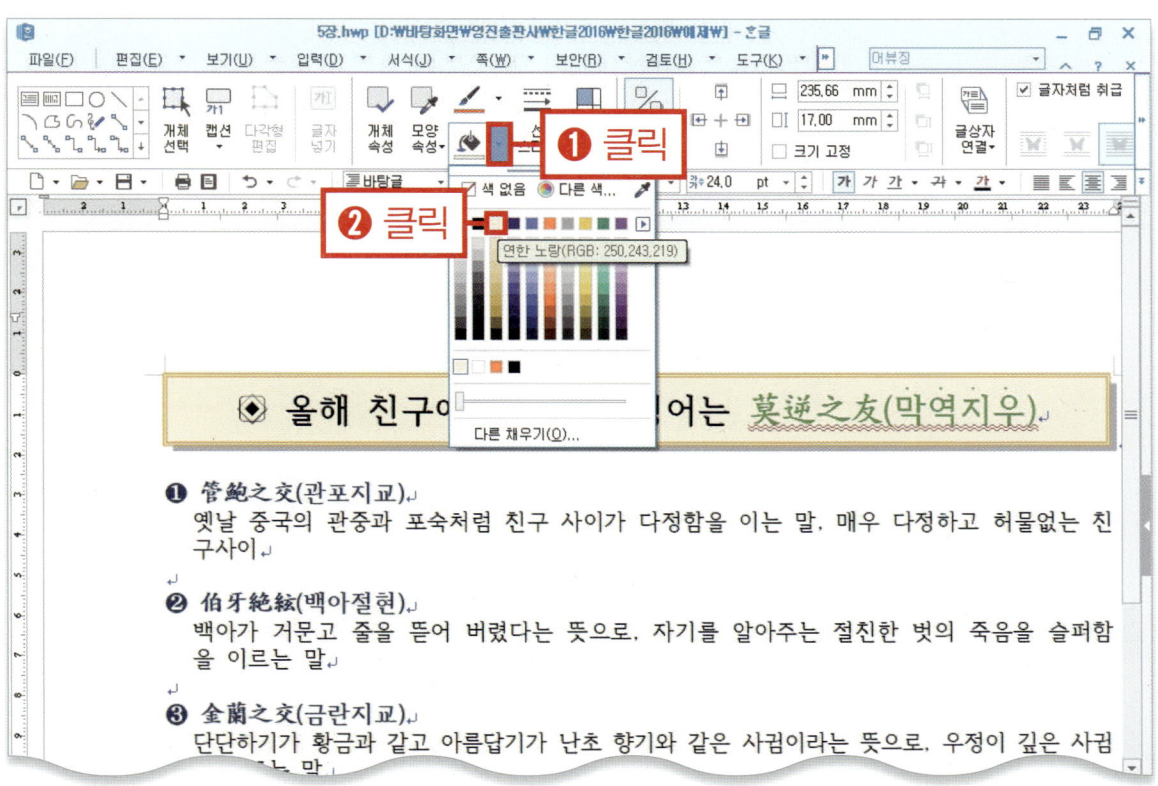

4 이후 [그림자 모양]을 클릭하고 [오른쪽 아래]를 선택합니다.

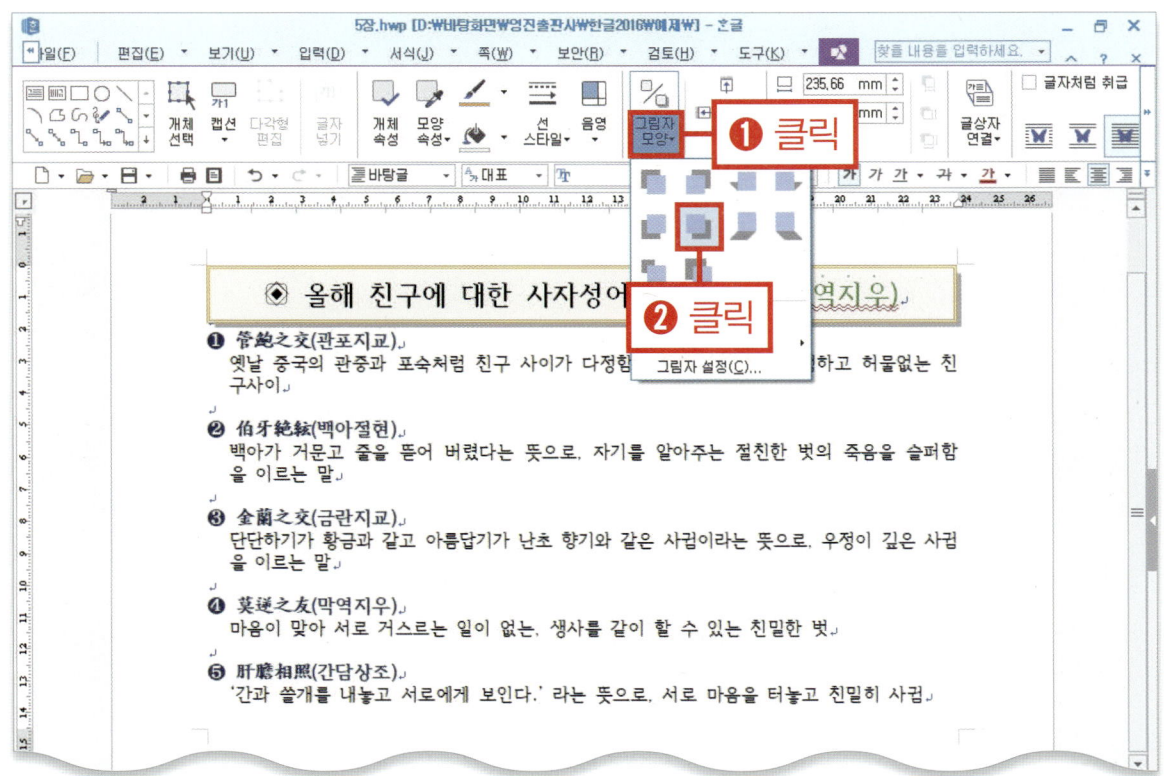

5 위치를 고정하기 위하여 글상자 위에 마우스 오른쪽 버튼을 누른 후 [개체 속성]을 클릭합니다.

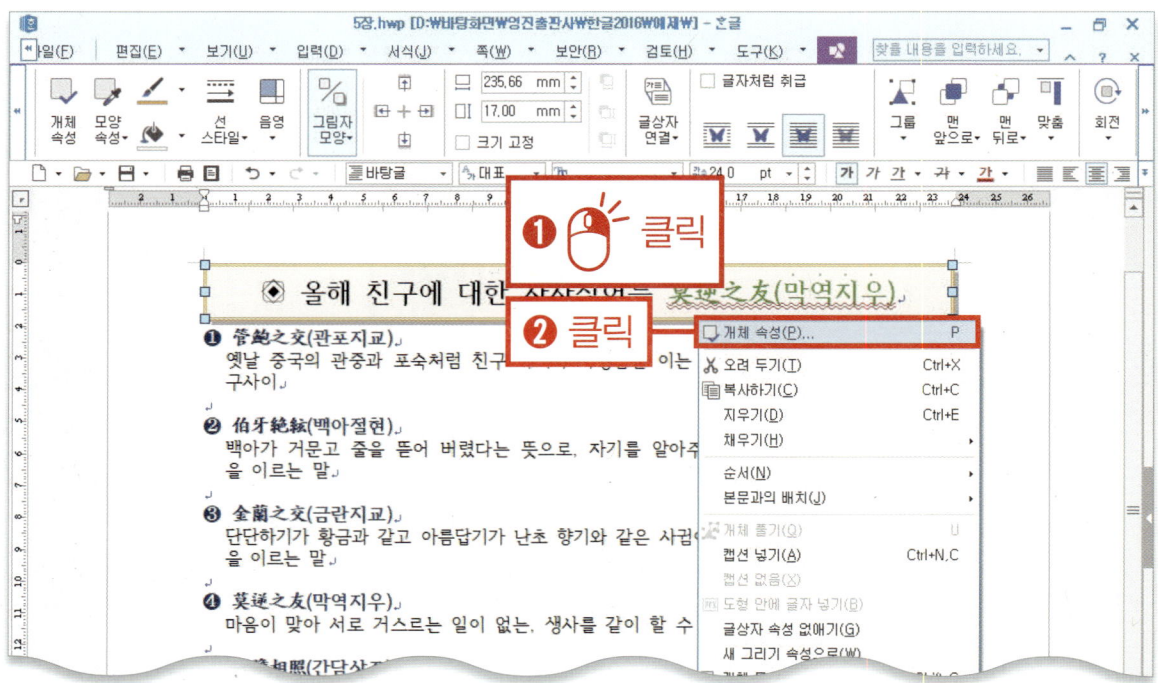

6 '개체 속성' 대화 상자가 나타나면 [기본] 탭에서 [글자처럼 취급]을 클릭하여 체크합니다.

7 글상자와 본문의 여백을 조절하기 위해 [여백/캡션] 탭을 클릭한 후 '아래쪽'을 [2.00mm]로 선택한 후 [설정] 버튼을 클릭합니다.

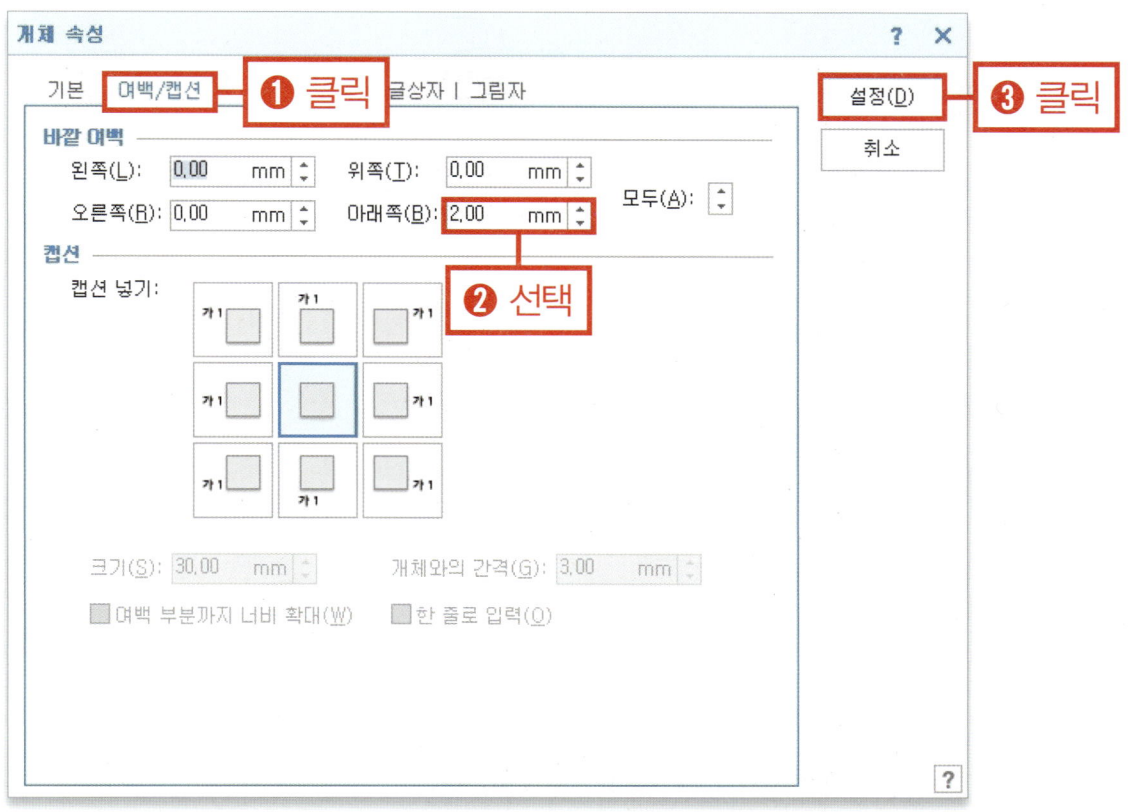

8 아래와 같이 문서가 완성되었습니다.

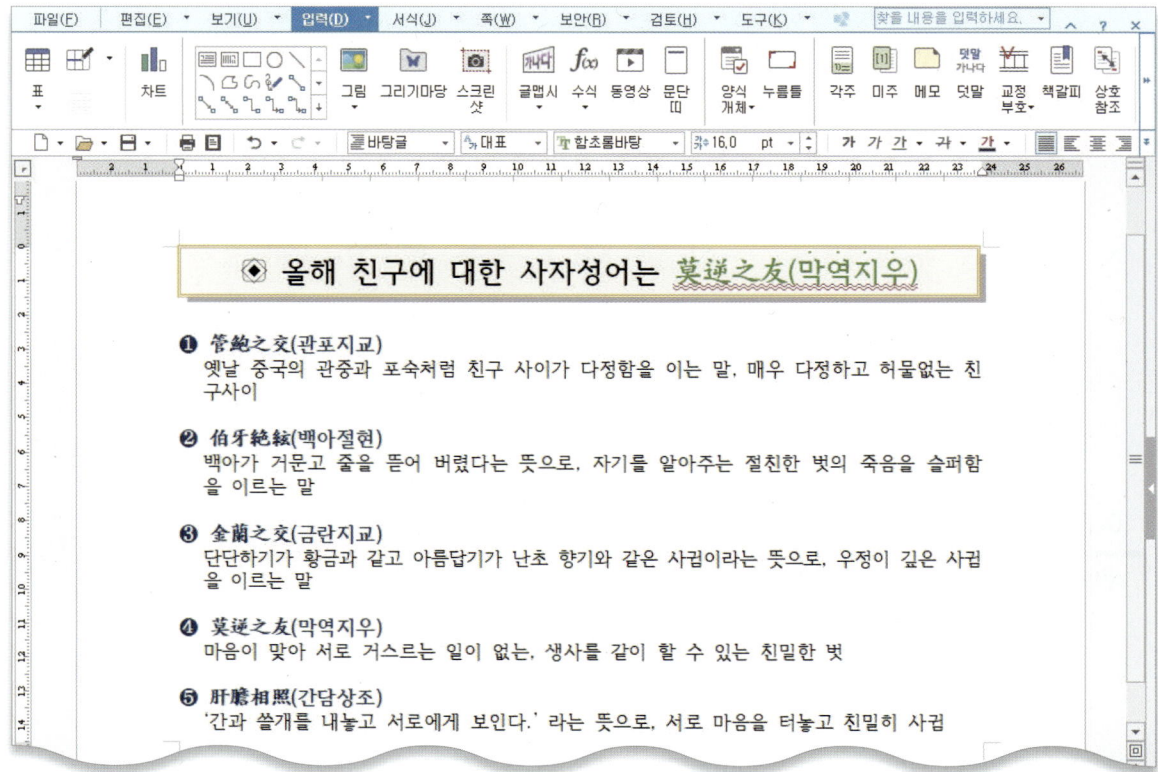

CHAPTER 06

: 한글 2016(NEO) 기본 기능 익히기 :
이미지 다루기

POINT

텍스트 다음으로 많이 사용되는 것이 이미지입니다.
이번 장에서는 이미지를 다루는 방법을 알아봅니다.

완성 화면 미리 보기

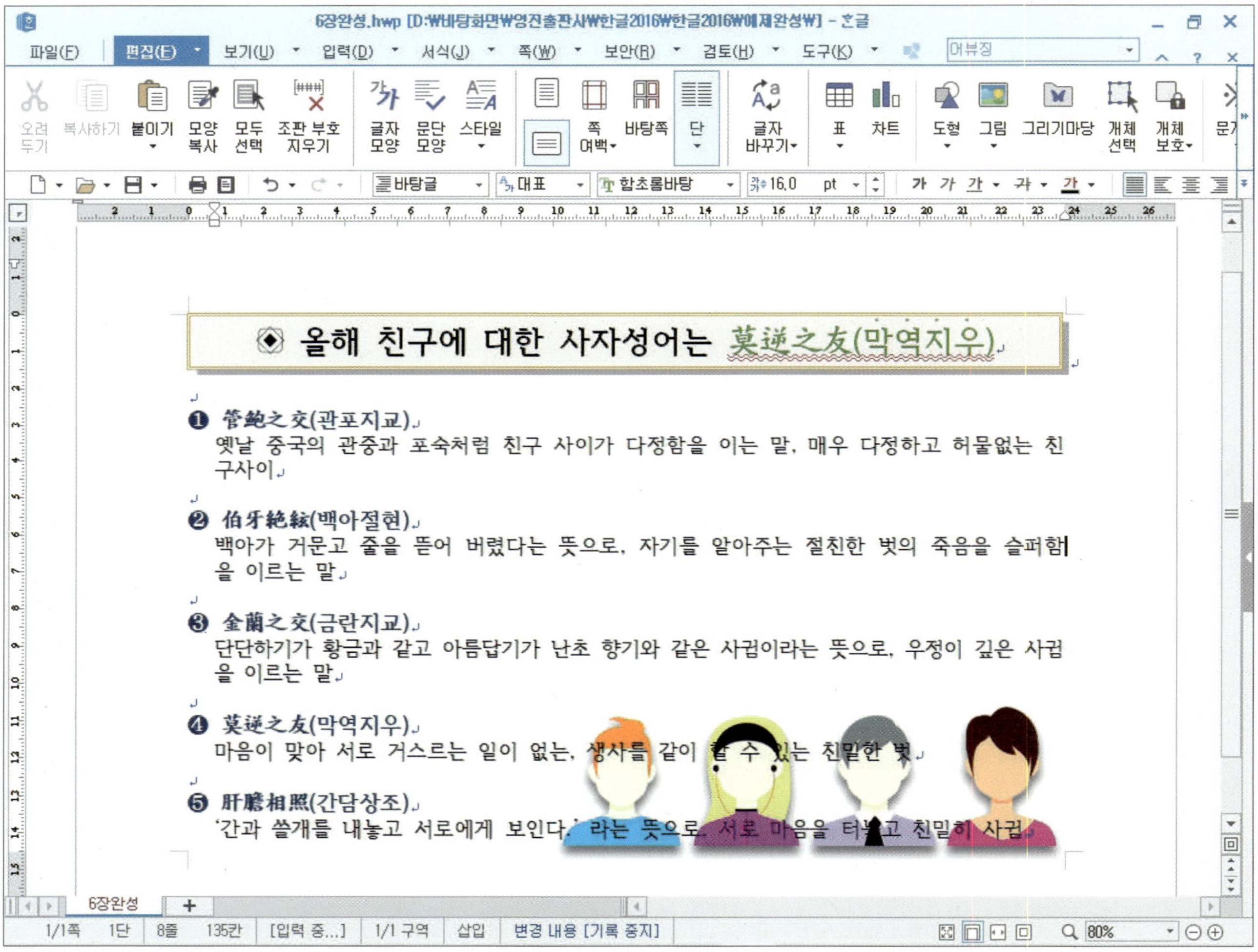

여기서 배워요! 이미지 삽입하기, 이미지 조정하기

STEP 1　이미지 삽입하기

1 [예제] 폴더에서 [6장.hwp] 파일을 불러옵니다. [입력] 탭의 [목록 단추]를 클릭하고 [그림]–[그림]을 차례대로 클릭합니다.

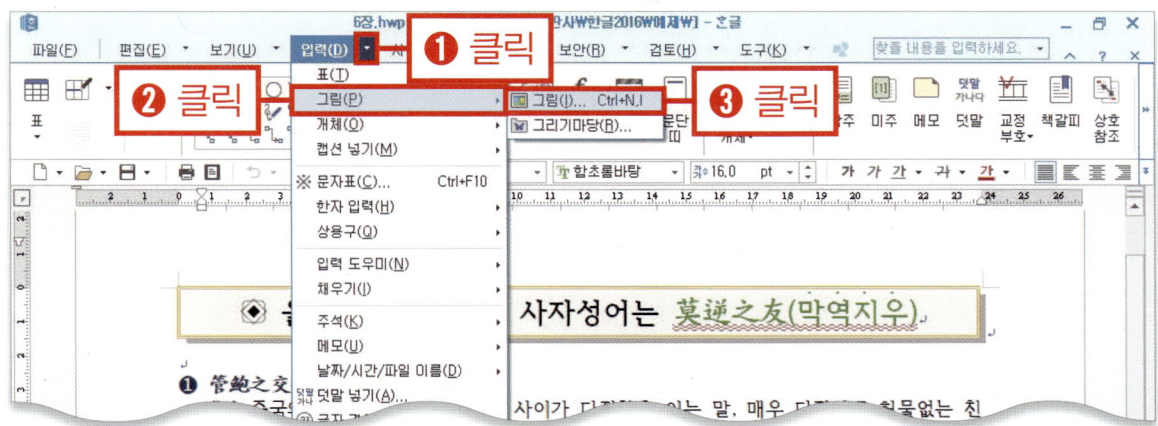

조금 더 배우기

[입력] 탭–[기본 도구 상자]에서 [그림]–[그림]을 차례대로 클릭해도 됩니다.

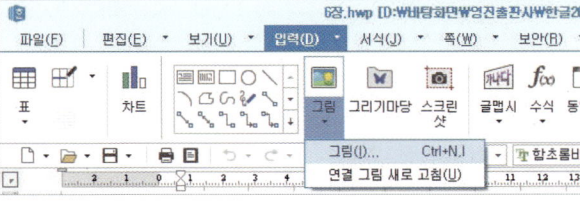

2 '그림 넣기' 대화 상자가 나타나면 [예제이미지] 폴더에서 [친구.png] 파일을 선택합니다. 아래 [문서에 포함]과 [마우스로 크기 지정]을 클릭해 체크한 후 [넣기] 버튼을 클릭합니다. 원하는 위치에 드래그해 삽입합니다.

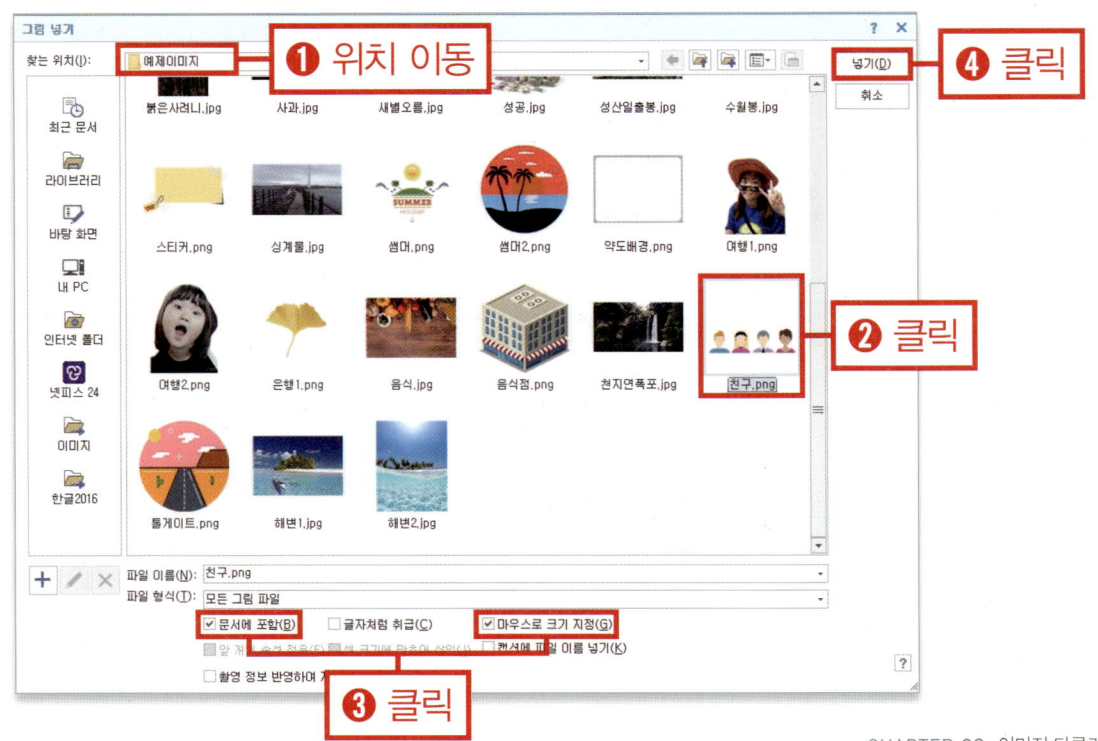

CHAPTER 06 이미지 다루기 | **39**

3 조절점을 이용하여 크기를 조절한 후 오른쪽 아래에 배치합니다.

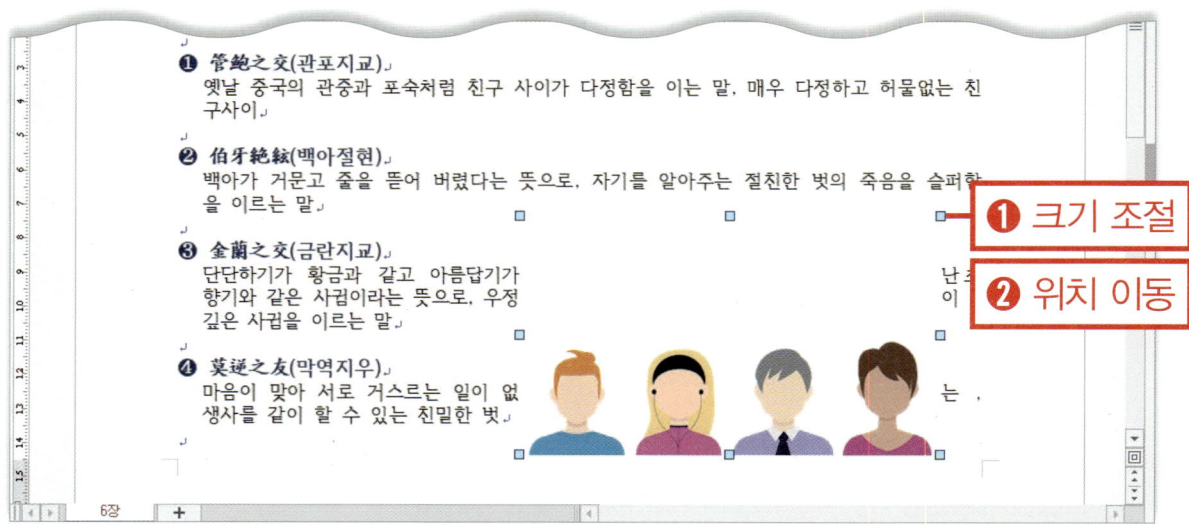

STEP 2 이미지 조정하기

1 [그림] 탭-[기본 도구 상자]에서 [자르기]를 클릭한 후 검은색 조절 선이 나오면 마우스를 조절 선에 위치시킨 다음 드래그하여 필요 없는 부분을 잘라냅니다.

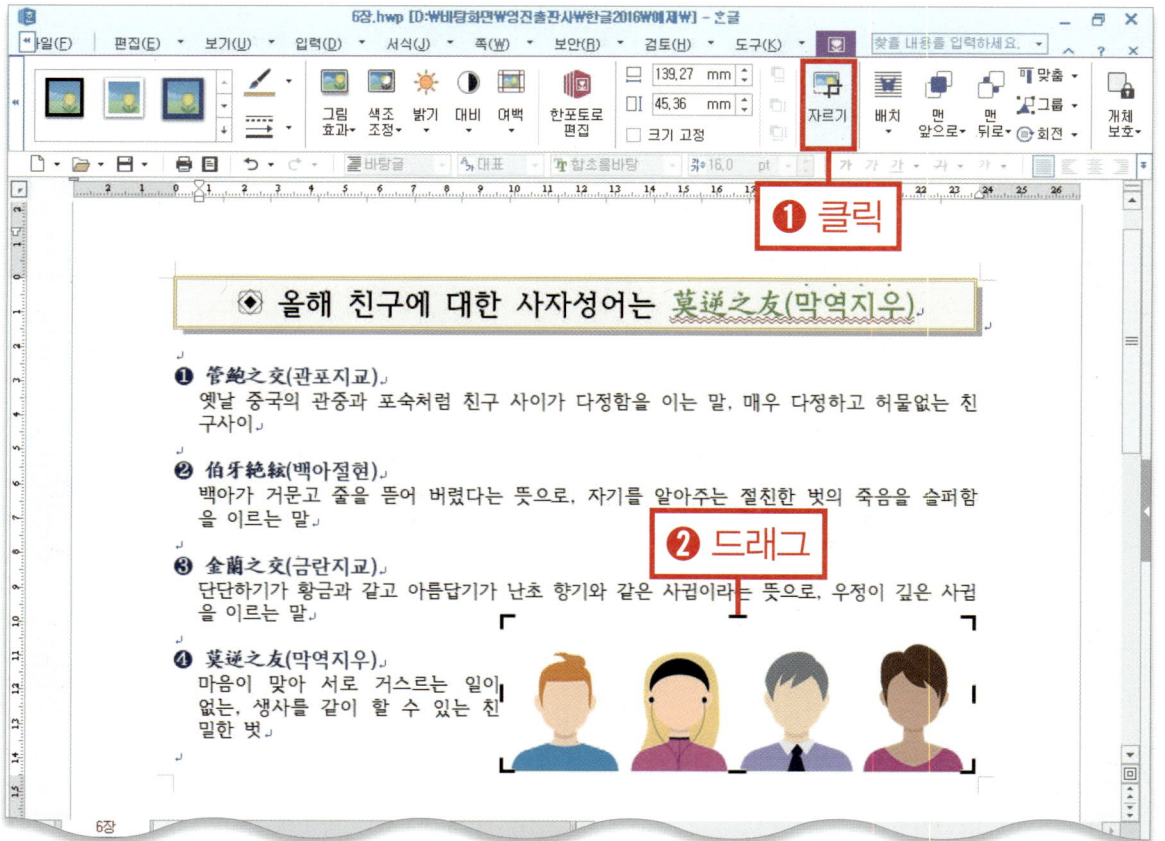

2 이미지의 배치를 조정하기 위해 이미지 위에 마우스 오른쪽 버튼을 누른 후 [개체 속성]을 클릭합니다.

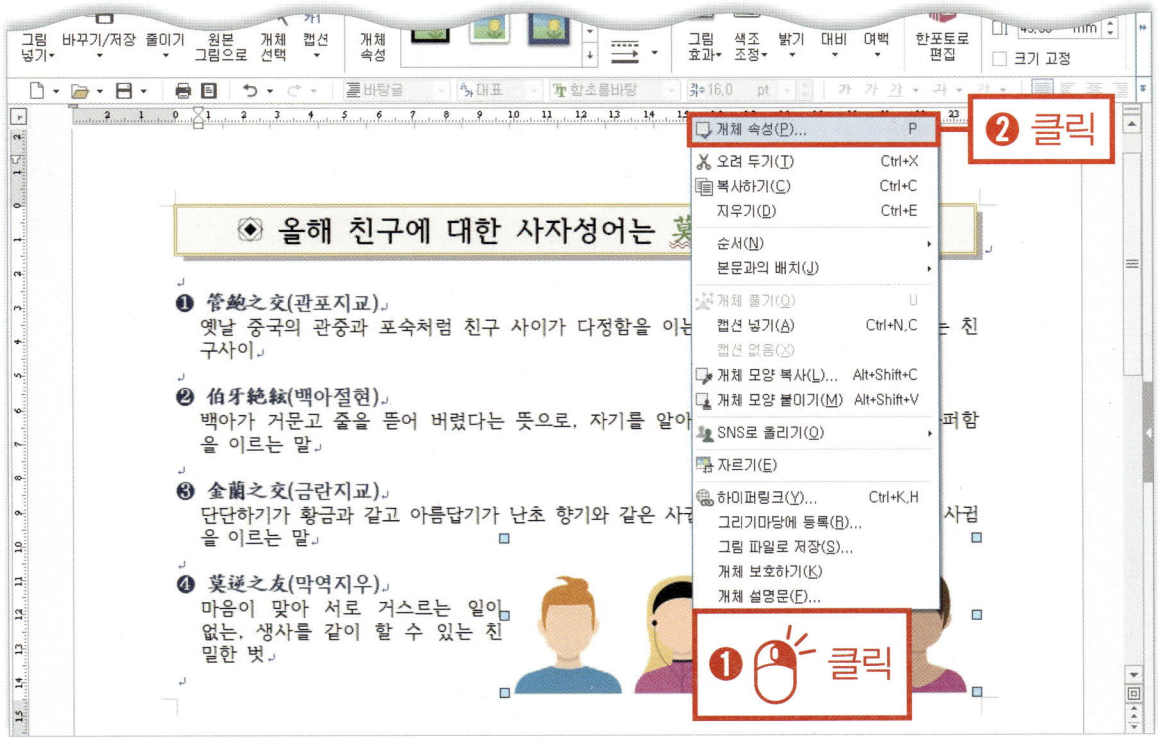

 이미지나 표, 글상자 등 삽입한 개체는 더블 클릭하면 [개체 속성]을 불러올 수도 있습니다.

3 [기본] 탭에서 '본문과의 배치'를 [글 뒤로](▥)로 선택한 후 [설정] 버튼을 클릭합니다.

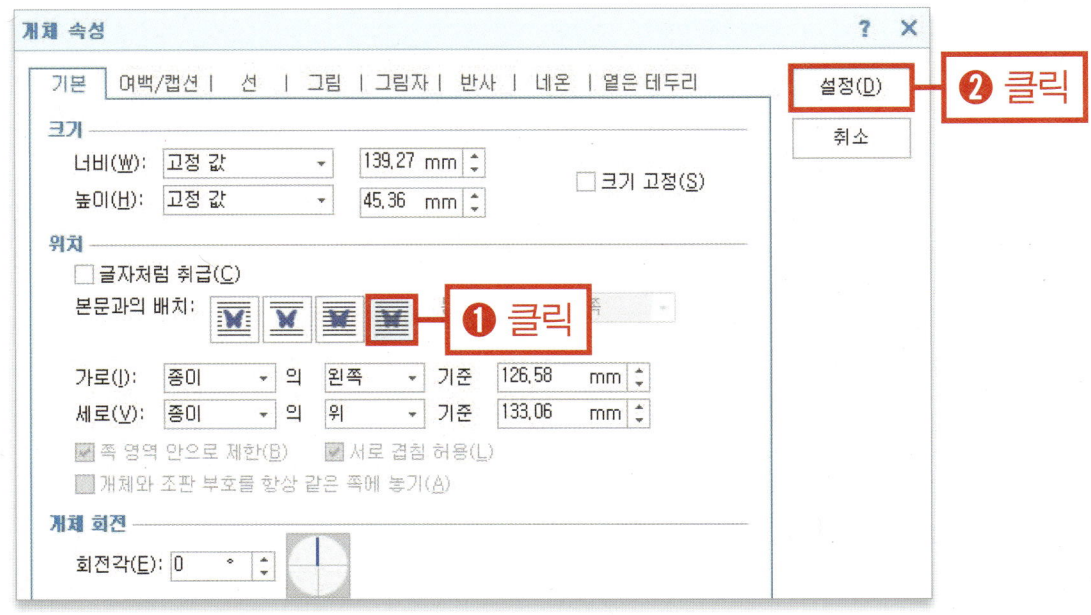

CHAPTER 06 이미지 다루기 | **41**

조금 더 배우기 | 본문과의 배치

4 그림자 효과를 주기 위해 [그림 효과]를 클릭합니다. 이후 [그림자]를 클릭하여 '바깥쪽' 목록에서 [아래쪽]을 선택합니다.

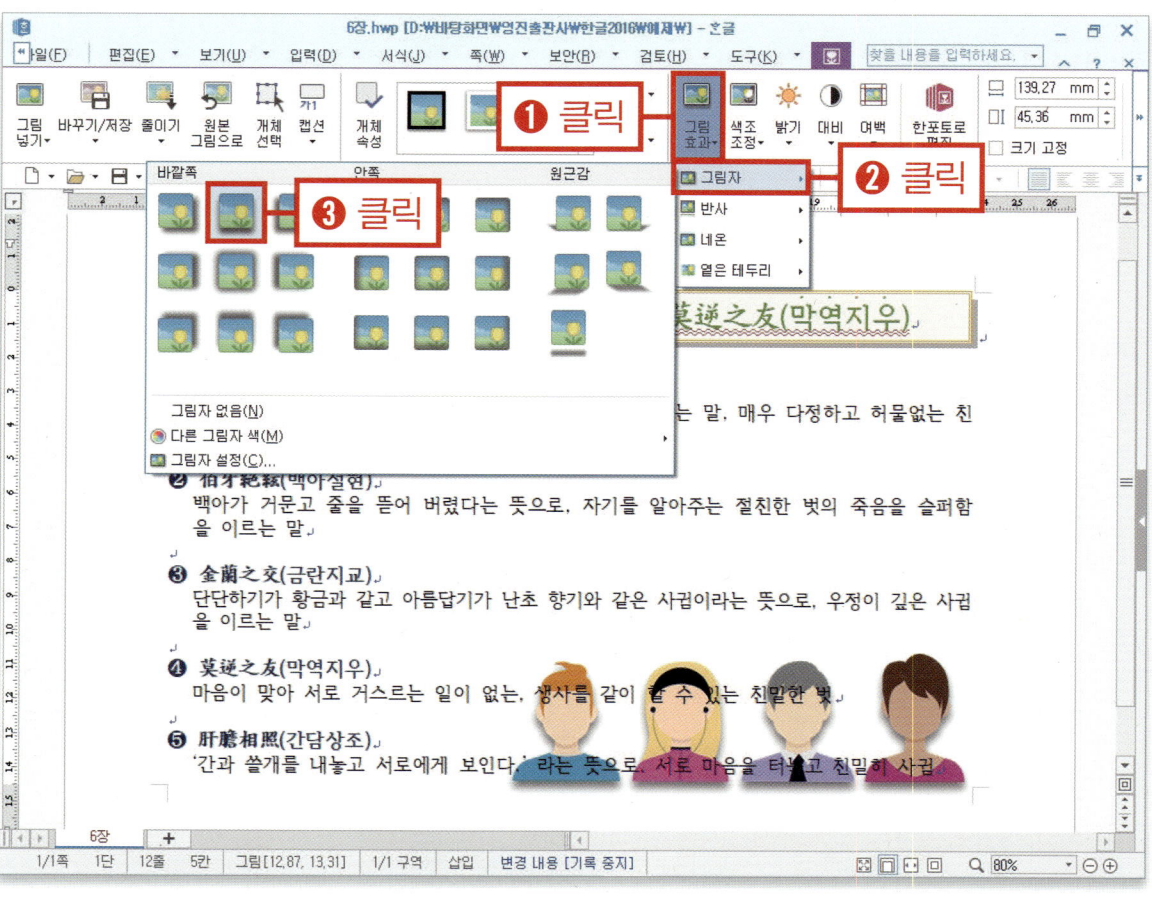

5 밝기를 조절하기 위해 [밝기]를 클릭한 후 '밝게' 목록에서 [+10%]를 클릭합니다.

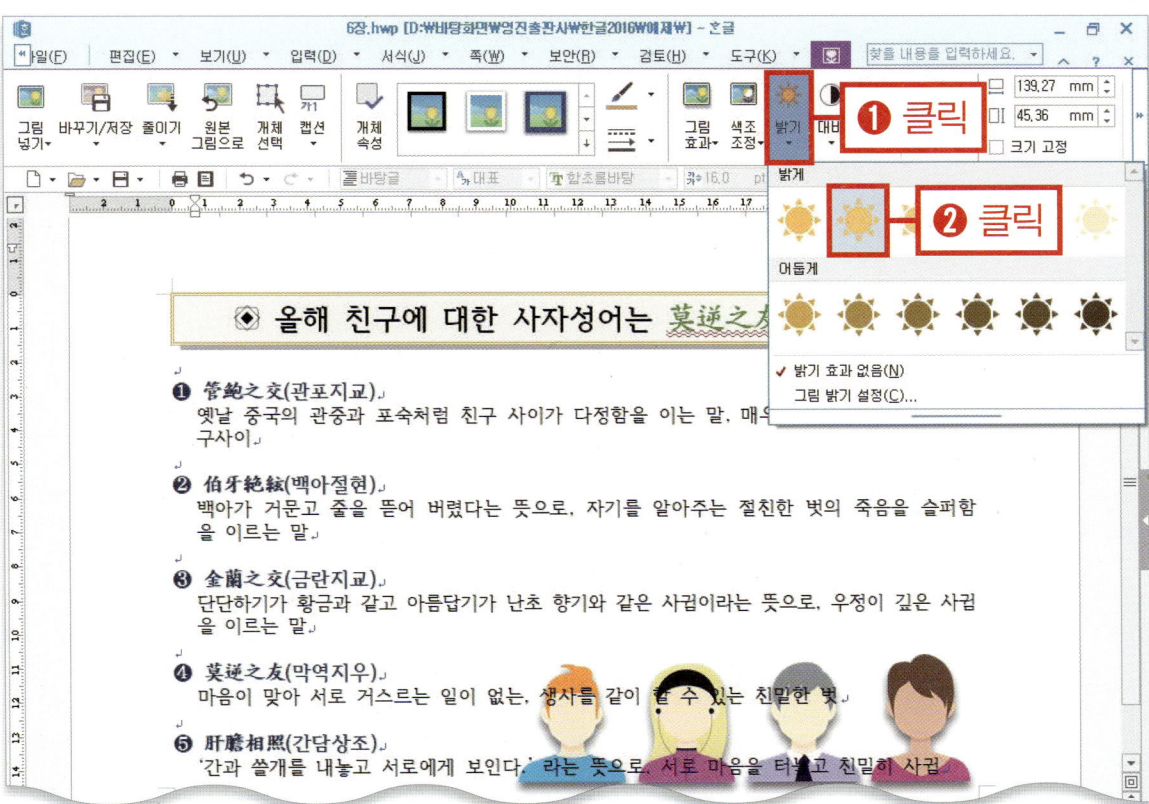

6 선명함을 주기 위해 [대비]를 클릭한 후 '높게' 목록에서 [+50%]를 클릭합니다.

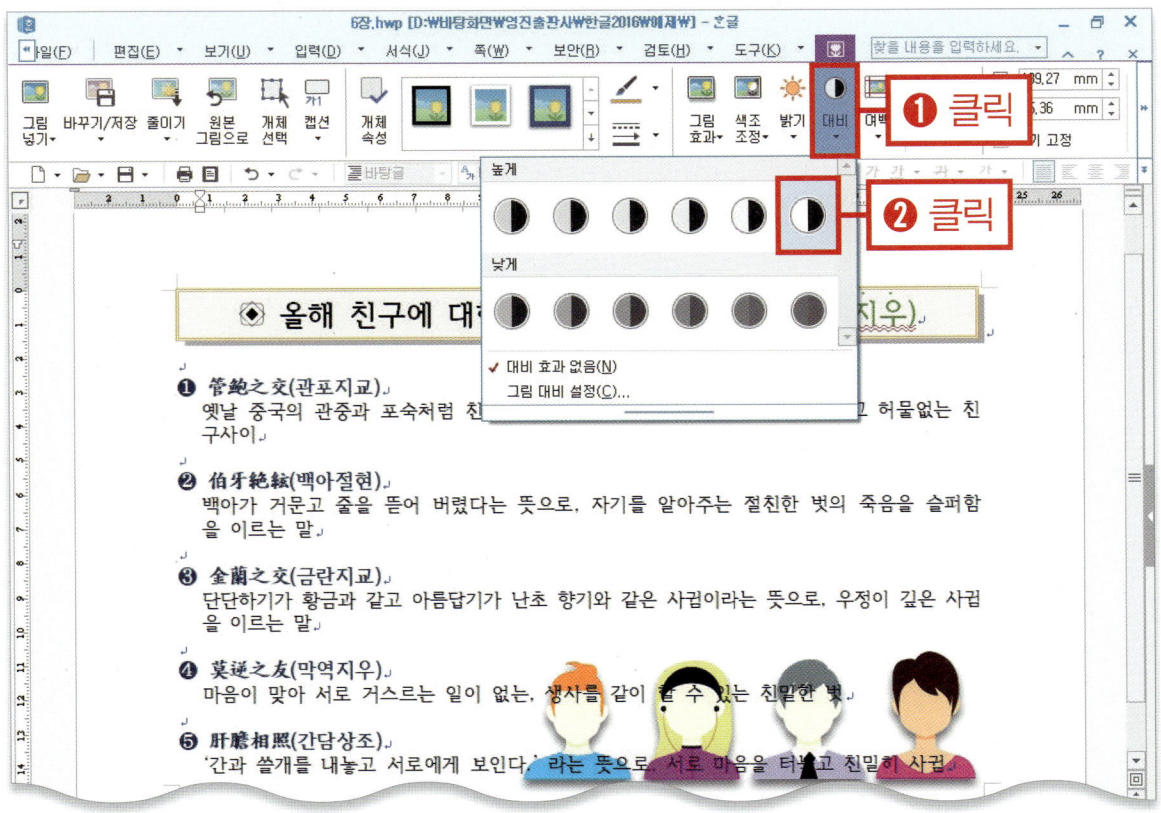

색조 조정의 회색조와 워터마크 기능

흑백 효과를 지정하려면 [색조 조정]을 클릭한 후 [회색조]를 클릭합니다.

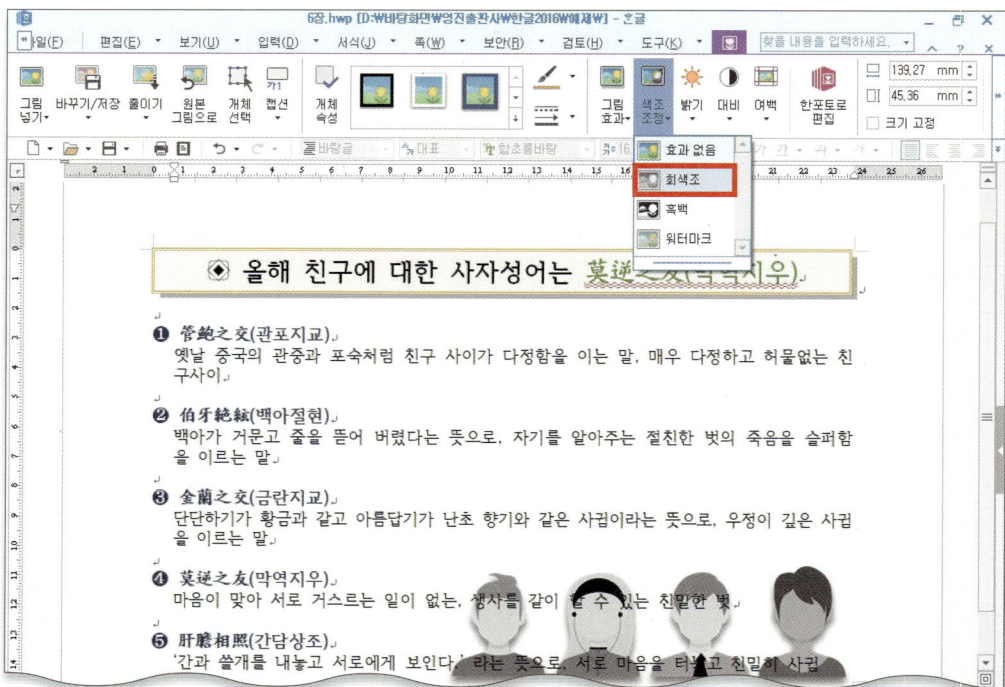

[색조 조정]에서 [워터마크]는 이미지를 상당히 환하게 만들어 문서의 배경으로 쓰기 좋게 만드는 방법입니다. 하지만 너무 환하게 변경되기 때문에 이미지의 형태를 알아보기가 힘들 수 있으므로 [밝기]와 [대비]를 적절히 섞어 사용하도록 합니다.

7 이미지를 많이 사용하다 보면 이미지의 용량이 그대로 문서에 적용되어 문서의 크기가 커질 수 있습니다. 문서에 삽입된 이미지의 용량을 조절하기 위해 [줄이기]를 클릭한 후 [용량 줄이기 설정]을 클릭합니다.

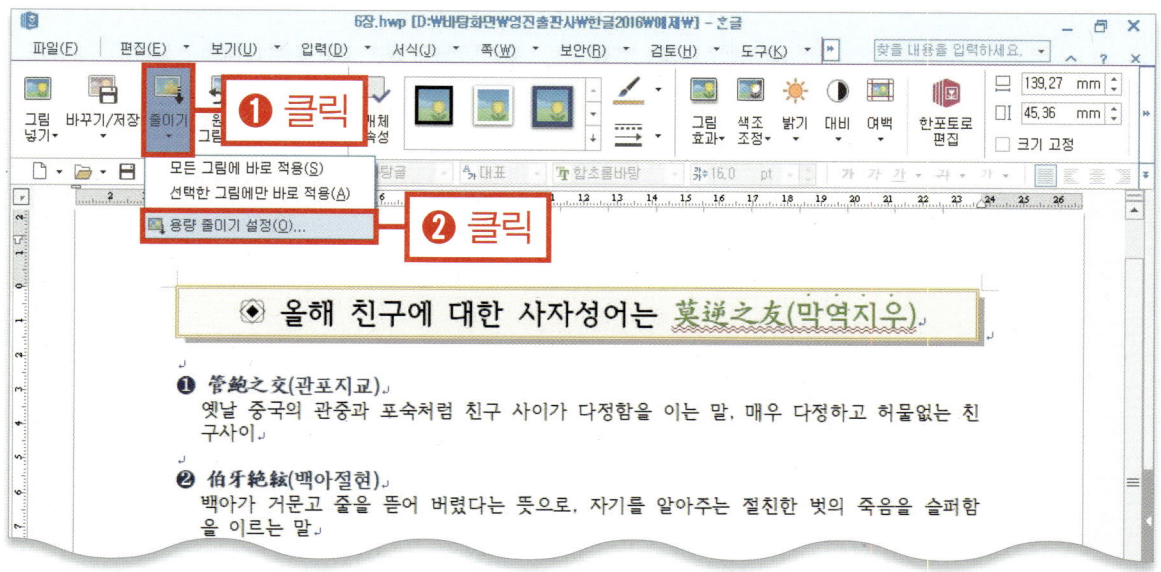

8 '그림 용량 줄이기' 대화 상자가 나타나면 '선택 사항'의 모든 부분을 클릭하여 체크한 다음 [확인] 버튼을 클릭합니다.

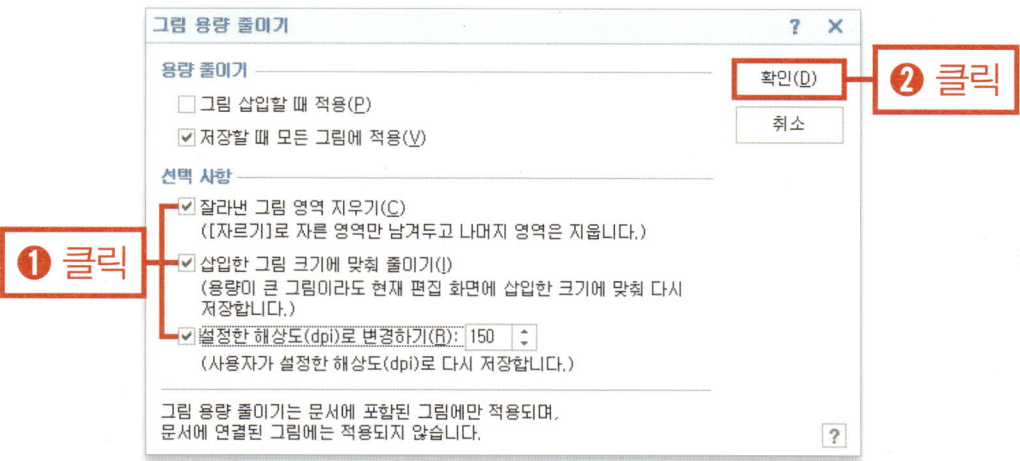

9 아래와 같이 문서가 완성되었습니다.

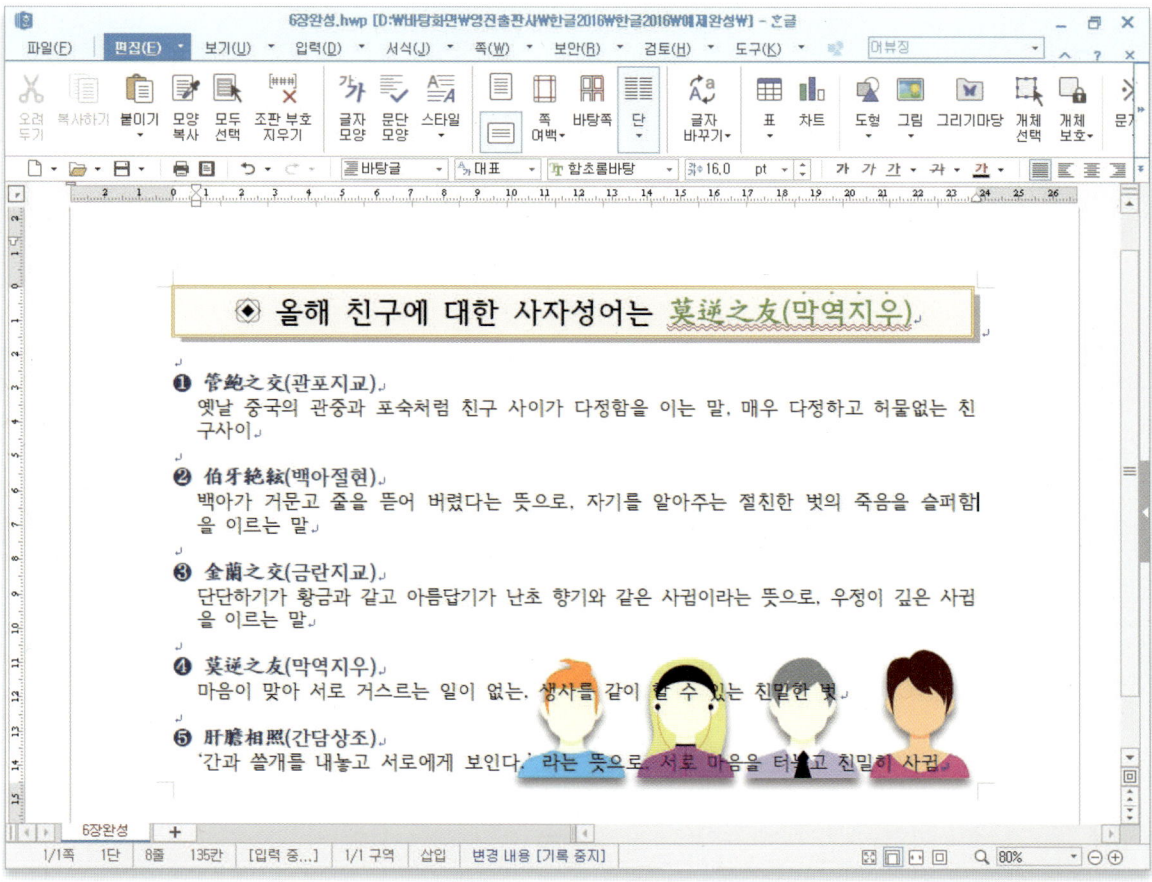

CHAPTER 07

: 한글 2016(NEO) 기본 기능 익히기 :
저장 및 인쇄하기

POINT

이번 장은 문서를 저장하고 인쇄하는 방법을 알아봅니다.

완성 화면 미리 보기

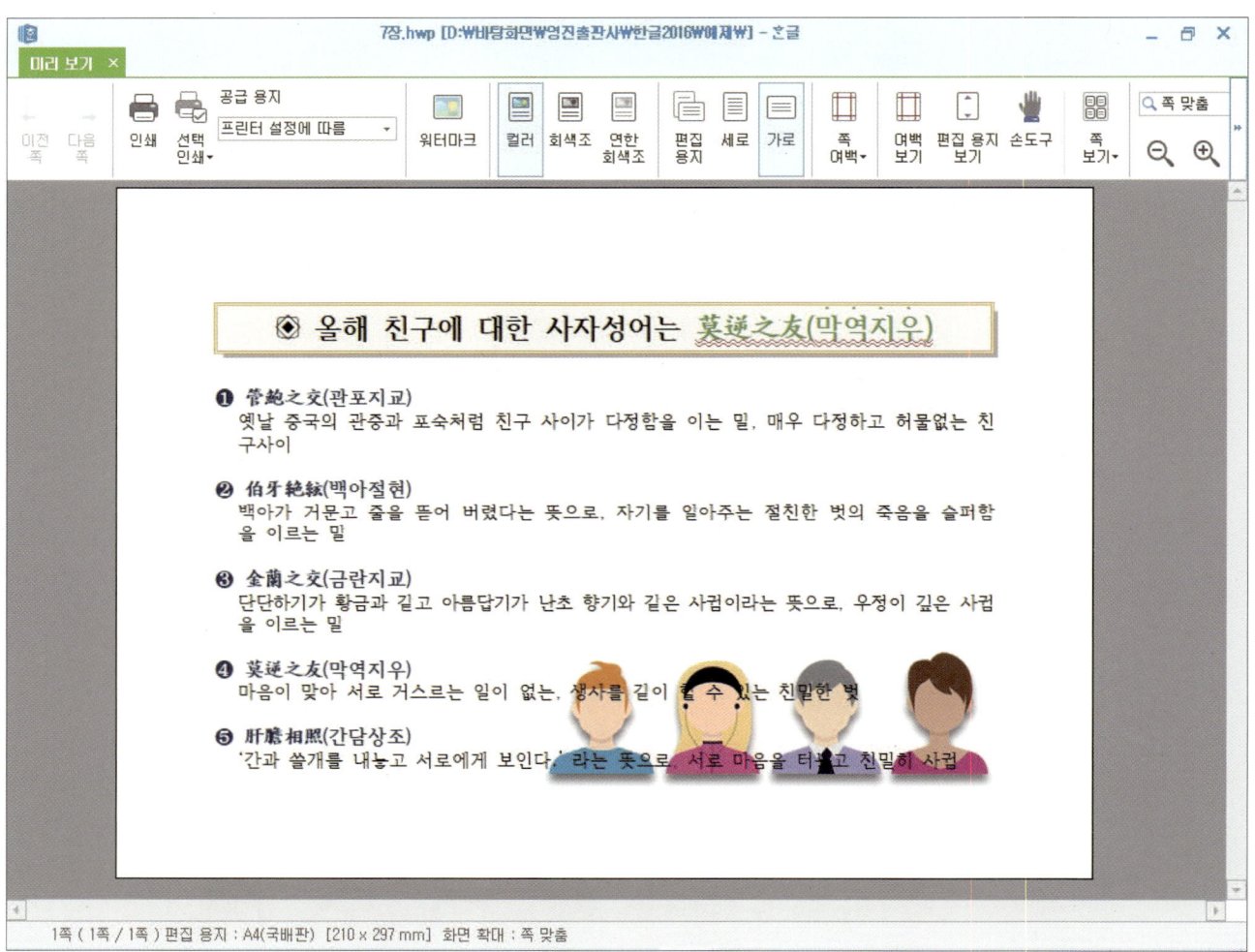

여기서 배워요! 문서 저장하기, 인쇄하기

> **STEP 1** 문서 저장하기

1 [예제] 폴더에서 [7장_저장.hwp] 파일을 불러옵니다. [파일] 탭-[다른 이름으로 저장하기]를 차례대로 클릭합니다.

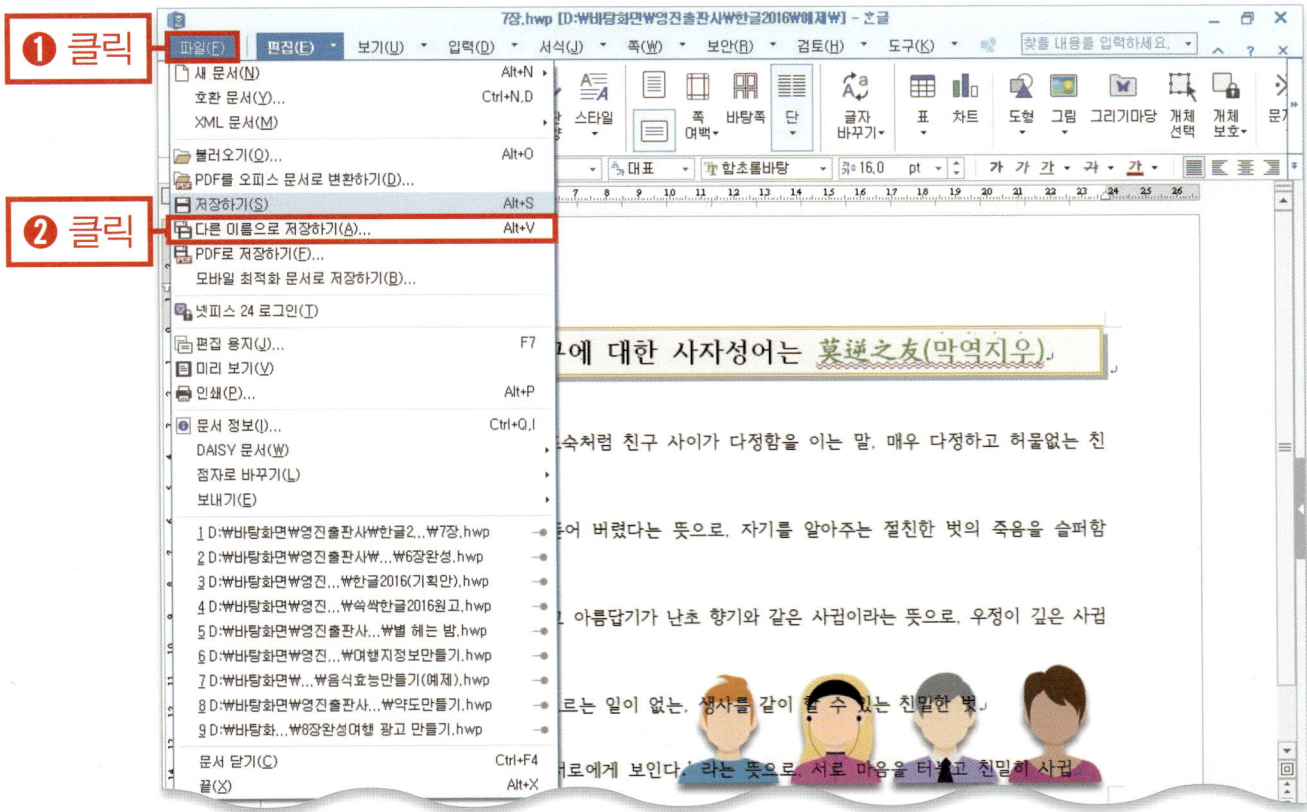

2 '다른 이름으로 저장하기' 대화 상자가 나타나면 '저장 위치'를 선택한 후 아래에 파일 이름을 입력한 다음 [저장] 버튼을 클릭합니다.

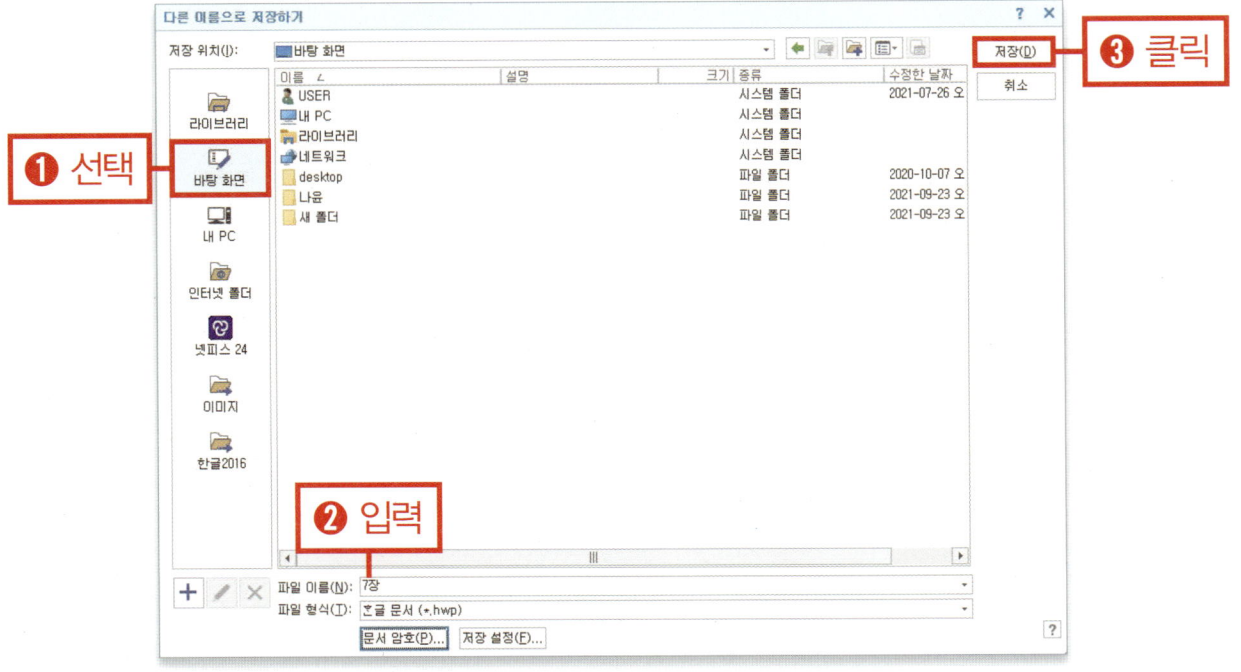

CHAPTER 07 저장 및 인쇄하기 | **47**

문서의 암호 지정 및 해제

문서에 암호를 지정할 때는 [문서 암호] 버튼을 클릭합니다. '문서 암호 설정' 대화 상자가 나타나면 '문서 암호'와 '암호 확인'을 똑같이 5자 이상 입력한 후 [설정] 버튼을 클릭합니다. 암호를 해제할 때는 문서를 열고 '다른 이름으로 저장하기' 대화 상자에서 [문서 암호] 버튼을 클릭하여 암호를 지우고 다시 저장하면 됩니다.

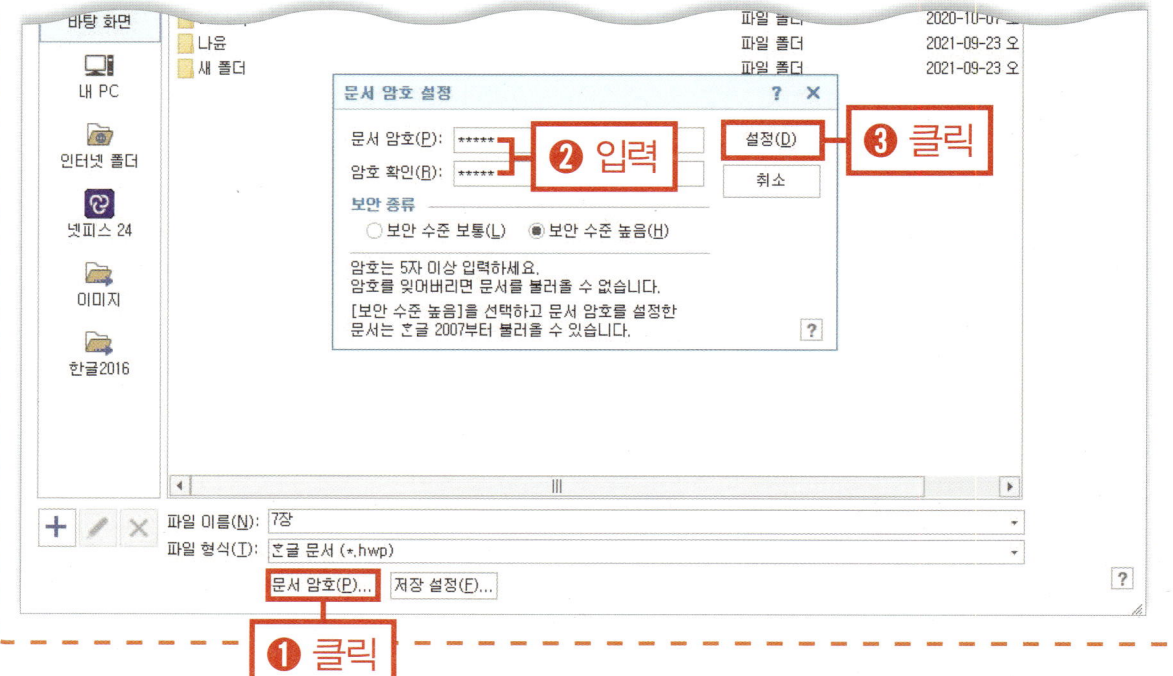

STEP 2 인쇄하기

1 인쇄 전에 문서를 확인하기 위해 [파일] 탭-[미리 보기]를 차례대로 클릭합니다.

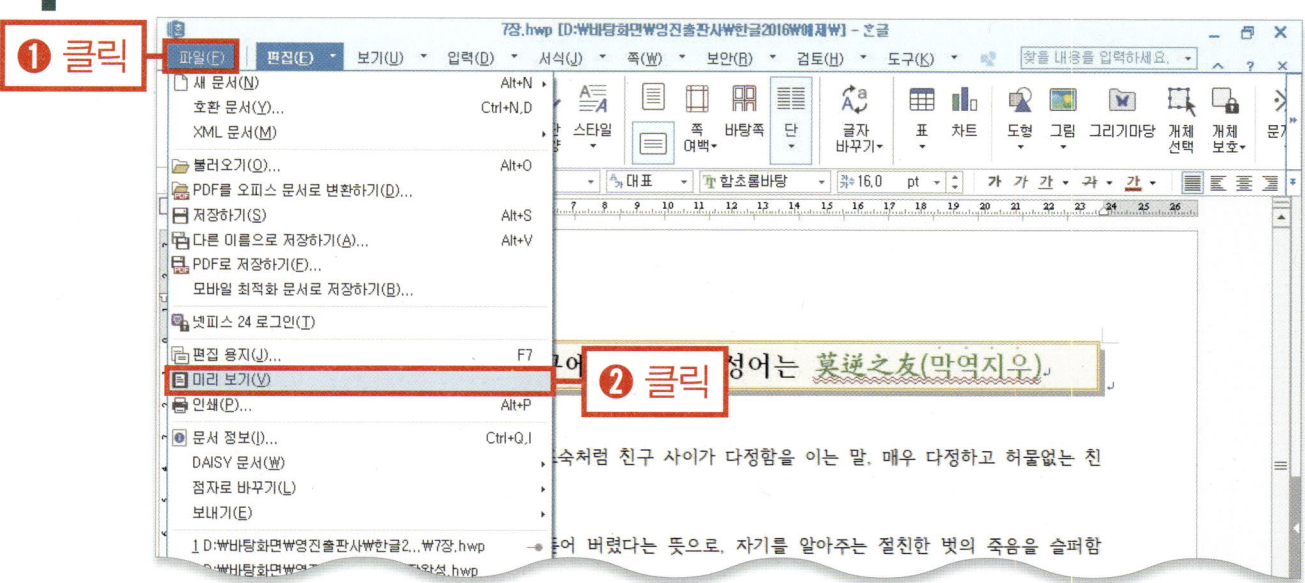

2 문서의 상태를 확인한 후 [미리 보기] 탭에서 [인쇄]를 클릭합니다.

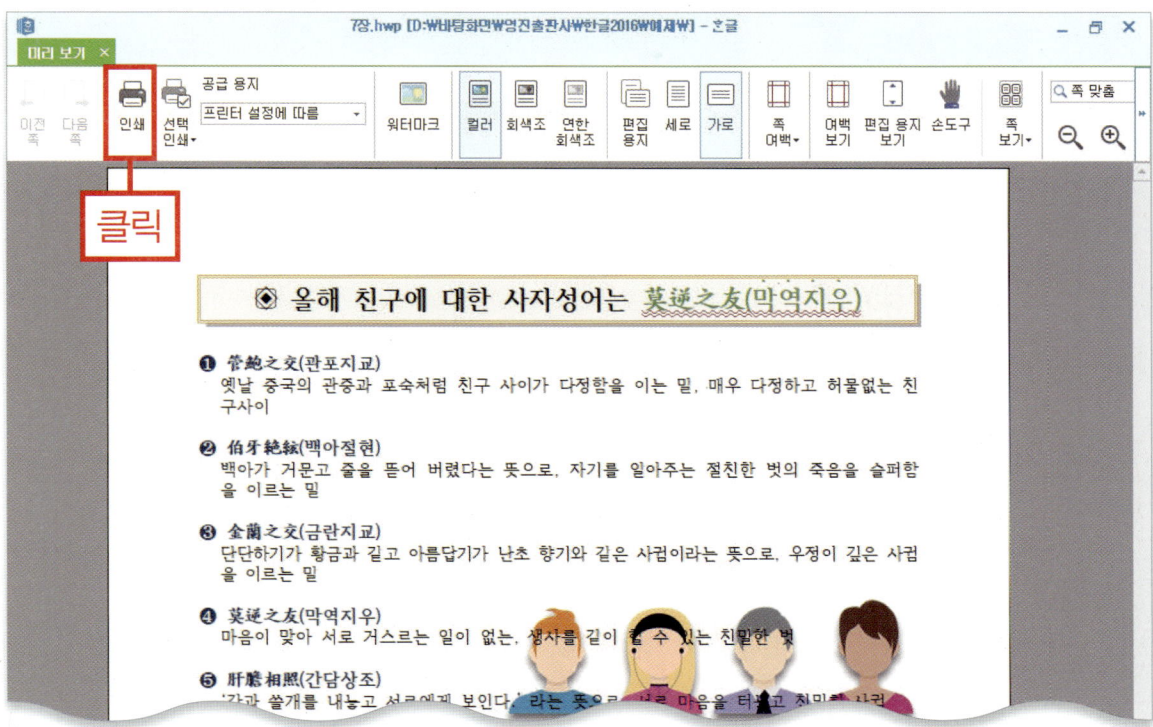

3 '인쇄' 대화 상자가 나타나면 [기본] 탭에서 '인쇄 범위'와 '인쇄 매수'를 선택한 후 [인쇄] 버튼을 클릭합니다.

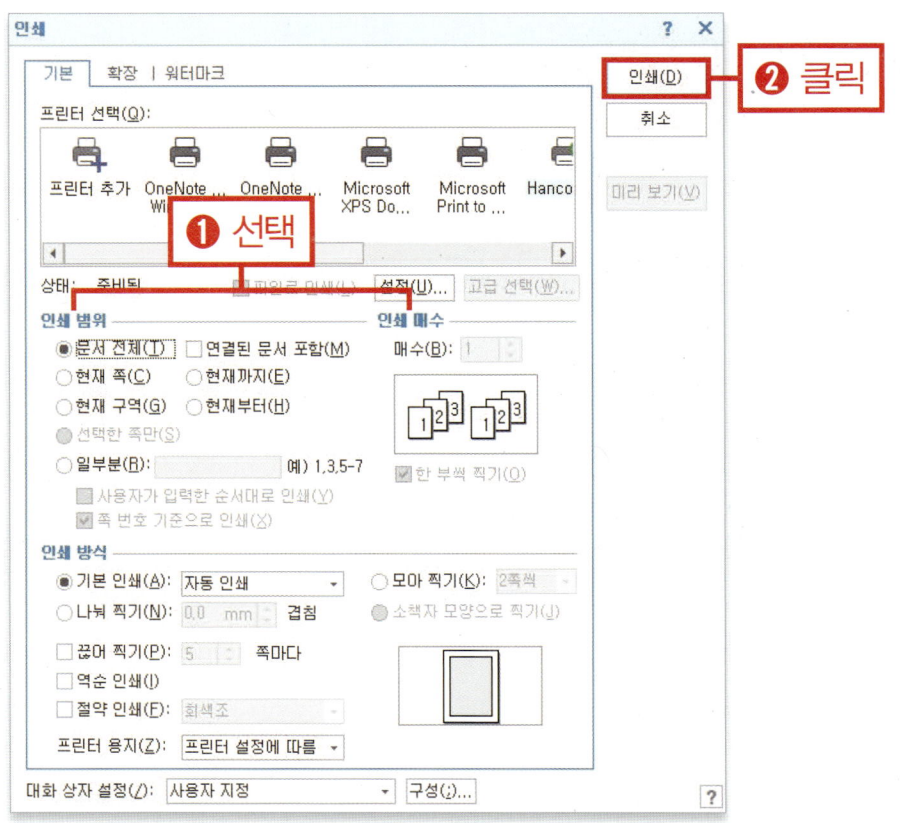

CHAPTER 08

: 예제로 배우기 : (여행 광고 만들기-1)
이미지와 글맵시로 광고 배경과 제목 만들기

8장에서 20장까지는 예제를 통해 한글 2016(NEO) 기능을 익혀 봅니다.
그중 8장에서 10장까지는 여행 광고지를 만들어 보도록 하겠습니다.
먼저 쪽 설정 기능으로 배경 삽입과 글맵시 기능을 사용해 광고 제목을 제작해 봅니다.

완성 화면 미리 보기

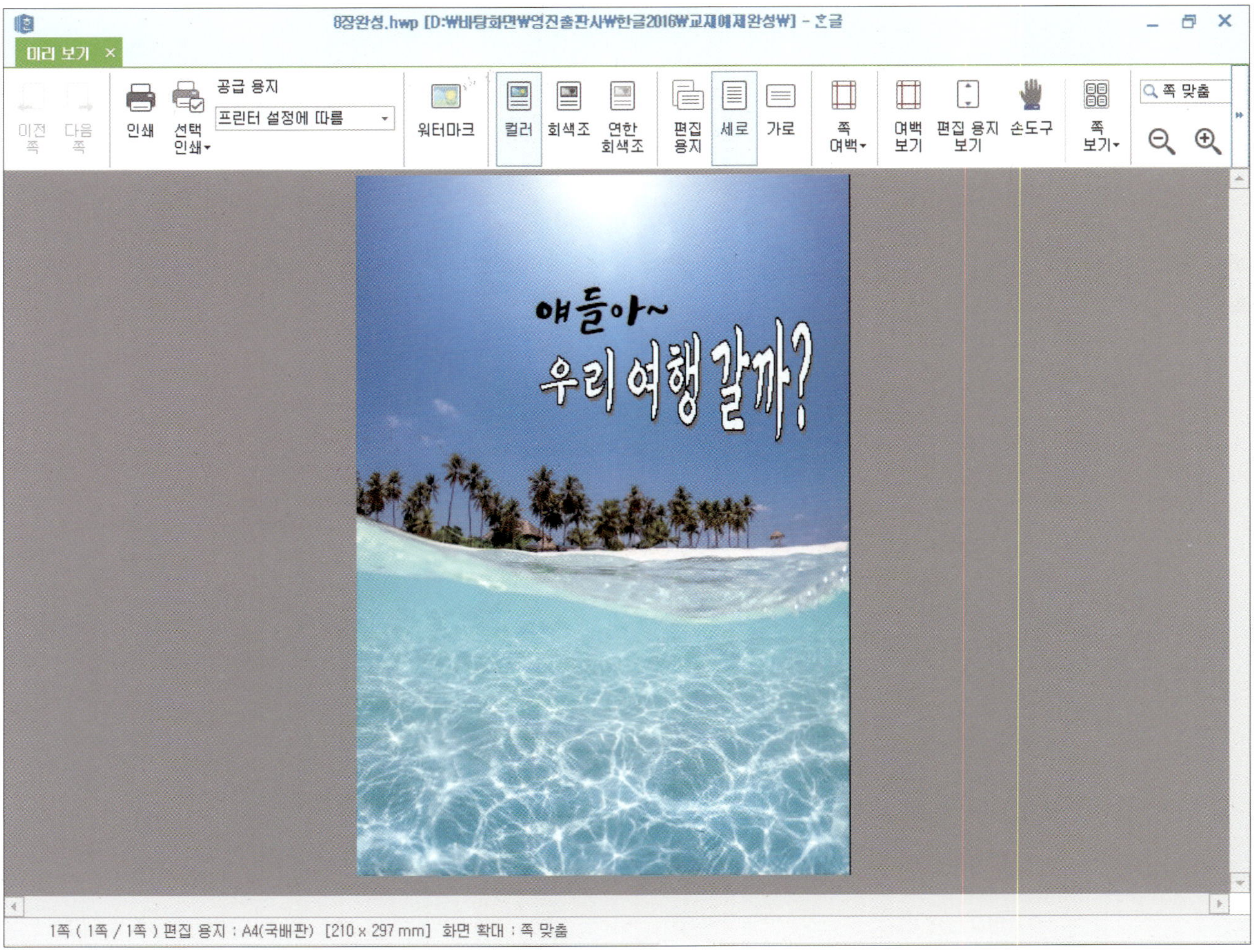

여기서 배워요!

폰트 설치하기, 쪽 테두리, 배경으로 광고 배경 만들기, 글맵시 기능으로 광고 제목 만들기

STEP 1 폰트 설치하기

1 글자를 입력하기 전 폰트를 설치하여 글자의 디자인을 높여 주기 위해 [폰트] 폴더에서 [YoonDokripManse] 폴더를 더블 클릭합니다.

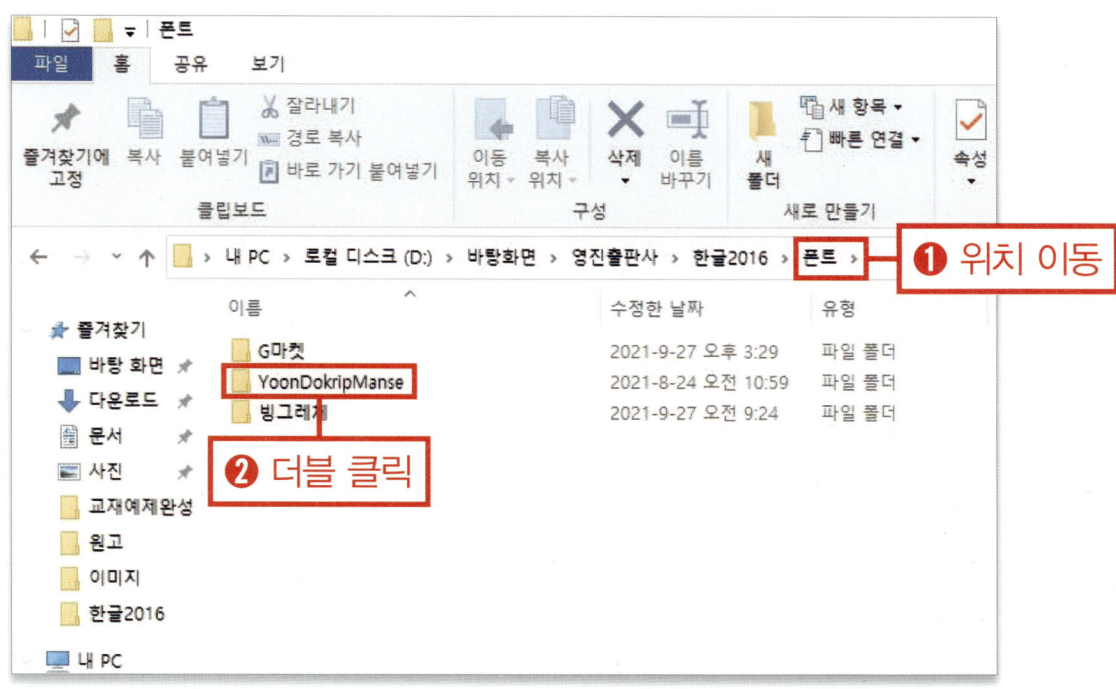

2 'Mac'과 'Win' 중 [Win]을 더블 클릭한 다음 [YoonDokripManse.exe]를 더블 클릭합니다.

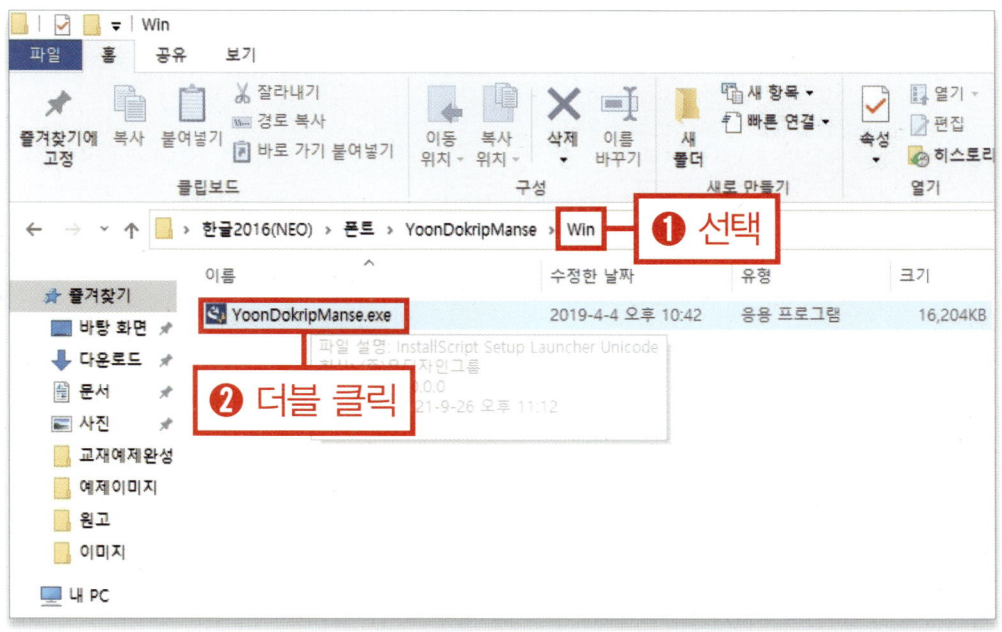

폰트의 종류는 TTF(TrueTypeFont)와 OTF(OpenTypeFont)로 나눌 수 있습니다. Windows를 사용하면 TTF, Mac를 사용하면 OTF를 설치합니다. 교재는 Windows를 기준으로 [Win] 폴더의 파일을 설치합니다.

CHAPTER 08 이미지와 글맵시로 광고 배경과 제목 만들기 | 51

3 폰트를 설치할 준비 화면이 나타납니다.

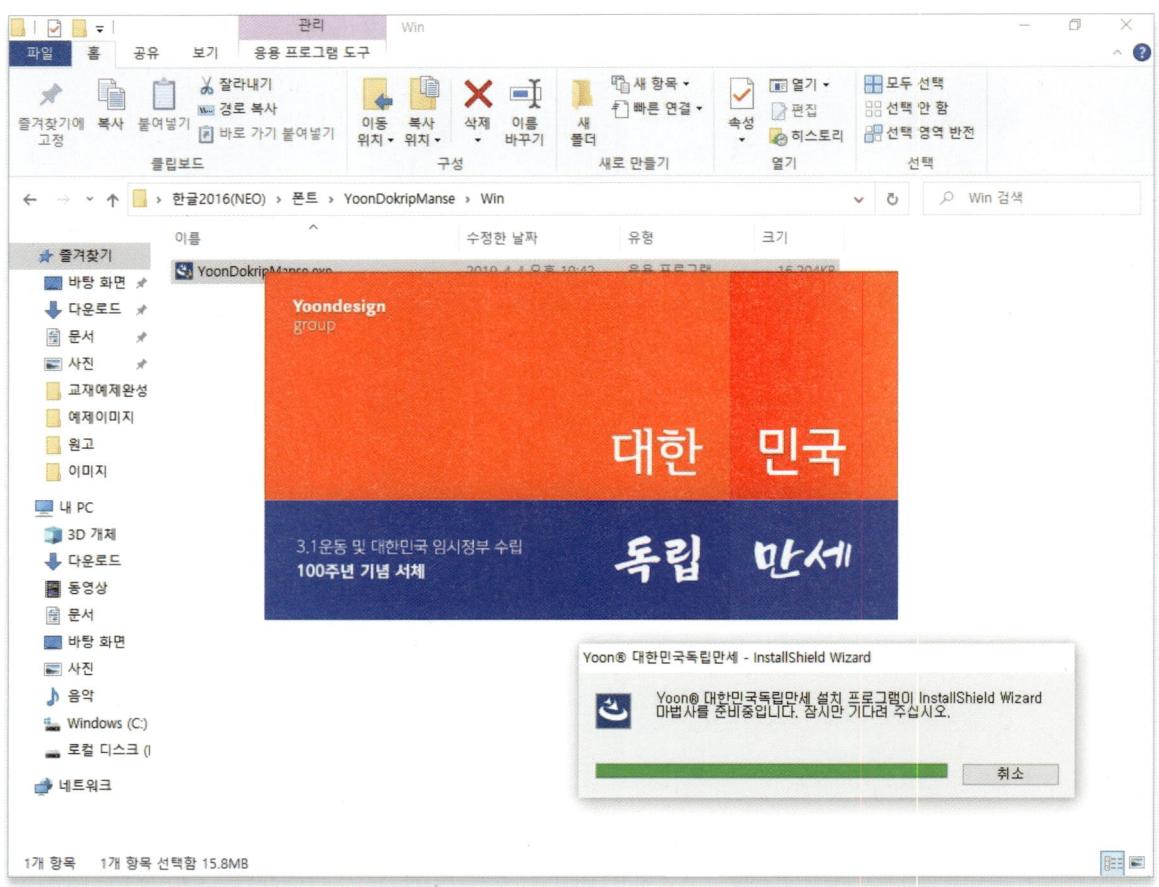

4 설치 대화 상자가 나타나면 [다음] 버튼을 클릭합니다.

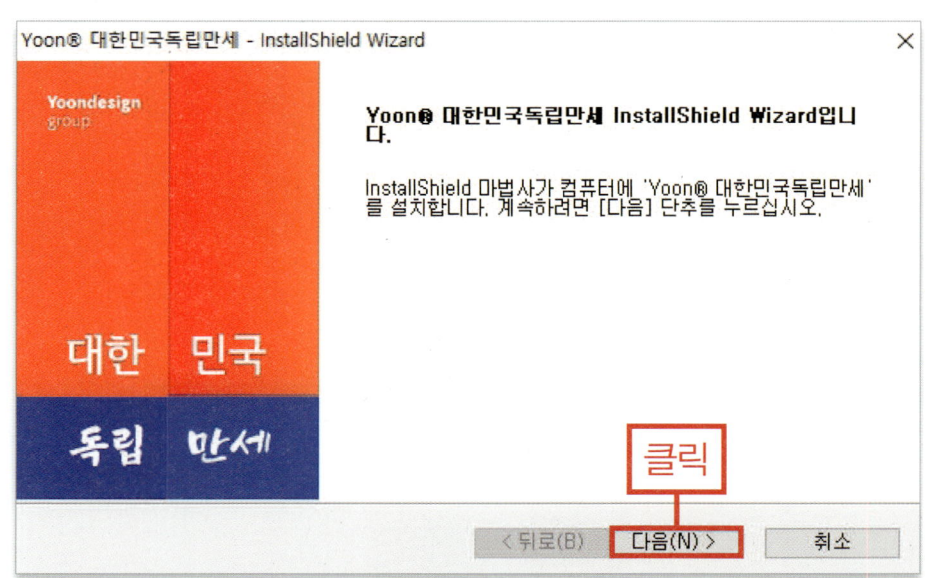

5 [설치] 버튼을 클릭합니다.

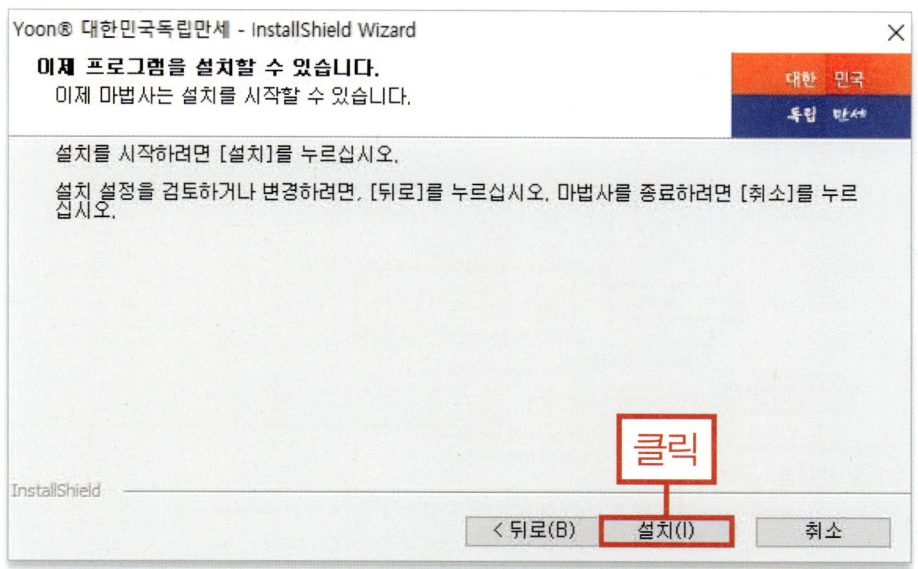

6 설치가 완료되어 시스템 재시작 안내 내용이 나타나면 [아니오, 나중에 컴퓨터를 다시 시작하겠습니다.]를 선택한 후 [완료] 버튼을 클릭합니다.

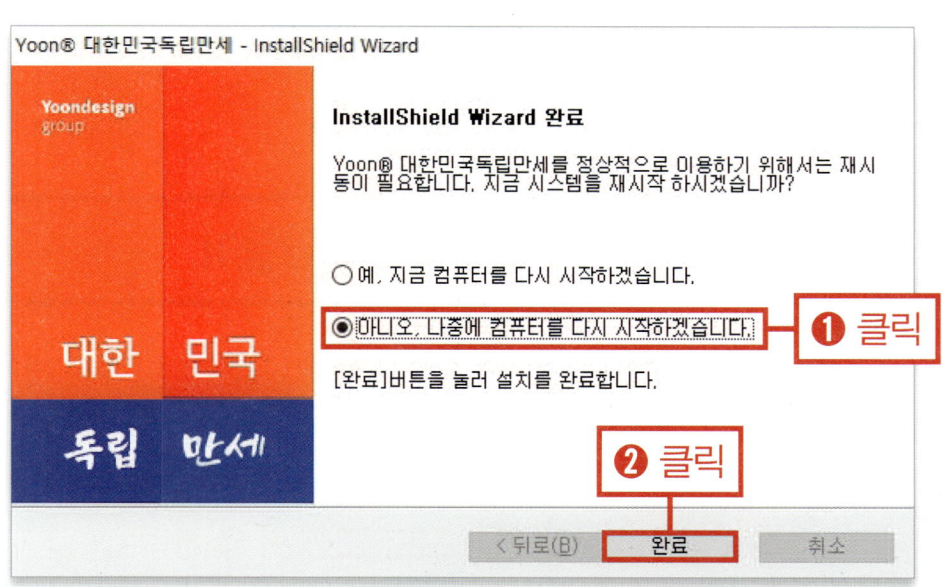

7 다시 [폰트] 폴더로 돌아온 후 [빙그레체] 폴더를 더블 클릭합니다. [Binggrae.ttf]를 더블 클릭하고 'Binggrae(트루타입)' 대화 상자가 나타나면 [설치] 버튼을 클릭합니다. 나머지 [G마켓] 폴더에 있는 폰트도 설치합니다.

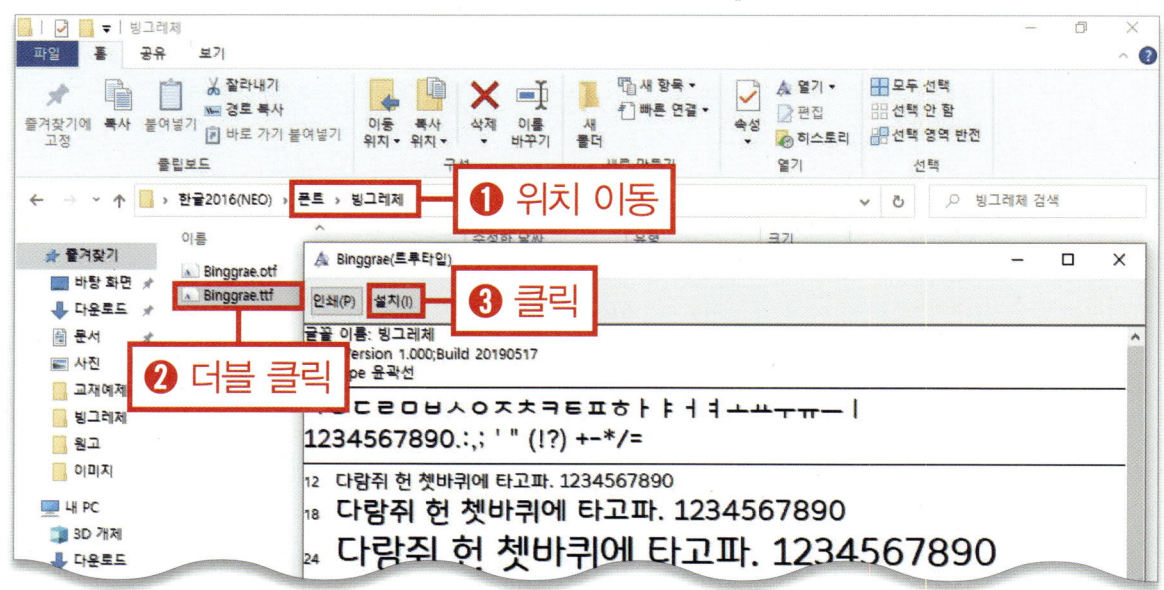

 문서에 설치한 폰트가 나타나지 않으면 모든 한글 파일을 종료한 후 다시 실행합니다.

STEP 2 쪽 테두리/배경으로 광고 배경 만들기

1 새 문서를 삽입한 후 배경 여백을 조정하기 위해 [쪽] 탭의 [목록 단추]-[편집 용지]를 차례대로 클릭합니다.

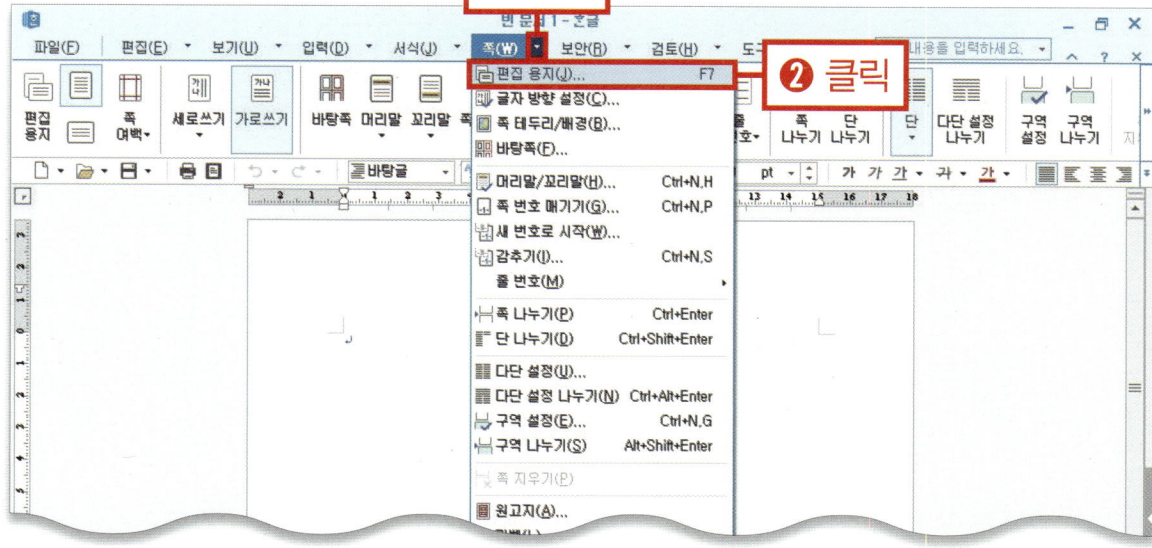

2 '용지 여백'을 모두 [0]으로 변경한 다음 [설정] 버튼을 클릭합니다.

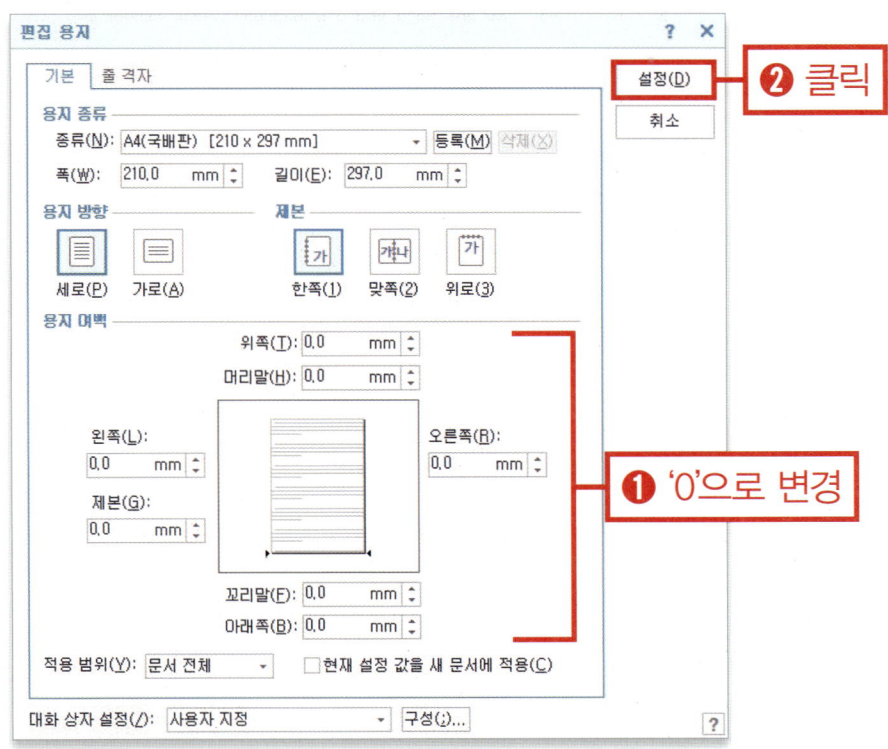

3 배경에 이미지를 삽입하기 위해 [쪽] 탭의 [목록 단추]-[쪽 테두리/배경]을 차례대로 클릭합니다.

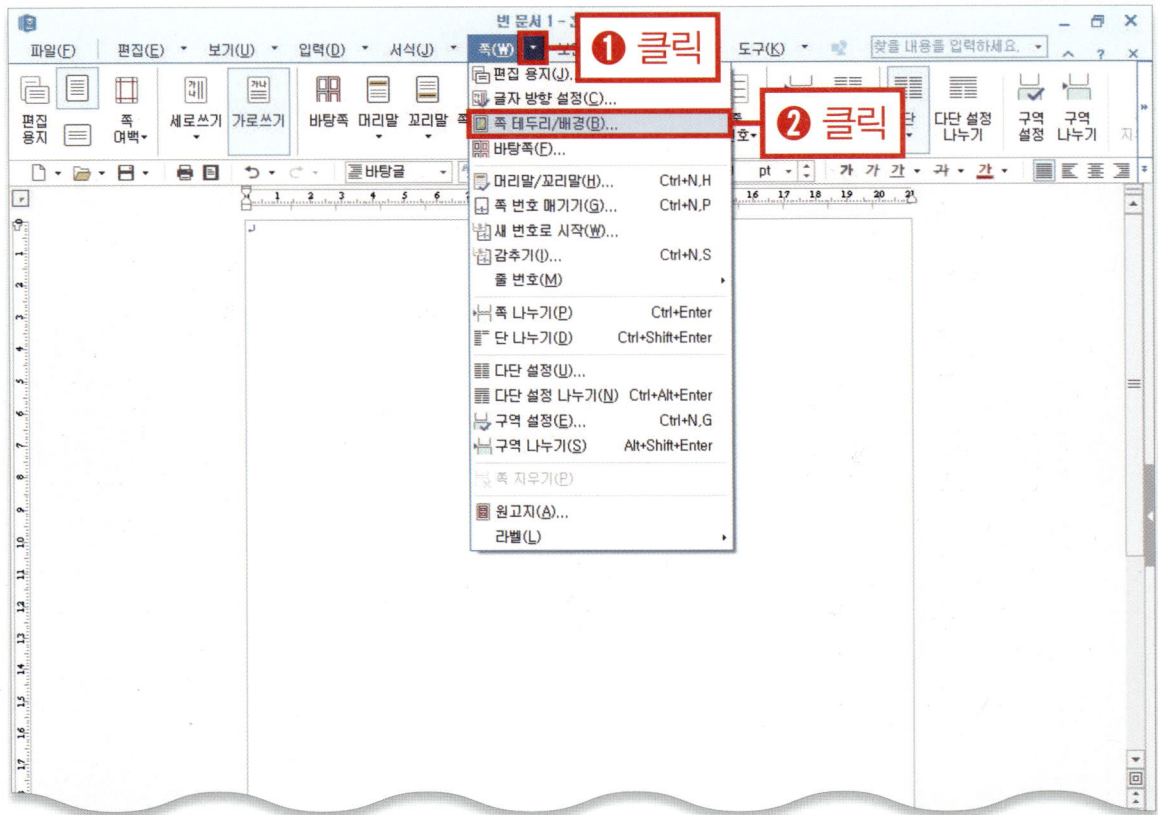

4 '쪽 테두리/배경' 대화 상자가 나타나면 [배경] 탭을 클릭한 후 [그림]을 클릭합니다. '그림 파일' 메뉴의 [그림 선택](📂)을 클릭합니다.

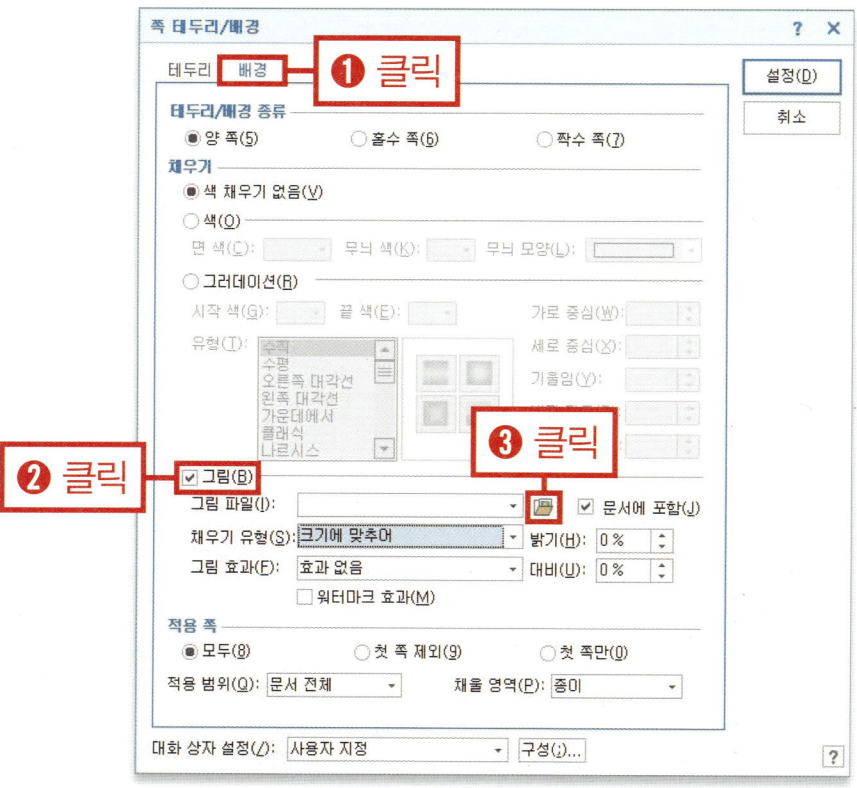

5 '그림 넣기' 대화 상자가 나타나면 [예제이미지] 폴더에서 [해변2.jpg] 파일을 선택한 다음 [넣기] 버튼을 클릭합니다.

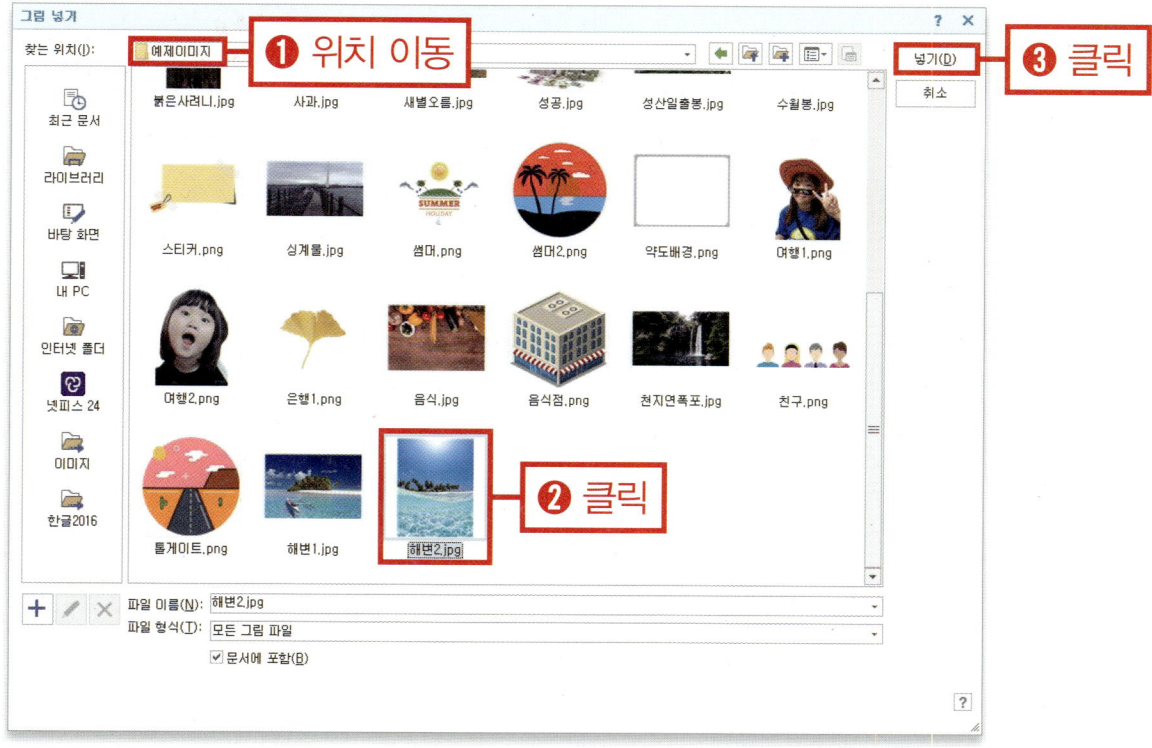

6 '채우기 유형'을 [크기에 맞추어]로 선택한 다음 [설정] 버튼을 클릭합니다.

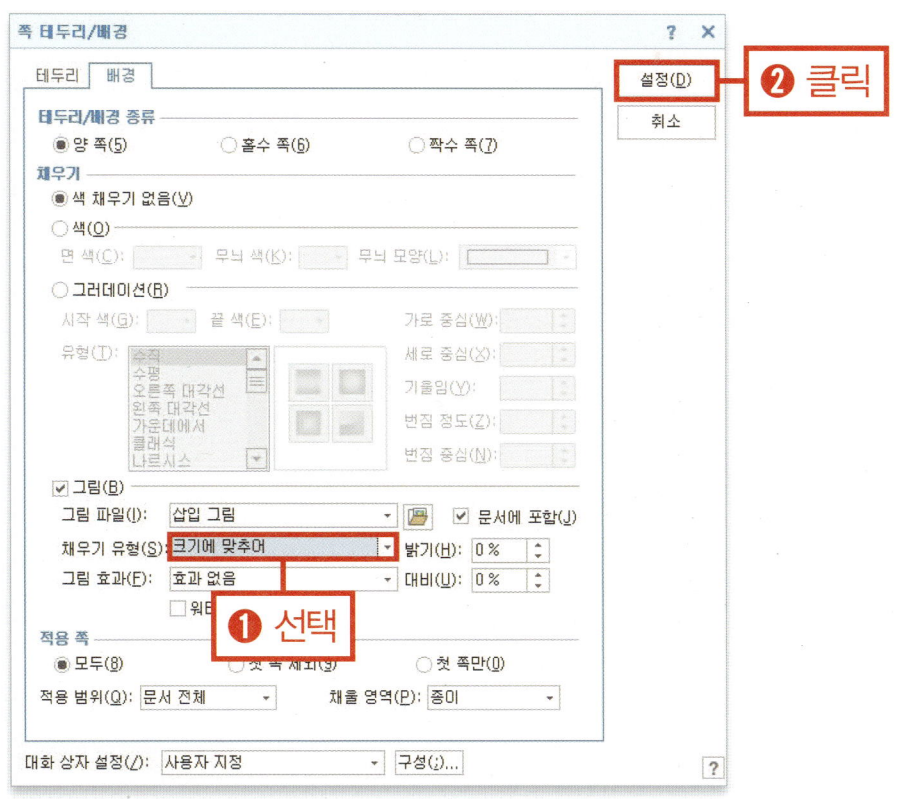

7 이미지가 배경으로 삽입된 것을 확인할 수 있습니다.

CHAPTER 08 이미지와 글맵시로 광고 배경과 제목 만들기 | 57

STEP 3 글맵시 기능으로 광고 제목 만들기

1 삽입한 그림 위에 Enter를 9번 누른 다음 '얘들아~'를 입력합니다.

2 입력한 텍스트를 드래그해 블록 설정한 후 설치한 '글꼴' 중 [Yoon® 만세], '글자 크기'는 [62pt], [가운데 정렬](≡)을 클릭하여 각각 적용합니다.

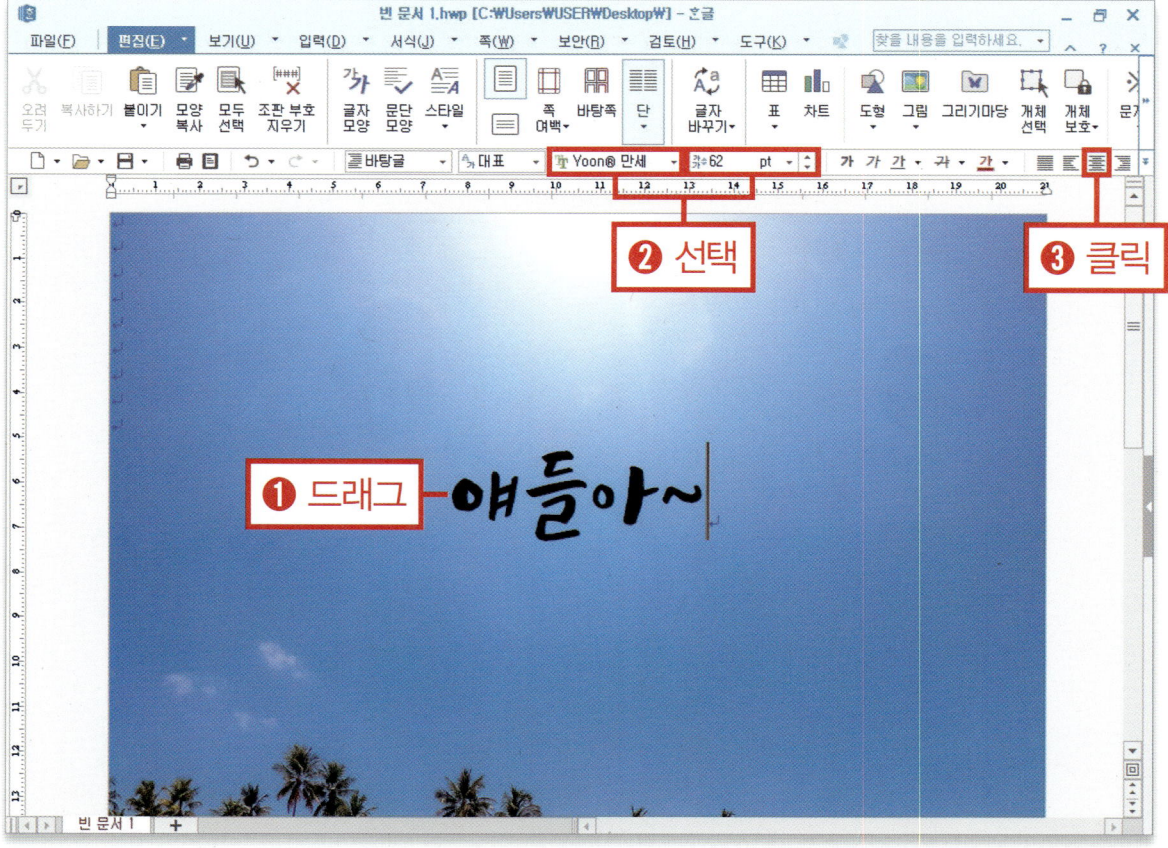

3 글맵시를 적용하기 위해 [입력] 탭의 [목록 단추]를 클릭한 후 [개체]-[글맵시]를 차례대로 클릭합니다.

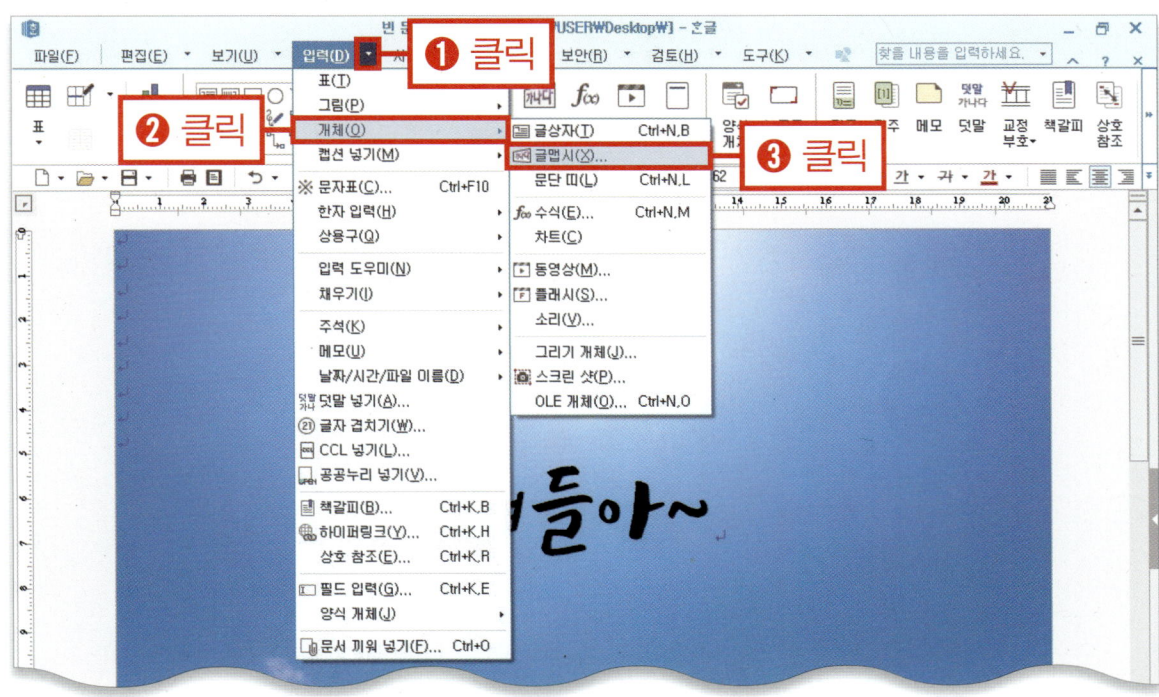

조금 더 배우기

[기본 도구 상자]에서 [글맵시]를 클릭해도 됩니다.

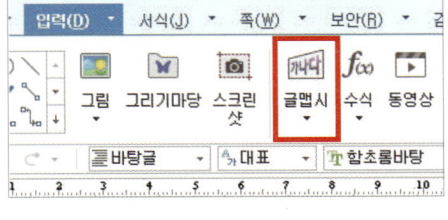

4 '글맵시 만들기' 대화 상자가 나타나면 '내용'에 '우리 여행 갈까?'를 입력합니다. '글꼴'은 [Yoon® 독립], '글맵시 모양'은 [왼쪽으로 줄이기]를 선택한 후 [설정] 버튼을 클릭합니다.

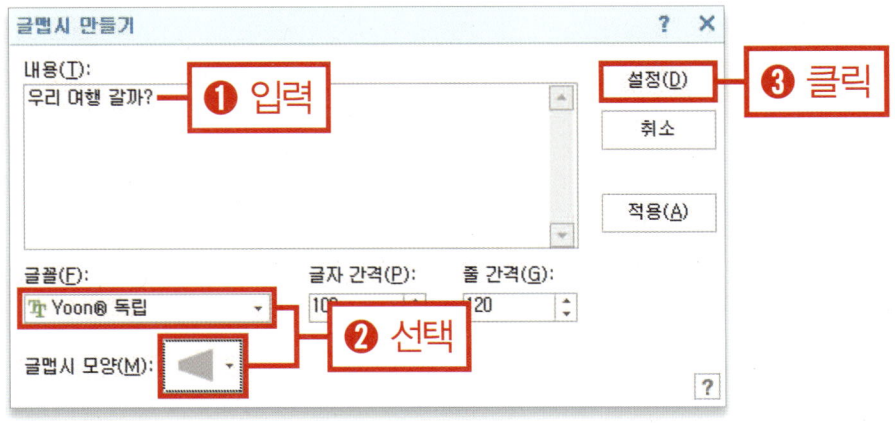

5 글맵시 개체를 조정하기 위해 개체 위에 마우스 오른쪽 버튼을 누른 후 [개체 속성]을 클릭합니다.

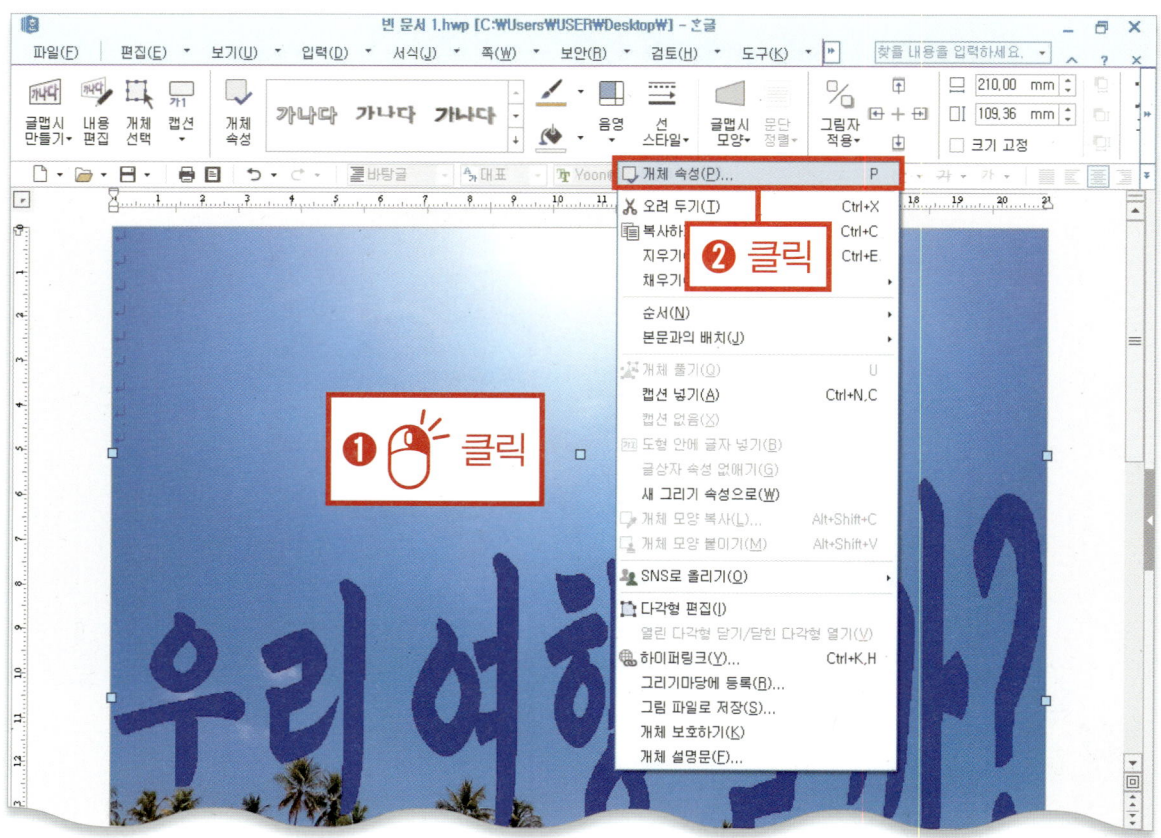

6 '개체 속성' 대화 상자가 나타나면 [기본] 탭에서 '너비'는 [117], '높이'는 [55], '본문과의 배치'는 [글 앞으로]( )를 지정합니다.

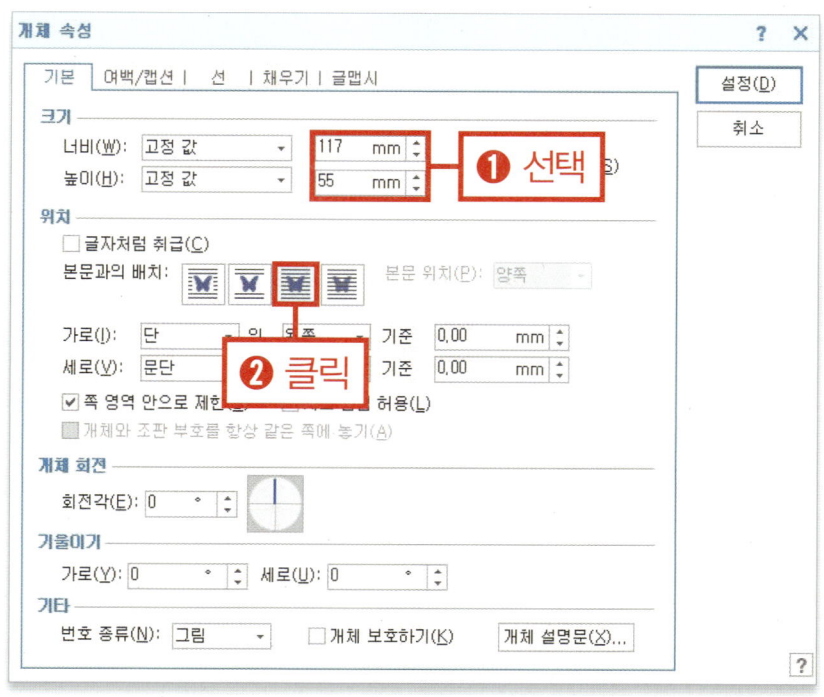

7 [선] 탭을 클릭한 후 '종류'를 [실선]으로 지정합니다.

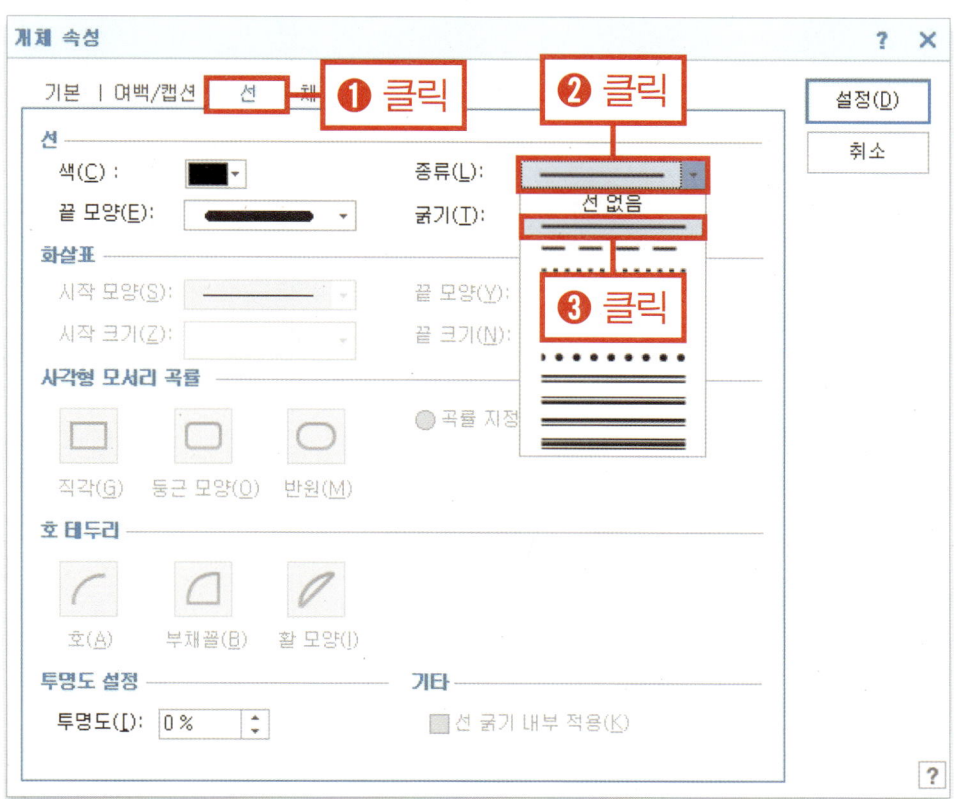

8 [채우기] 탭을 클릭한 후 '면 색'을 [하양]으로 지정합니다.

CHAPTER 08 이미지와 글맵시로 광고 배경과 제목 만들기 | 61

9 [글맵시] 탭을 클릭한 후 '그림자' 메뉴에서 [비연속]을 선택합니다. 'X 위치'는 [1%], 'Y 위치'는 [4%]를 지정한 다음 [설정] 버튼을 클릭합니다.

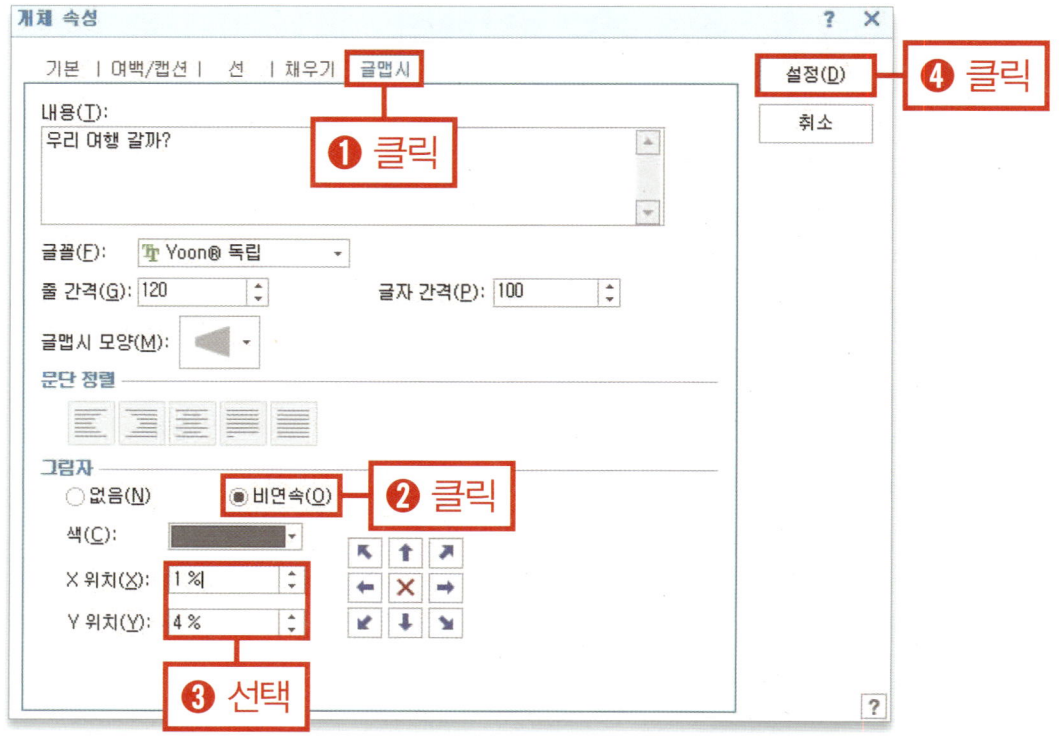

10 설정된 글맵시 개체를 드래그해 오른쪽에 위치시킵니다.

 혼자서도 만들 수 있어요!

1 [새 문서]를 불러온 후 배경에 이미지를 삽입해 보세요.

 [쪽] 탭–[편집 용지]의 모든 여백 [0mm] → [쪽] 탭–[쪽 테두리/배경]–[배경]–[그림]에서 [예제이미지] 폴더에 있는 [배경2.jpg] 삽입

2 글맵시와 일반 텍스트로 광고 제목을 입력해 보세요.

 **가을밤(글맵시)** : [Yoom®독립]/'그림자'–[비연속], 'X/Y 위치'–[2%]/'채우기'–[시작색(주황 20% 밝게), 끝색(주황 50% 어둡게)/'유형'–수직, 줄무늬(1)/'글맵시 모양'–[아래쪽 리본 사각형]
詩 : [한양해서], [87pt], [하양]
콘서트 : [Yoom®만세], [87pt], [노랑 30% 어둡게]

CHAPTER 09

: 예제로 배우기 : (여행 광고 만들기-2)
표 및 이미지를 이용한 광고지 꾸미기

광고지를 만들 때 텍스트로만 광고지를 꾸밀 수도 있지만 여러 개체들을 이용하면 가독성이 높아집니다. 이번 장은 글상자, 표, 이미지 등 한글 2016(NEO)의 여러 개체를 이용하여 광고 내용을 꾸며 봅니다.

완성 화면 미리 보기

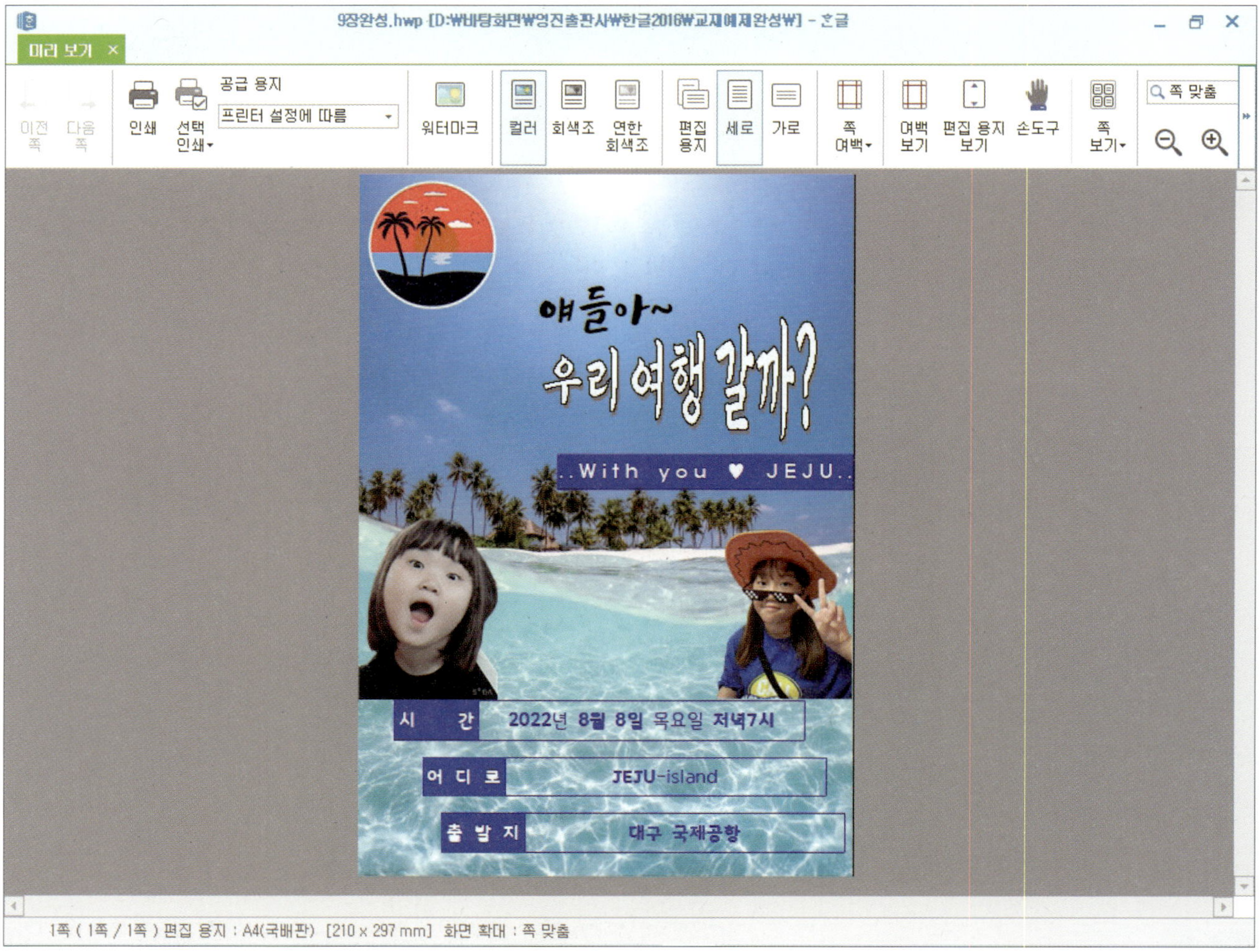

여기서 배워요! 글상자 꾸미기, 표 기능으로 정보 꾸미기, 이미지로 광고 배경 꾸미기

STEP 1 글상자 꾸미기

1 [예제] 폴더에서 [9장.hwp] 파일을 불러옵니다. [입력] 탭의 [목록 단추]를 클릭하고 [개체]-[글상자]를 차례대로 클릭합니다.

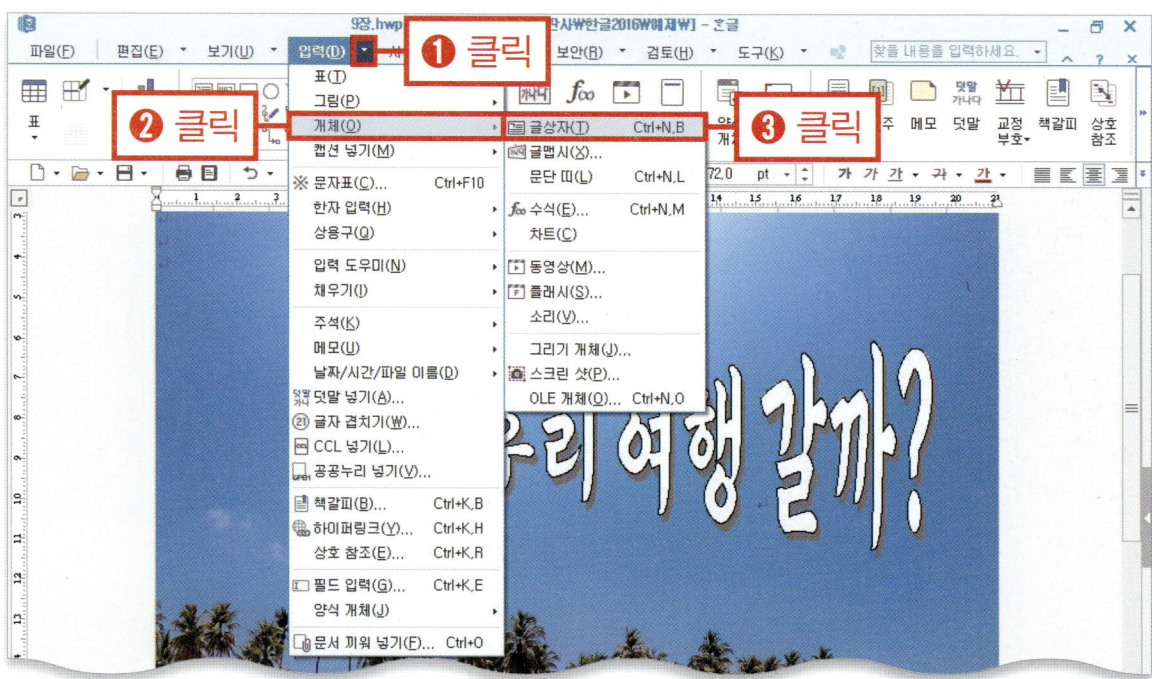

2 글상자를 드래그해 삽입합니다. 글상자에 '..With you JEJU..'를 입력한 후 드래그해 블록 설정합니다. '글꼴'은 [휴먼엑스포], '글자 크기'는 [22pt]로 선택합니다.

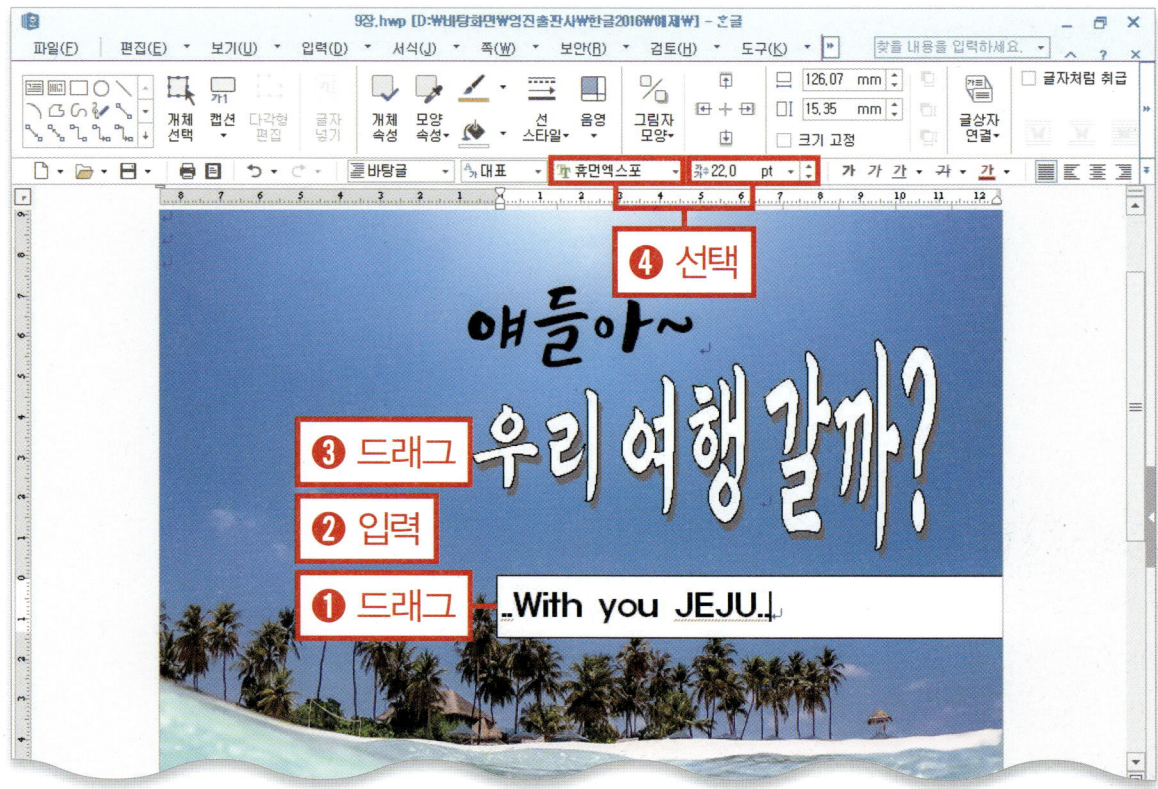

3 [서식] 탭의 [목록 단추]를 클릭한 후 [문단 모양]을 클릭합니다.

4 '문단 모양' 대화 상자가 나타나면 '정렬 방식'을 [배분 정렬]로 선택한 후 [설정] 버튼을 클릭합니다.

5 'you'와 'JEJU' 사이에 마우스 커서를 둔 후 [입력] 탭-[기본 도구 상자]에서 [문자표]-[문자표]를 차례대로 클릭합니다. '문자표 입력' 대화 상자가 나타나면 [유니코드 문자표] 탭-[여러 가지 기호]를 차례대로 클릭하여 [♥]를 선택한 후 [넣기] 버튼을 클릭합니다.

6 삽입한 글상자를 선택한 후 [도형]( ) 탭을 클릭합니다. [선 스타일]-[선 종류]를 차례대로 클릭한 후 [선 없음], [채우기]의 [목록 단추]( )를 클릭한 후 [파랑]을 각각 지정합니다.

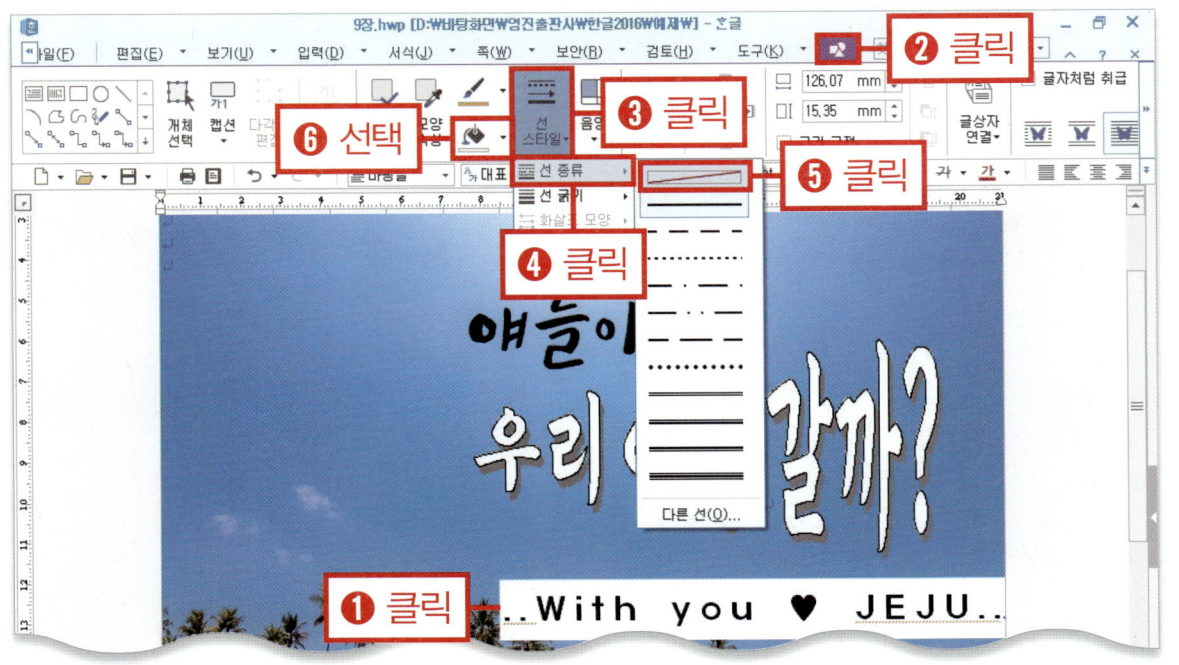

 글상자나 표를 선택하기 어려울 경우 Alt를 누른 상태에서 클릭합니다.

CHAPTER 09 표 및 이미지를 이용한 광고지 꾸미기 | **67**

7 글상자 내용을 블록 설정한 후 [서식 도구 상자]에서 [글자색]의 [목록 단추](▼)를 클릭하여 [하양]을 선택합니다.

STEP 2 표 기능으로 정보 꾸미기

1 표를 삽입하기 위해 [입력] 탭의 [목록 단추]-[표]를 차례대로 클릭합니다. [표 만들기]를 클릭한 후 [1줄 × 2칸]을 마우스를 누르지 않고 그대로 드래그한 다음 클릭합니다.

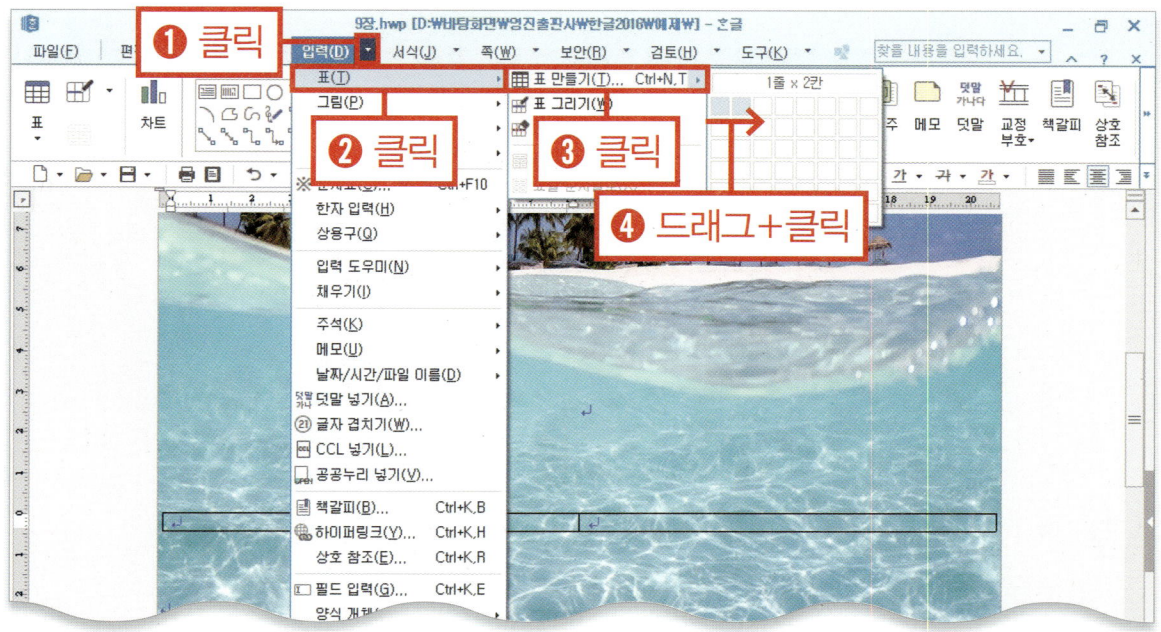

2 외곽선과 경계선을 드래그하여 아래와 같이 크기와 위치를 잡아줍니다.

3 첫 번째 칸을 클릭한 후 [표] 탭-[채우기]의 [목록 단추](▼)를 클릭합니다. [테마 색상표](▶)를 클릭한 후 색상을 [오피스]로 선택하고 [파랑]을 클릭합니다.

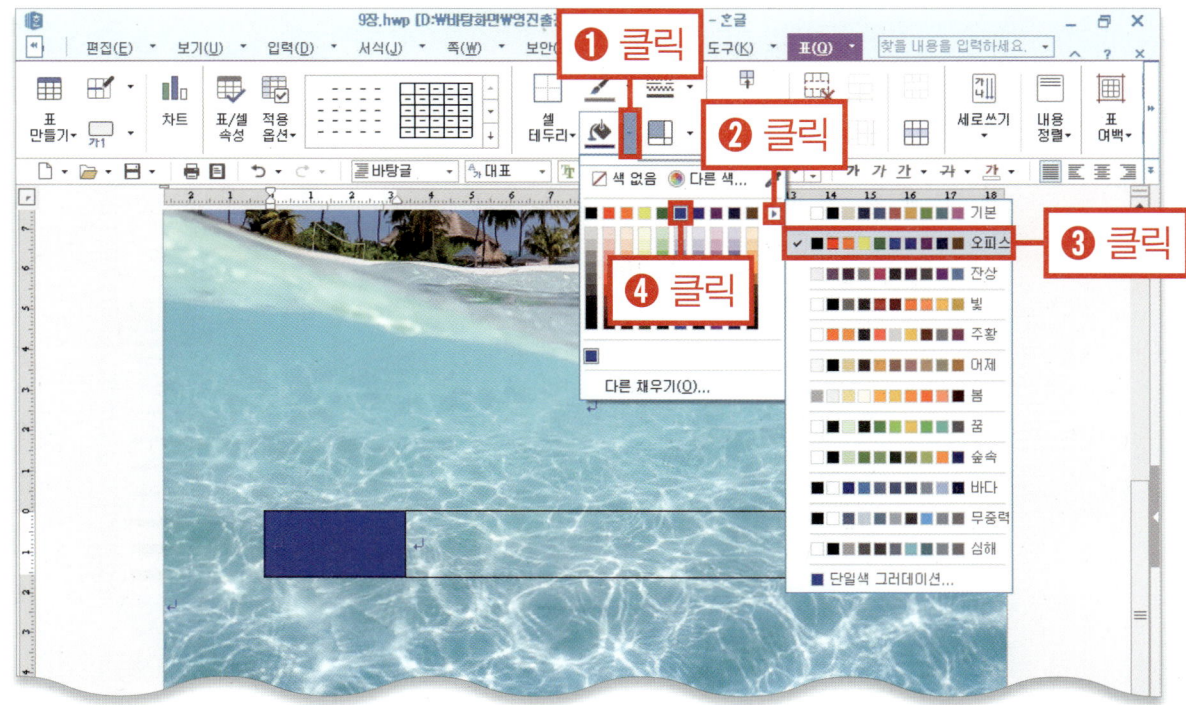

CHAPTER 09 표 및 이미지를 이용한 광고지 꾸미기 | 69

4 표 전체를 드래그하여 선택한 다음 [셀 테두리 색]의 [목록 단추](▼)를 클릭하여 [파랑]을 지정합니다.

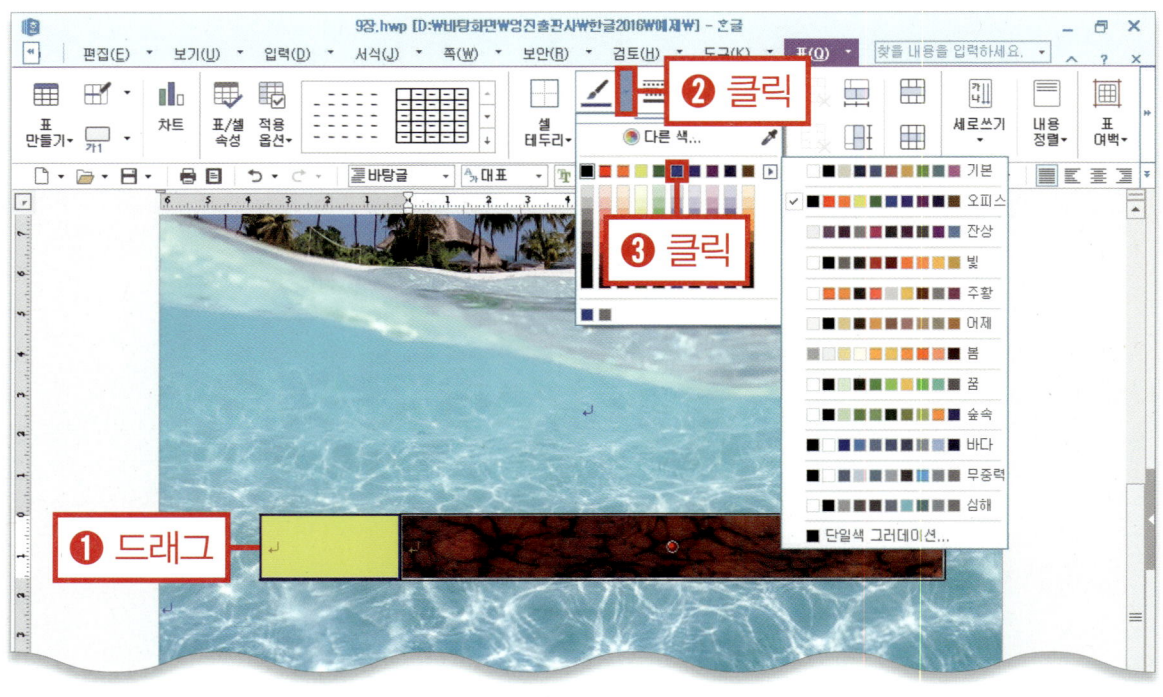

> '테마 색상표'가 '오피스'로 되어 있지 않다면 따라 하기 '**2**'와 같은 방법으로 지정합니다.

5 [셀 테두리 모양/굵기]-[셀 테두리 굵기]를 차례대로 클릭한 후 [0.4mm]를 선택합니다.

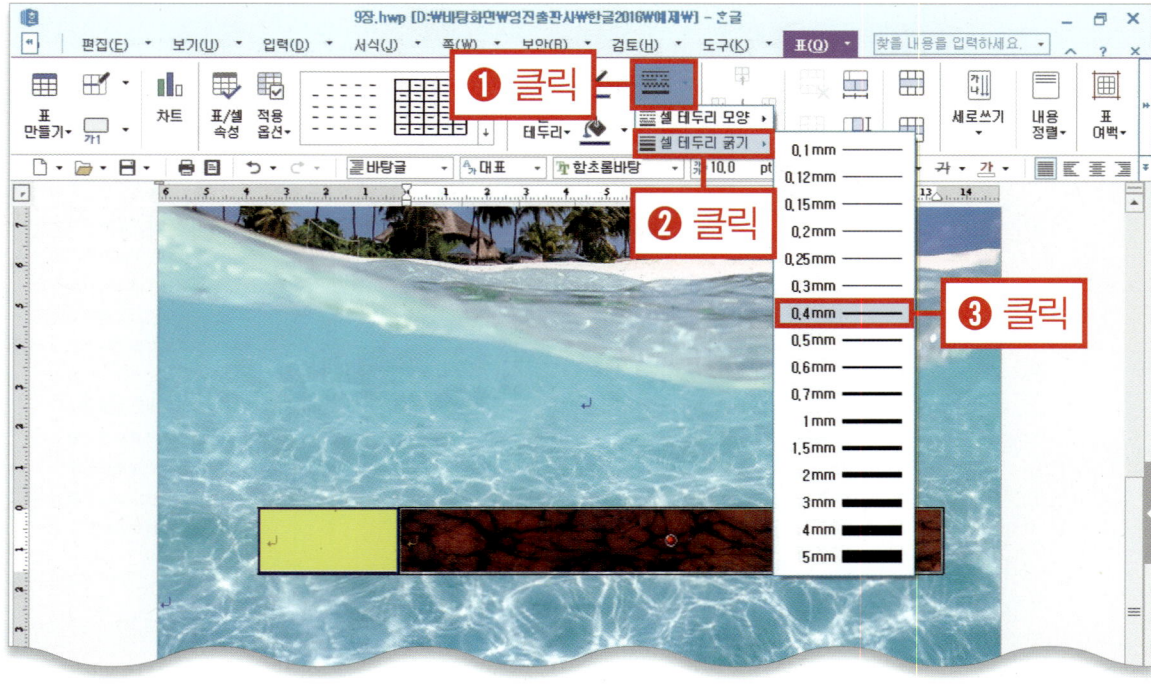

6 [셀 테두리]를 클릭한 후 [모두]를 클릭합니다.

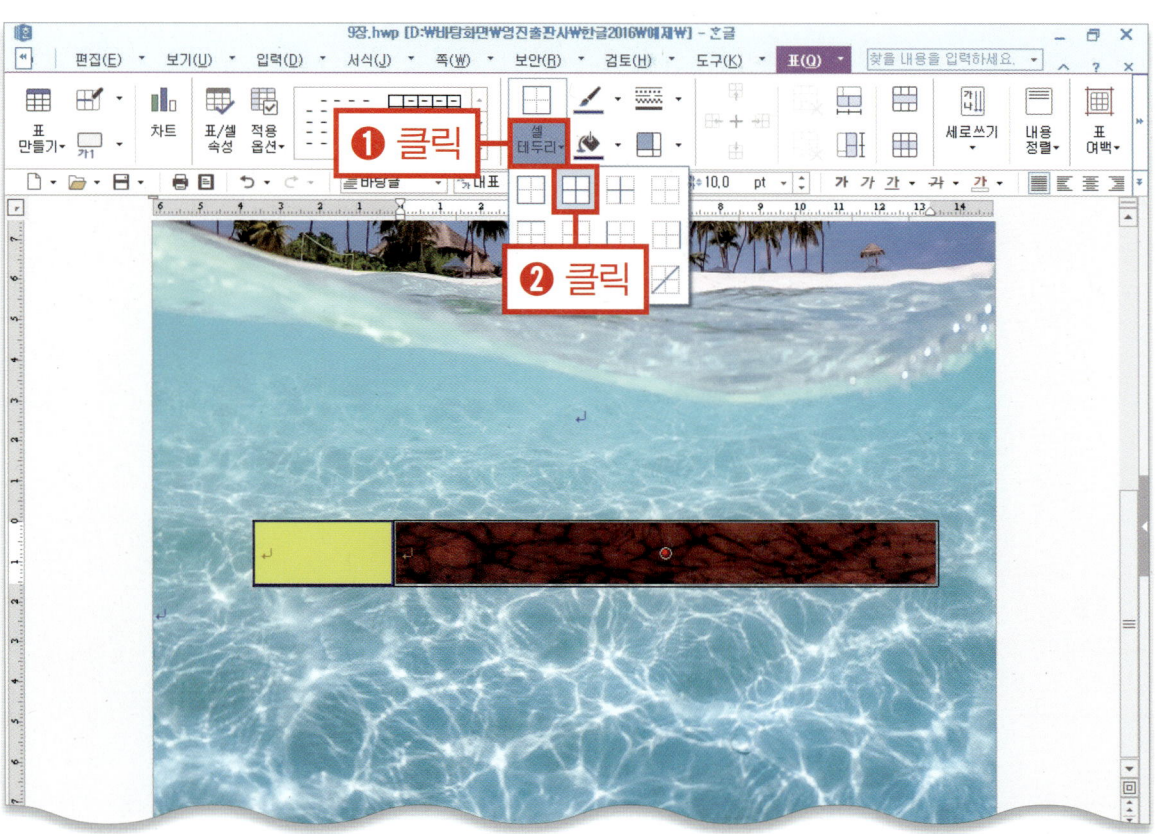

7 표를 3개 복사하기 위해 표의 외곽선을 클릭하여 선택한 다음 Ctrl 을 누른 상태로 드래그하여 아래로 각각 복사합니다. 복사한 개체를 다음과 같이 위치를 잡아 줍니다.

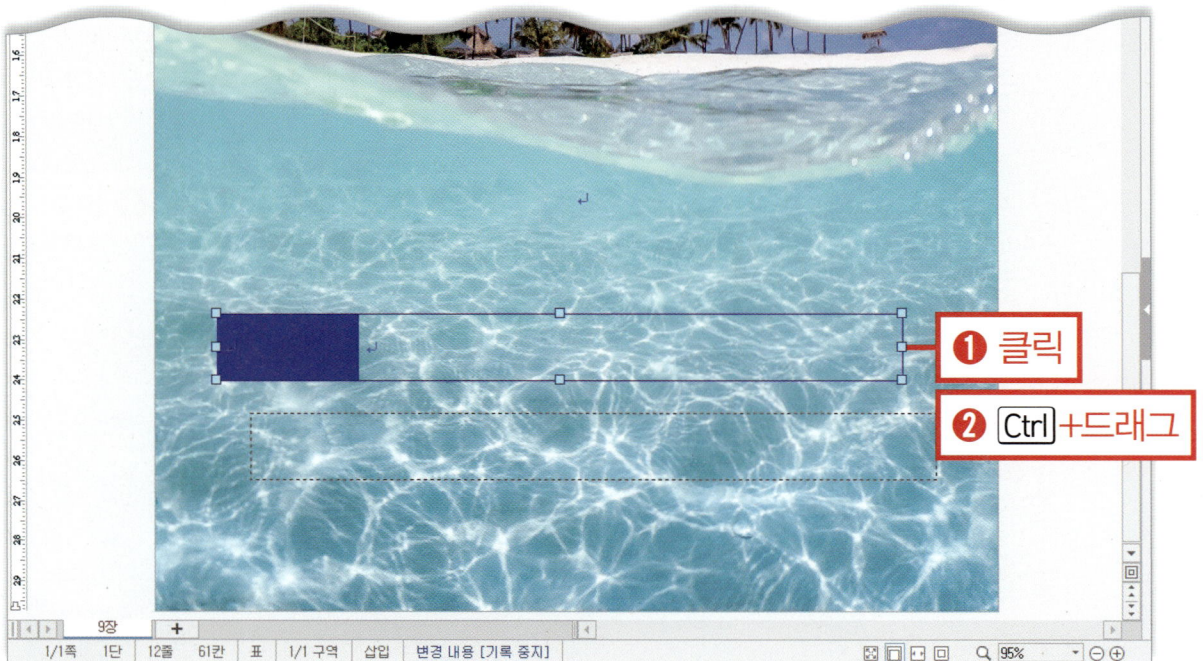

8 글자를 다음과 같이 입력한 다음 첫 번째 표의 전체 '글꼴'은 [빙그레체], '글자 크기'는 [21pt]로 선택합니다. 이후 왼쪽 '시간'은 [진하게](가), [배분 정렬](▤), '내용' 부분은 [가운데 정렬](▤)을 지정합니다. 색은 각각 [하양], [파랑]을 선택합니다.

9 나머지 표에 앞서 만든 서식을 복사하기 위해 '시간'에 마우스 커서를 둔 후 Alt+C를 누릅니다. '모양 복사' 대화 상자가 나타나면 [글자 모양과 문단 모양 둘 다 복사]를 선택한 다음 [복사] 버튼을 클릭합니다.

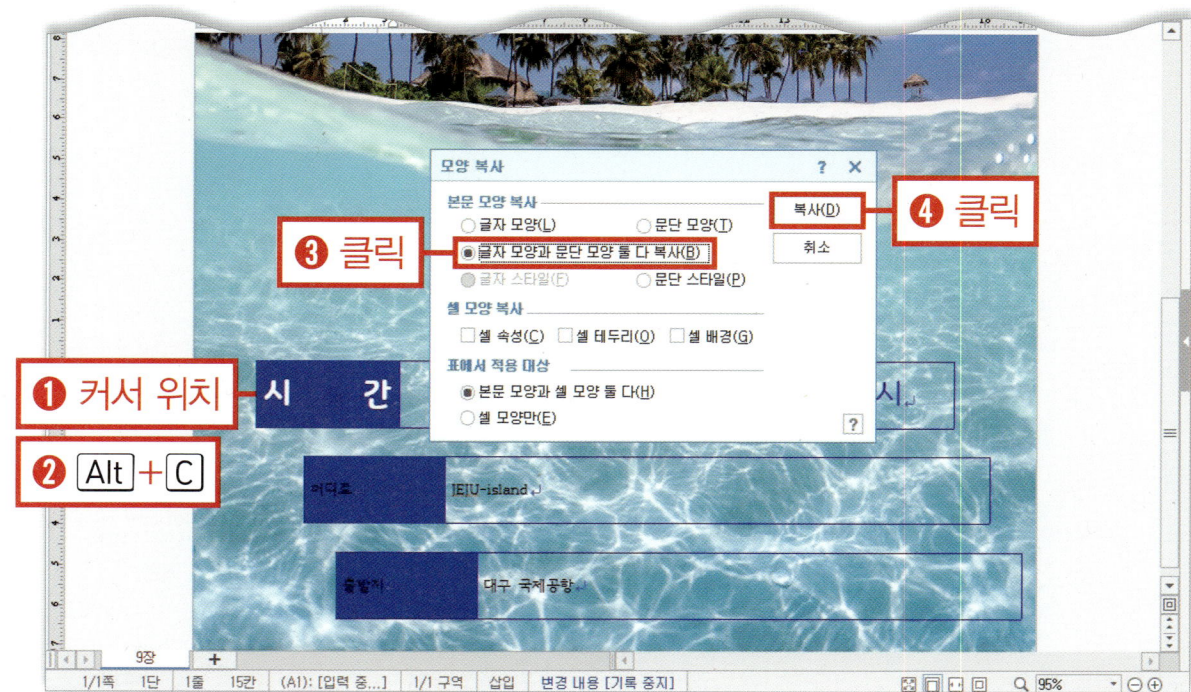

10 제목을 각각 드래그하여 블록 설정한 후 Alt + C를 눌러 서식을 복사합니다. 내용도 같은 방법으로 서식을 복사합니다.

11 내용 중에서 중요한 내용은 드래그하여 블록 설정한 후 [진하게](가)를 지정합니다.

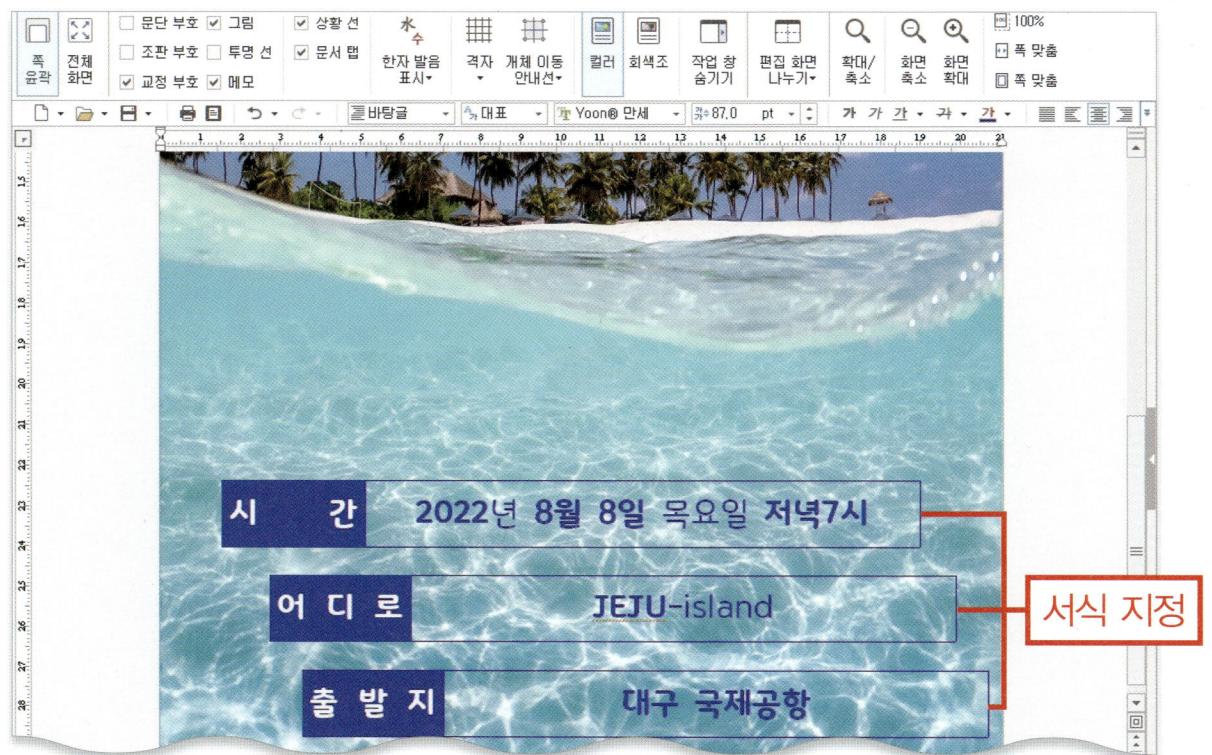

STEP 3 이미지로 광고 배경 꾸미기

1 이미지를 삽입하기 위해 마우스 커서를 가운데 위치한 후 [입력] 탭의 [목록 단추]를 클릭한 다음 [그림]-[그림]을 차례대로 클릭합니다.

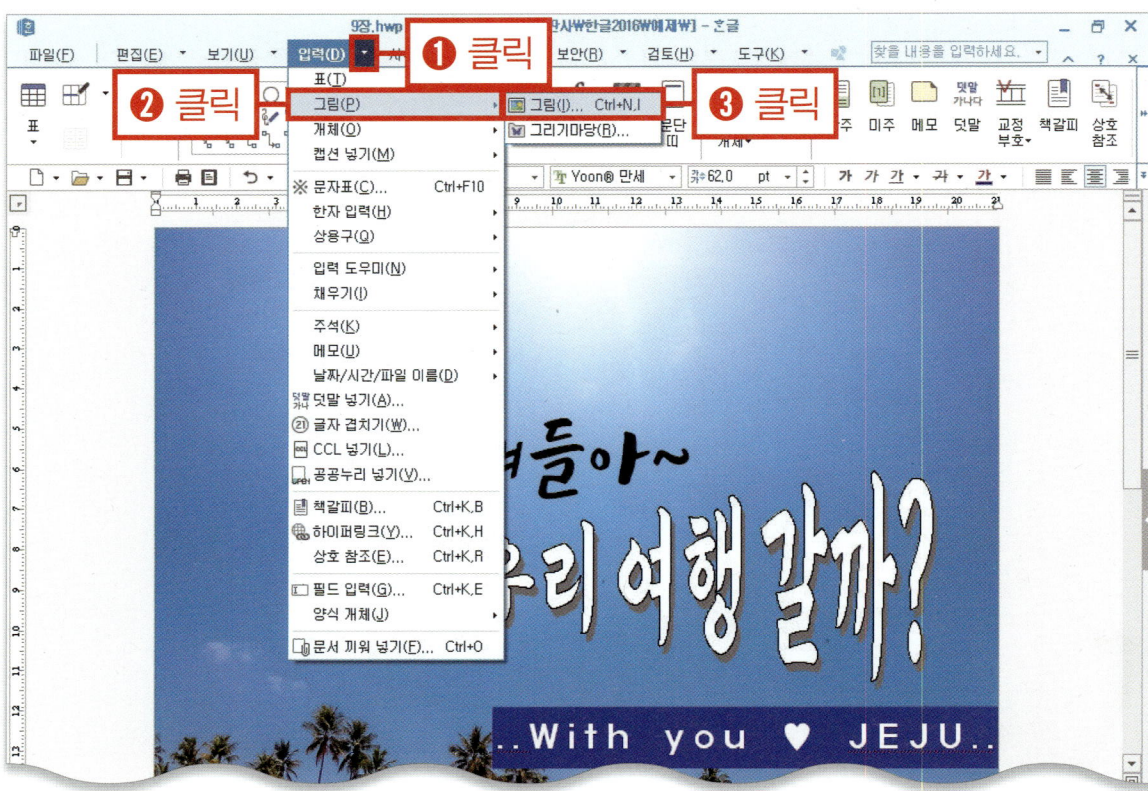

2 [예제이미지] 폴더에서 [썸머2.png] 파일을 선택합니다. 아래의 [문서에 포함]과 [마우스로 크기 지정]을 각각 클릭해 체크한 후 [넣기] 버튼을 클릭합니다.

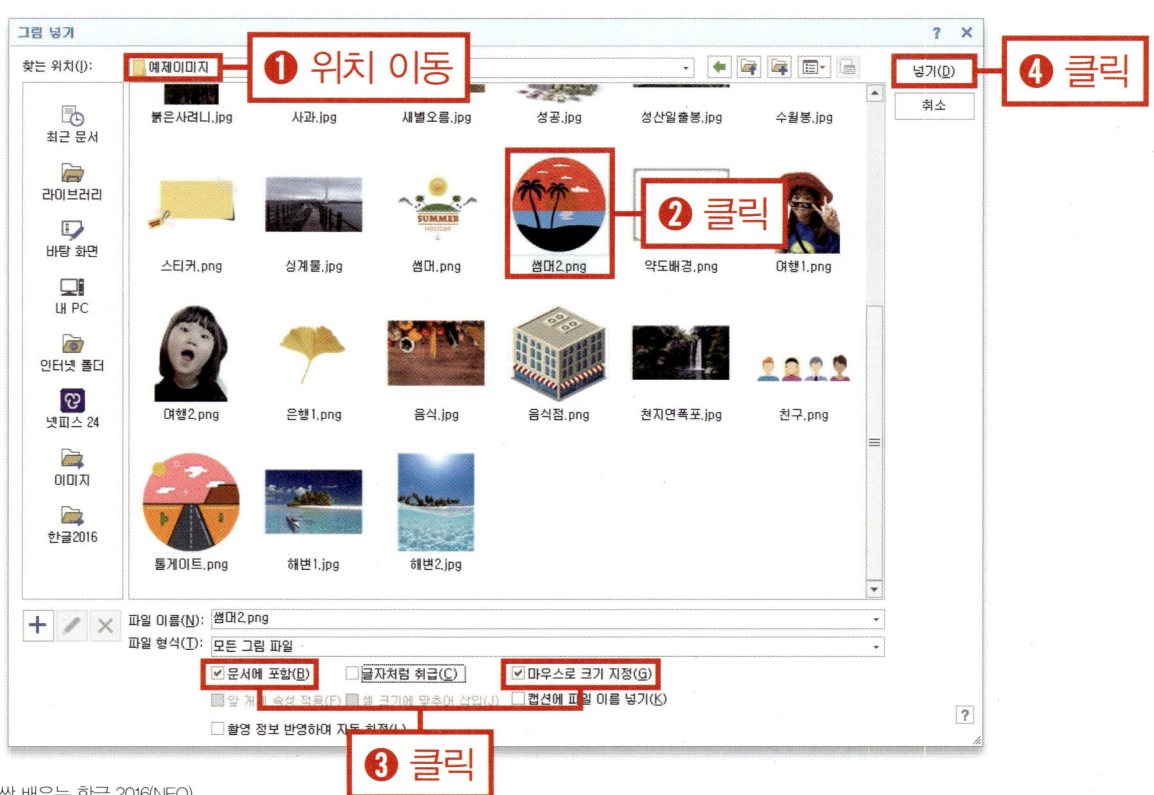

3 그림을 상단에 드래그하여 삽입한 다음 더블 클릭합니다. '개체 속성' 대화 상자가 나타나면 [기본] 탭에서 '너비'와 '높이'를 모두 [54mm], '본문과의 배치'는 [글 앞으로](▼)를 지정한 후 [설정] 버튼을 클릭합니다.

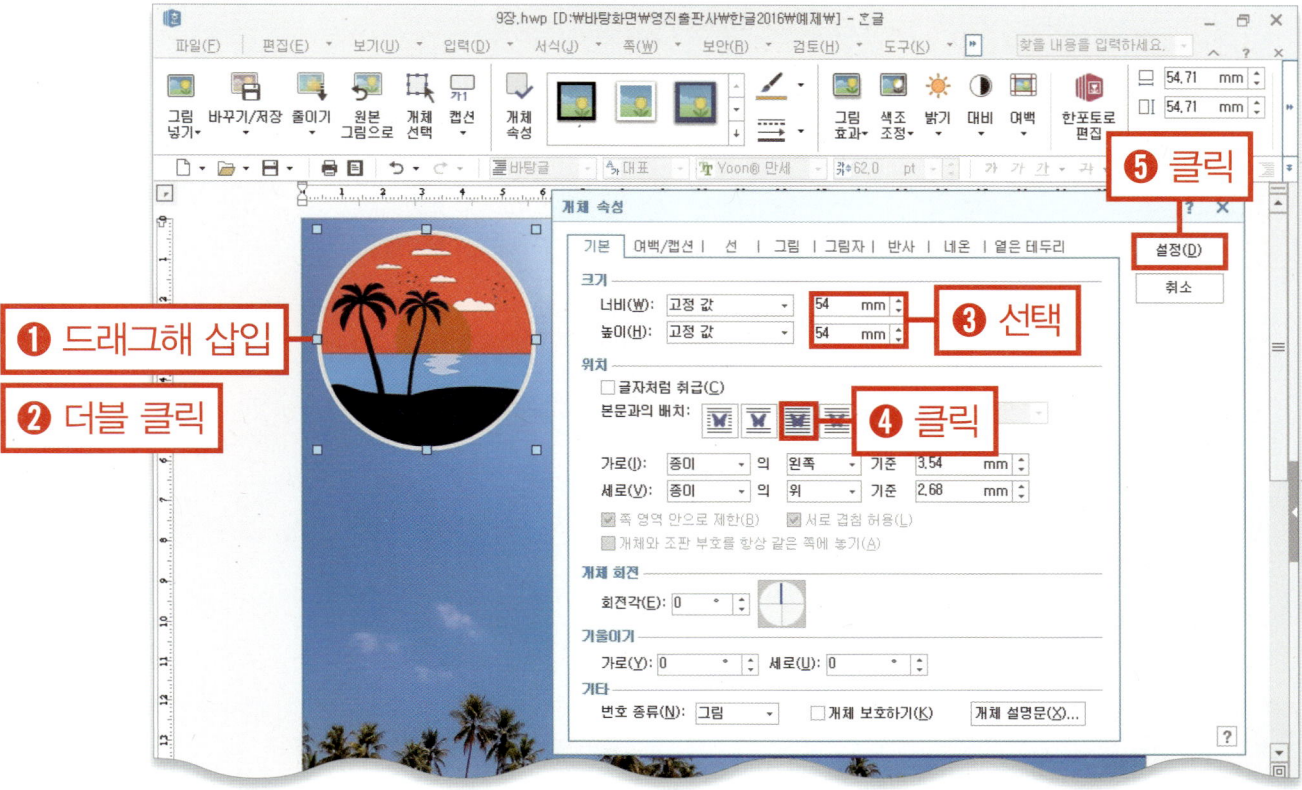

4 다시 [예제이미지] 폴더를 불러옵니다. [여행1.png] 파일을 선택한 다음 [넣기] 버튼을 클릭합니다.

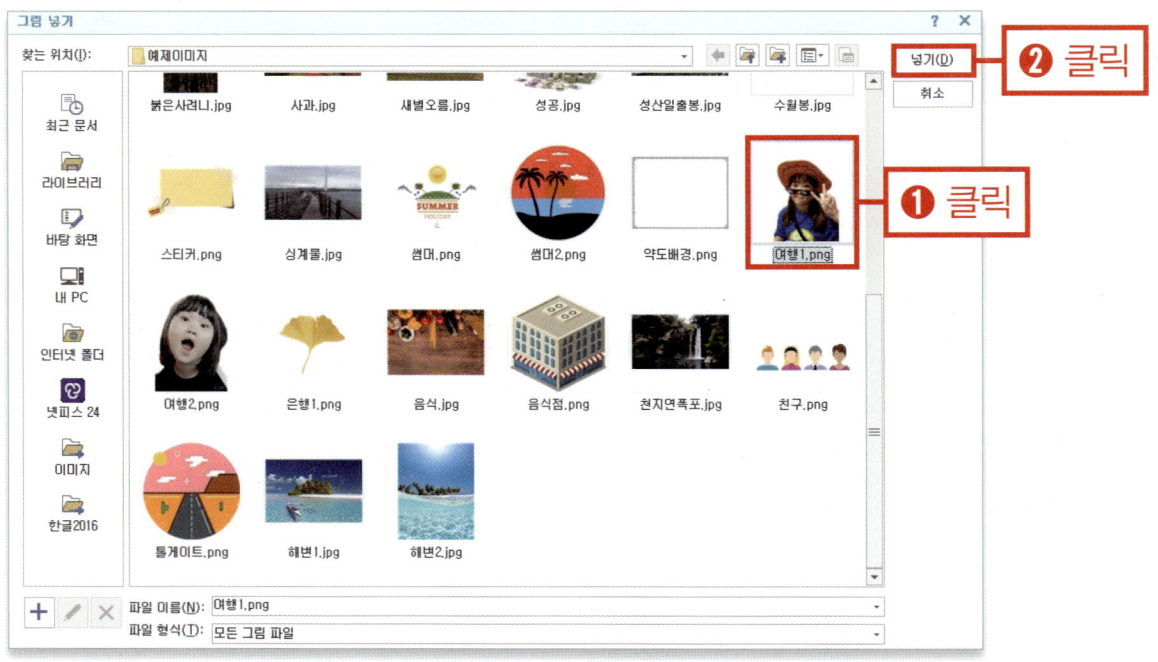

CHAPTER 09 표 및 이미지를 이용한 광고지 꾸미기 | 75

5 오른쪽에 드래그하여 삽입한 다음 더블 클릭합니다. '개체 속성' 대화 상자가 나타나면 [기본] 탭에서 '너비'는 [64mm], '높이'는 [85mm], '본문과의 배치'는 [글 앞으로]()로 지정한 후 [설정] 버튼을 클릭합니다.

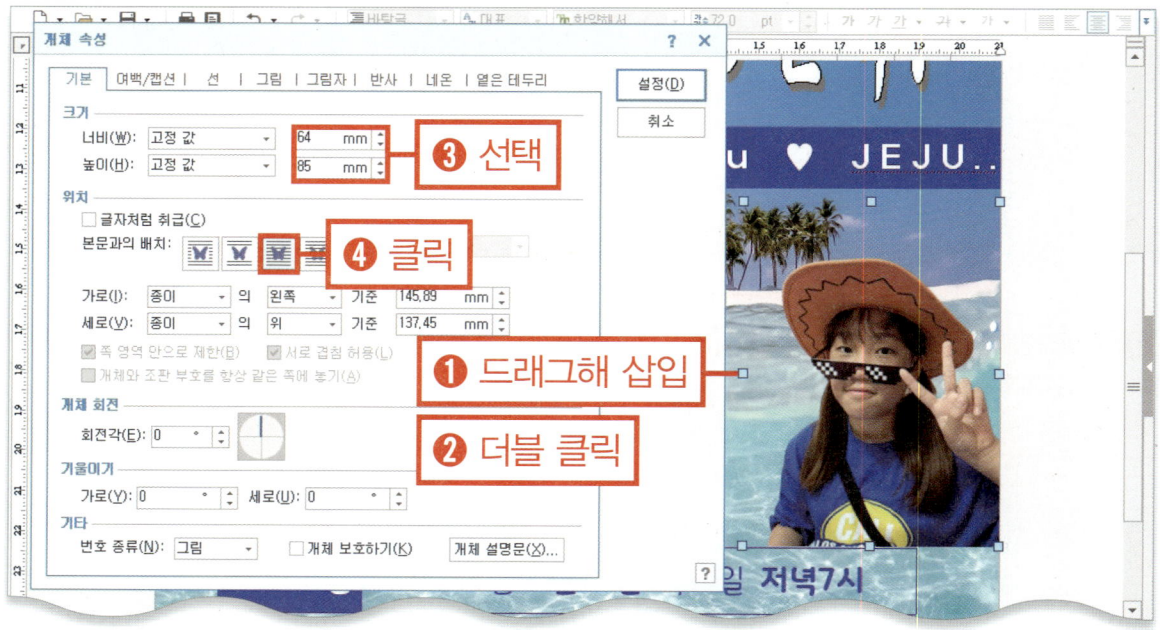

6 다시 한 번 [예제이미지] 폴더에서 [여행2.png] 파일을 삽입하고 더블 클릭합니다. '개체 속성' 대화 상자에서 '너비'는 [59mm], '높이'는 [78mm], '본문과의 배치'는 [글 앞으로]()로 지정한 후 [설정] 버튼을 클릭합니다.

 # 혼자서도 만들 수 있어요!

1 [예제] 폴더에서 [9장(연습문제).hwp]를 불러온 다음 표를 이용하여 아래의 내용을 완성해 보세요.

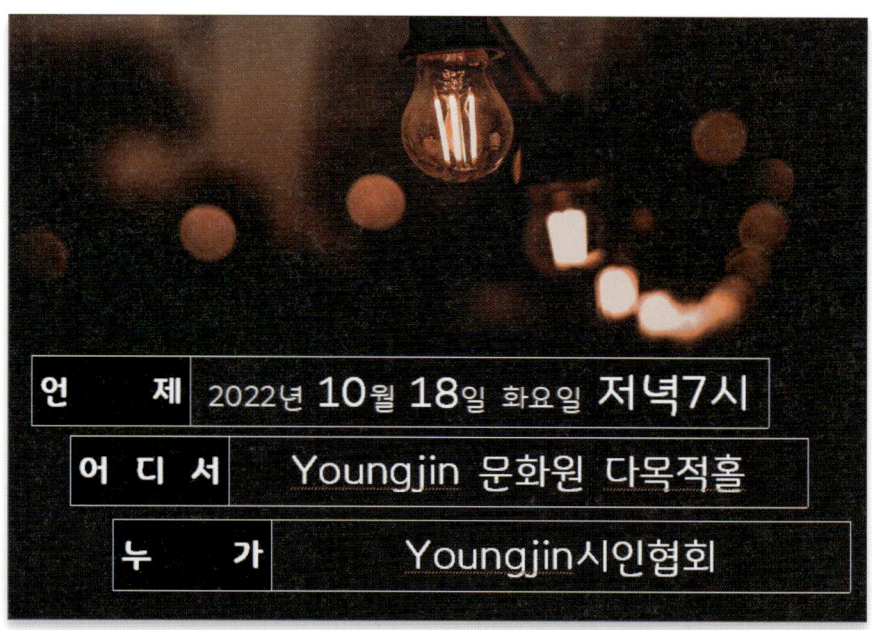

 1줄 2칸 표 만들기 → 제목 및 내용: [빙그레체], [하양]/채우기 색: [검정]/테두리: [하양] → 3개 동일하게 복사하여 꾸미기

2 [예제이미지] 폴더에서 이미지를 이용하여 아래의 그림을 완성해 보세요.

 [단풍.png], [단풍2.png], [은행1.png] 삽입 → 본문과의 배치: [글 앞으로]

CHAPTER 10

: 예제로 배우기 :
카카오톡으로 광고지 전송하기

만든 광고지를 여행을 같이 가고 싶은 사람들에게 카카오톡으로 전송할 수 있습니다.
한글 파일을 그대로 전송하면 인식이 안 되는 휴대폰도 있기 때문에
만든 광고지를 이미지화하여 카카오톡으로 전송해 보도록 하겠습니다.
※ 카카오톡은 PC 기준으로 진행합니다.

완성 화면 미리 보기

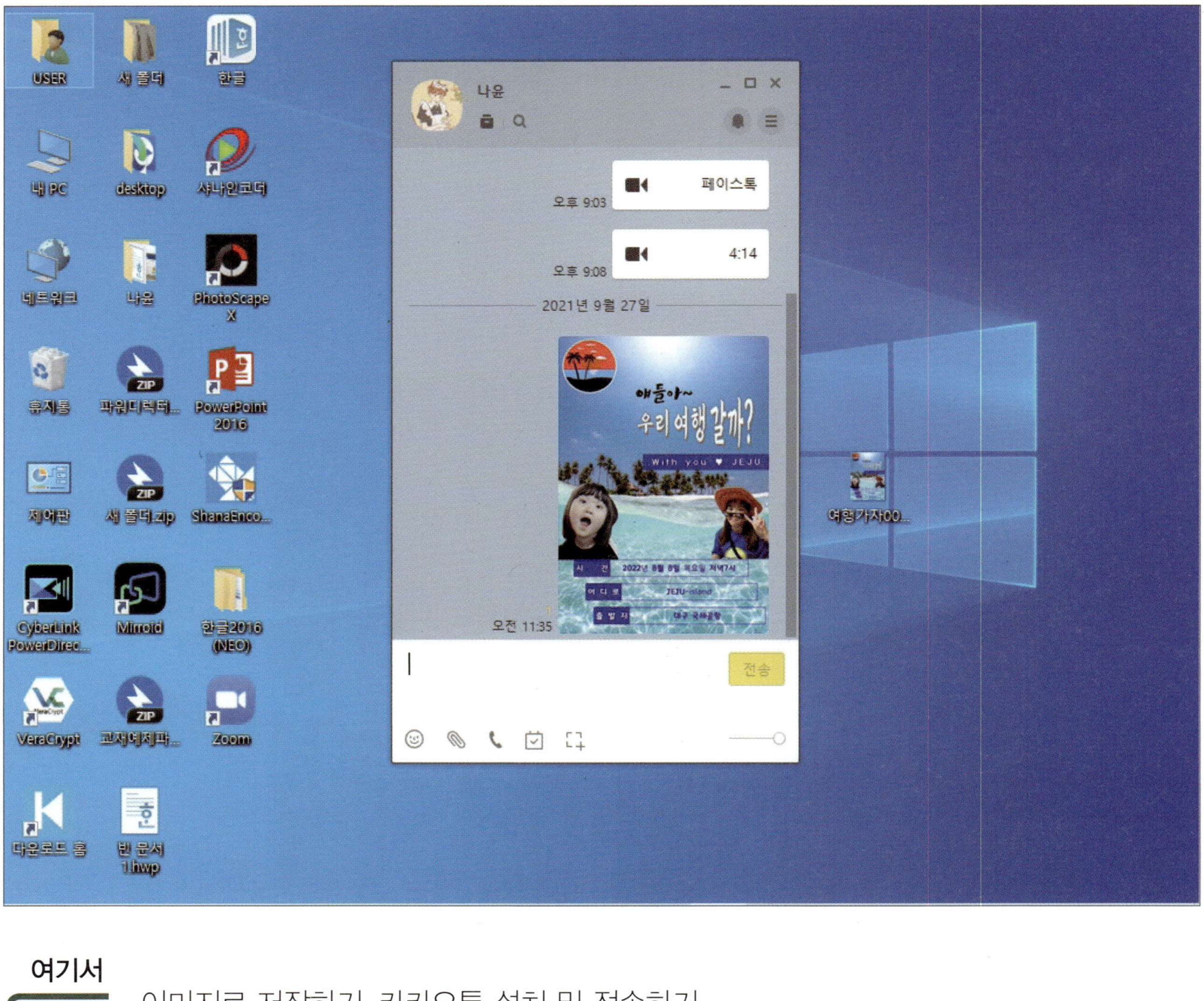

여기서 배워요! 이미지로 저장하기, 카카오톡 설치 및 전송하기

STEP 1 이미지로 저장하기

1 [예제] 폴더에서 [10장.hwp] 파일을 불러옵니다. [파일] 탭-[다른 이름으로 저장하기]를 차례대로 클릭합니다. '다른 이름으로 저장하기' 대화 상자가 나타나면 '저장 위치'는 [바탕 화면], '파일 이름'은 [여행가자], '파일 형식'은 [JPG 이미지(*.jpg)]로 지정한 다음 [저장] 버튼을 클릭합니다.

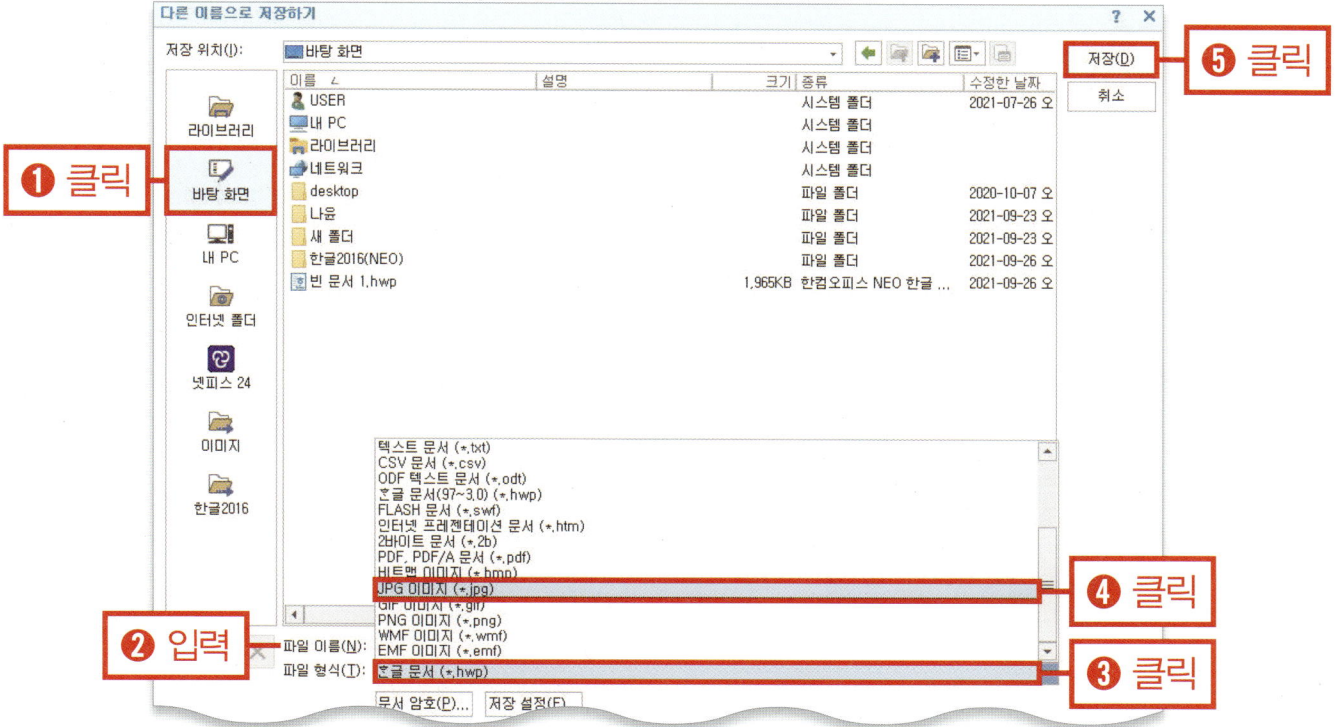

2 바탕 화면에 이미지로 저장된 것을 확인할 수 있습니다.

 이미지로 저장하면 저장한 이름 뒤에 자동으로 번호가 붙어 저장됩니다.

STEP 2 카카오톡 설치 및 전송하기

1 네이버 검색란에 '카카오톡 PC버전'을 입력한 다음 Enter를 누릅니다. 상단의 [사람과 세상을 향한 모든 연결의 시작, 카카오톡|카카오]를 클릭합니다.

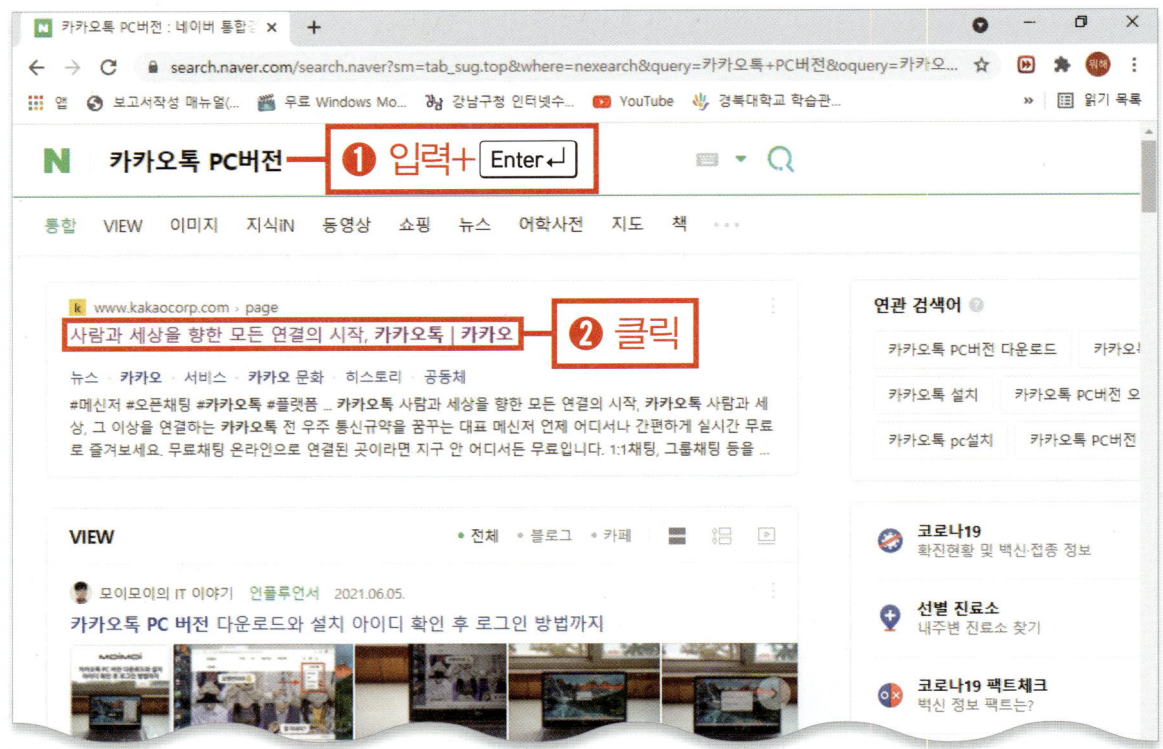

2 오른쪽에 있는 [다운로드]-[Windows]를 차례대로 클릭하여 저장합니다. 다운로드받은 [KakaoTalk_Setup] 파일을 더블 클릭하여 실행한 후 화면에 설치 사항에 맞춰 설치합니다.

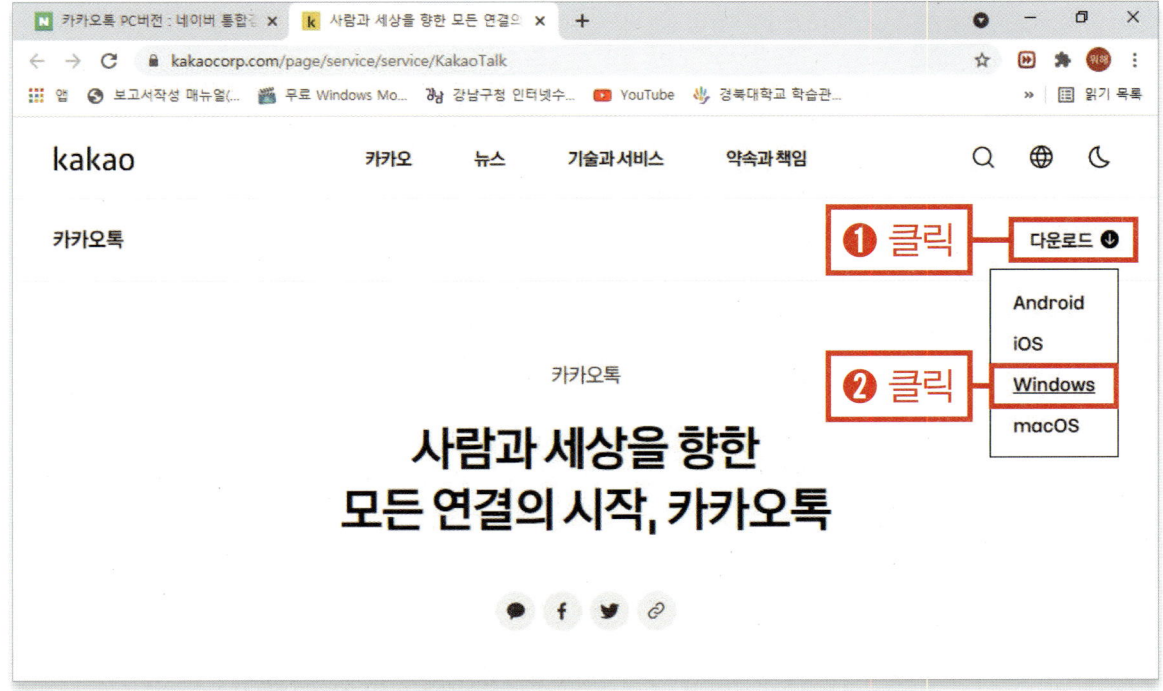

3 설치가 완료되면 카카오톡을 실행한 후 로그인합니다. '친구' 목록에서 사진을 발송하려는 사람의 프로필 사진을 클릭합니다. 이후 [1:1 채팅]을 클릭합니다.

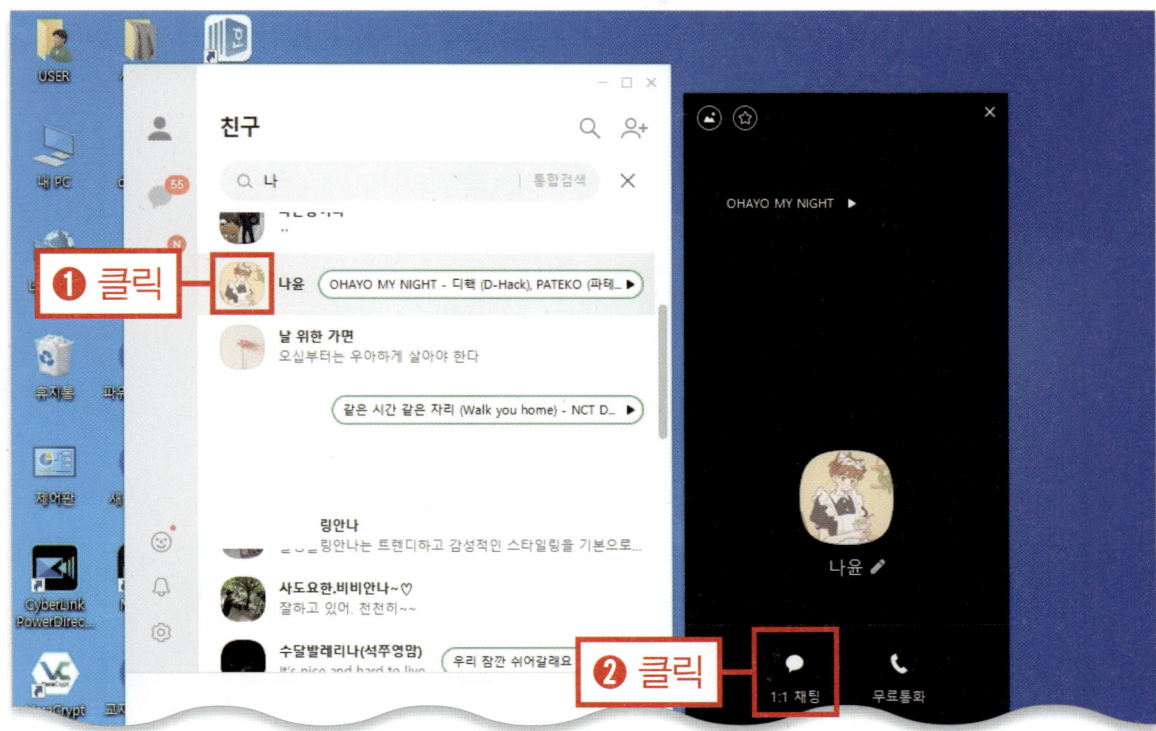

4 아래의 [파일전송](📎) 버튼을 클릭합니다. '열기' 대화 상자가 나타나면 [바탕 화면] 위치로 이동한 후 [여행가자001.jpg] 파일을 선택한 다음 [열기] 버튼을 클릭합니다.

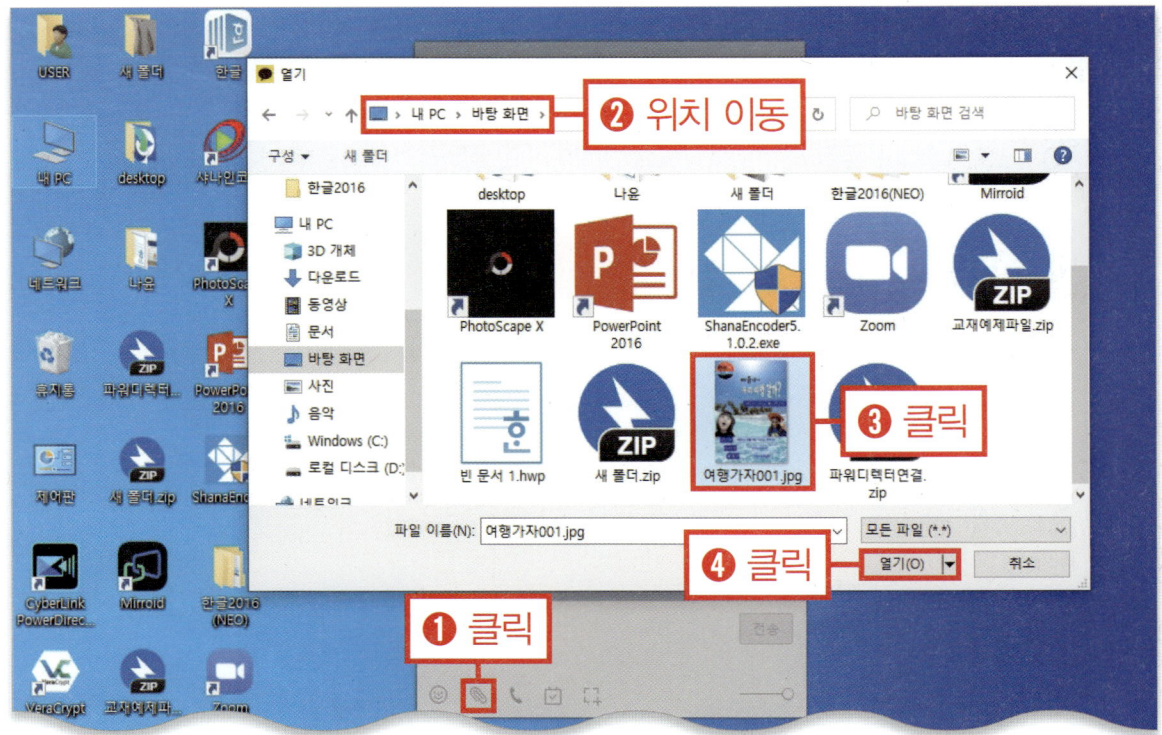

5 파일이 전송된 것을 확인할 수 있습니다.

 휴대폰으로 이미지를 전송하려면 저장한 이미지를 휴대폰 USB 케이블을 이용하여 휴대폰에 삽입한 후 카카오톡 앱으로 전송하면 됩니다.

CHAPTER 11

: 예제로 배우기 :
바탕쪽을 이용한 여행지 제목 만들기

POINT

11장에서 14장까지 여행지 정보 문서를 만들어 보겠습니다. 이번 장에서는 바탕쪽 기능을 이용하여 제목을 만들어 봅니다.

완성 화면 미리 보기

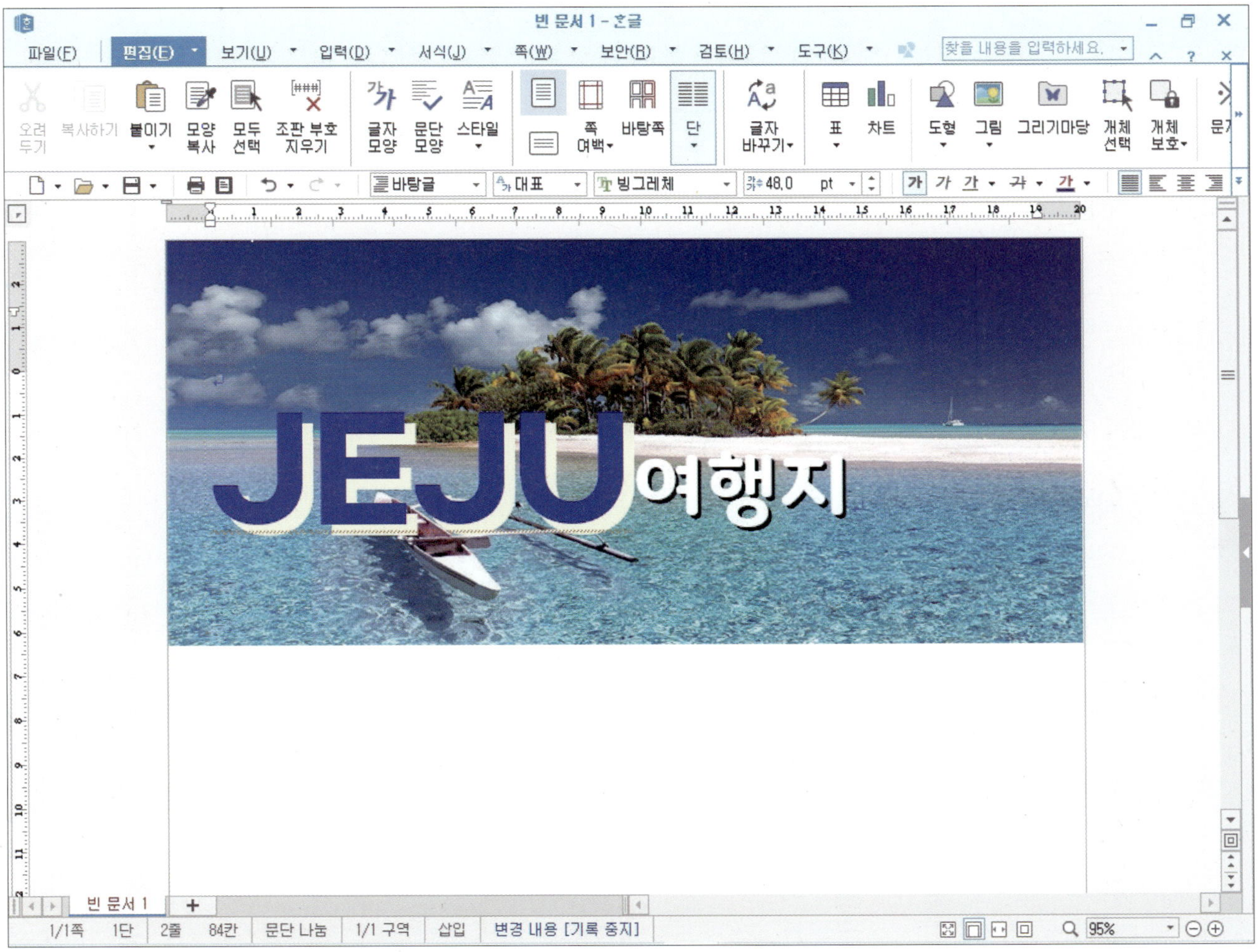

여기서 배워요!

바탕쪽에 이미지 삽입하기, 제목 만들기

STEP 1 바탕쪽에 이미지 삽입하기

1 빈 문서를 불러온 후 '편집 용지' 대화 상자를 불러오기 위해 키보드의 F7을 누릅니다. '왼쪽'과 '오른쪽' 여백은 각각 [10mm], '위', '아래', '머리말', '꼬리말'은 각각 [15mm]로 선택한 후 [설정] 버튼을 클릭합니다.

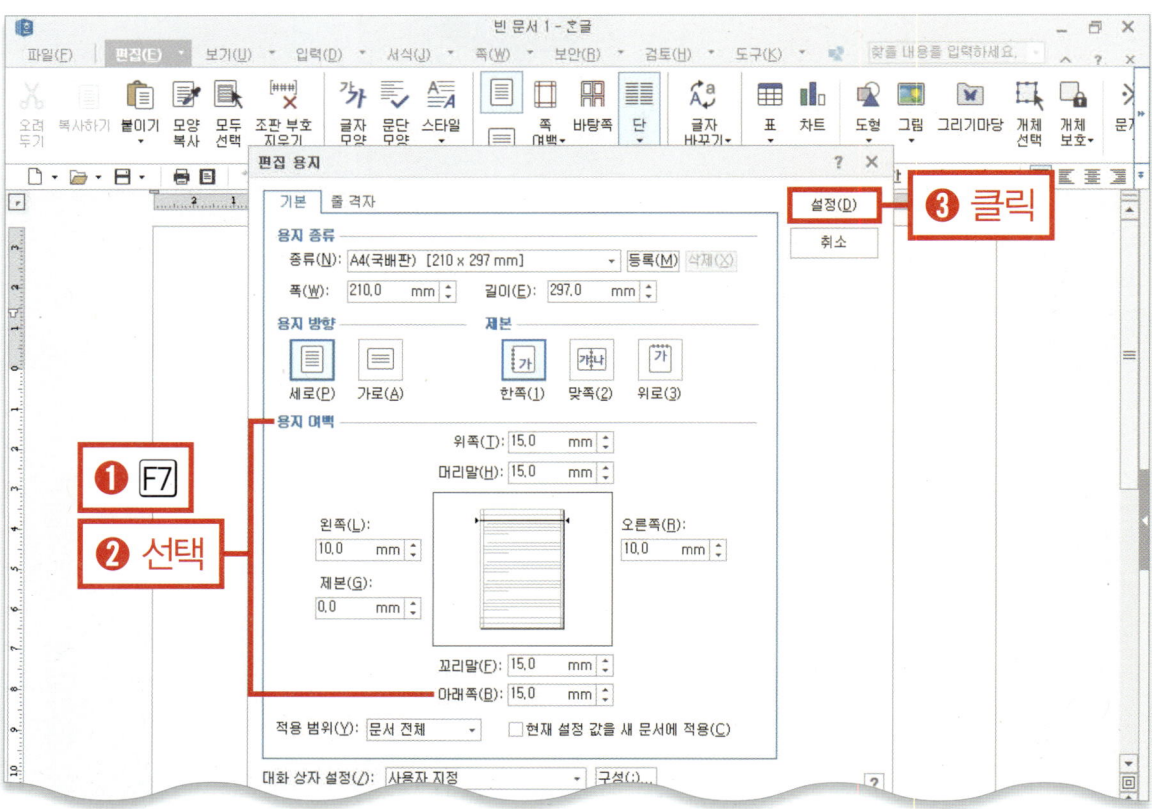

2 배경 이미지를 원하는 위치에 삽입하기 위해 [쪽] 탭의 [목록 단추]-[바탕쪽]을 차례대로 클릭합니다. 첫 페이지에만 제목 이미지를 삽입하기 위해 '바탕쪽' 대화 상자에서 [현재 구역 안 임의 쪽]을 클릭해 '1'로 선택하고 [만들기] 버튼을 클릭합니다.

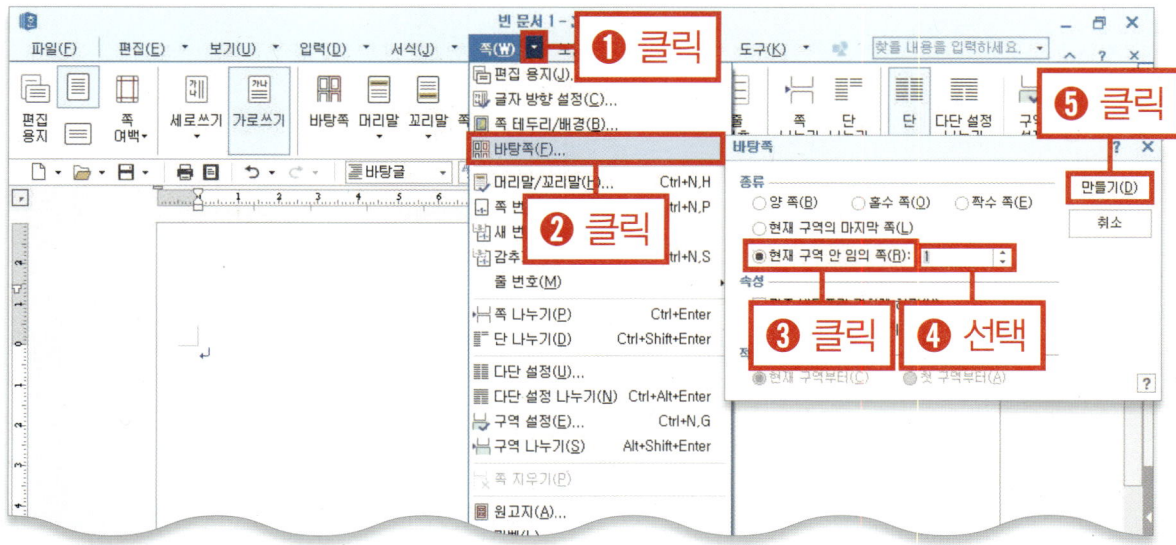

3 바탕쪽 공간으로 들어오면 이미지를 삽입하기 위해 [입력] 탭을 클릭한 후 [기본 도구 상자]에서 [그림]을 클릭합니다.

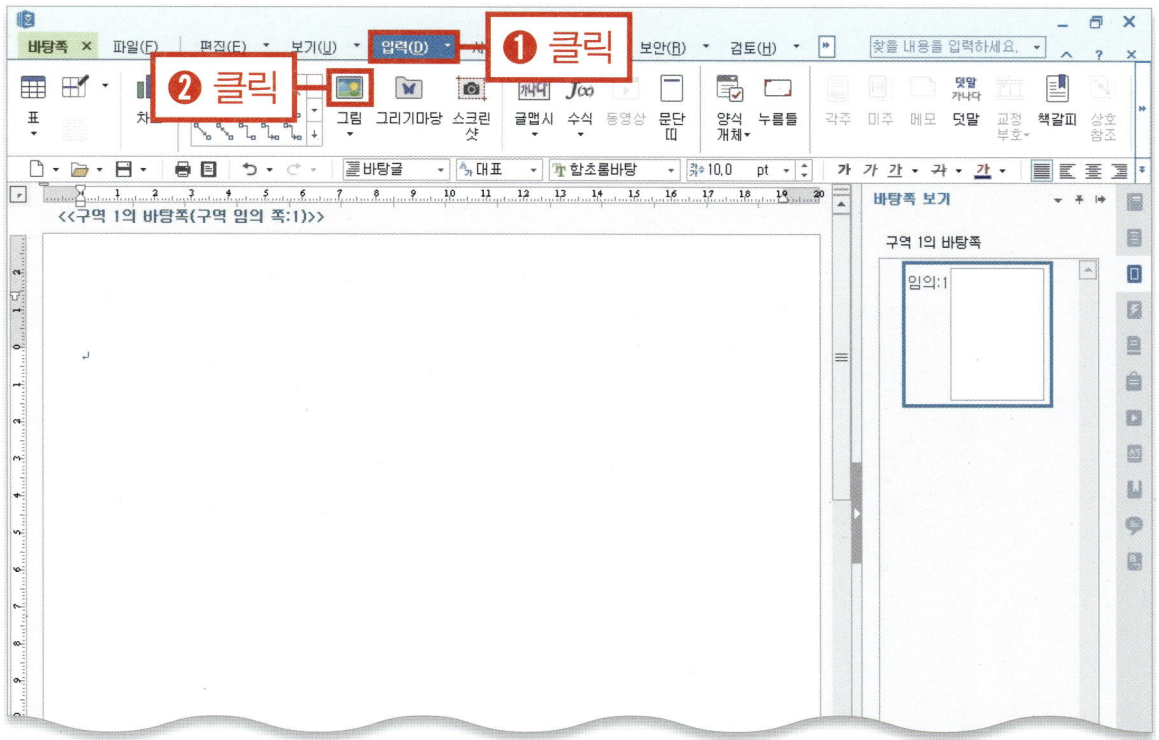

4 '그림 넣기' 대화 상자가 나타나면 [예제이미지] 폴더에서 [해변1.jpg] 파일을 선택한 다음 [넣기] 버튼을 클릭합니다.

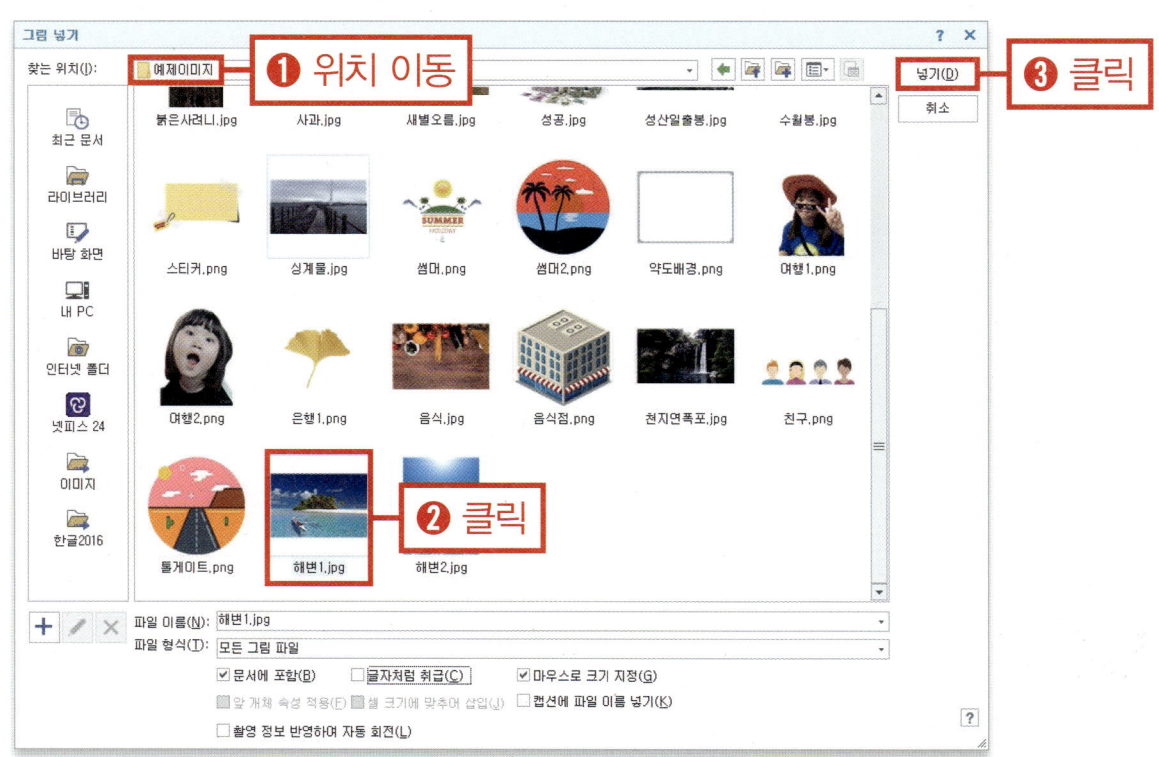

CHAPTER 11 바탕쪽을 이용한 여행지 제목 만들기 | **85**

5 드래그하여 이미지를 문서에 삽입합니다. [그림] 탭-[기본 도구 상자]에서 [자르기]를 클릭한 후 검은색 조절점을 드래그해 위를 적당히 잘라 줍니다.

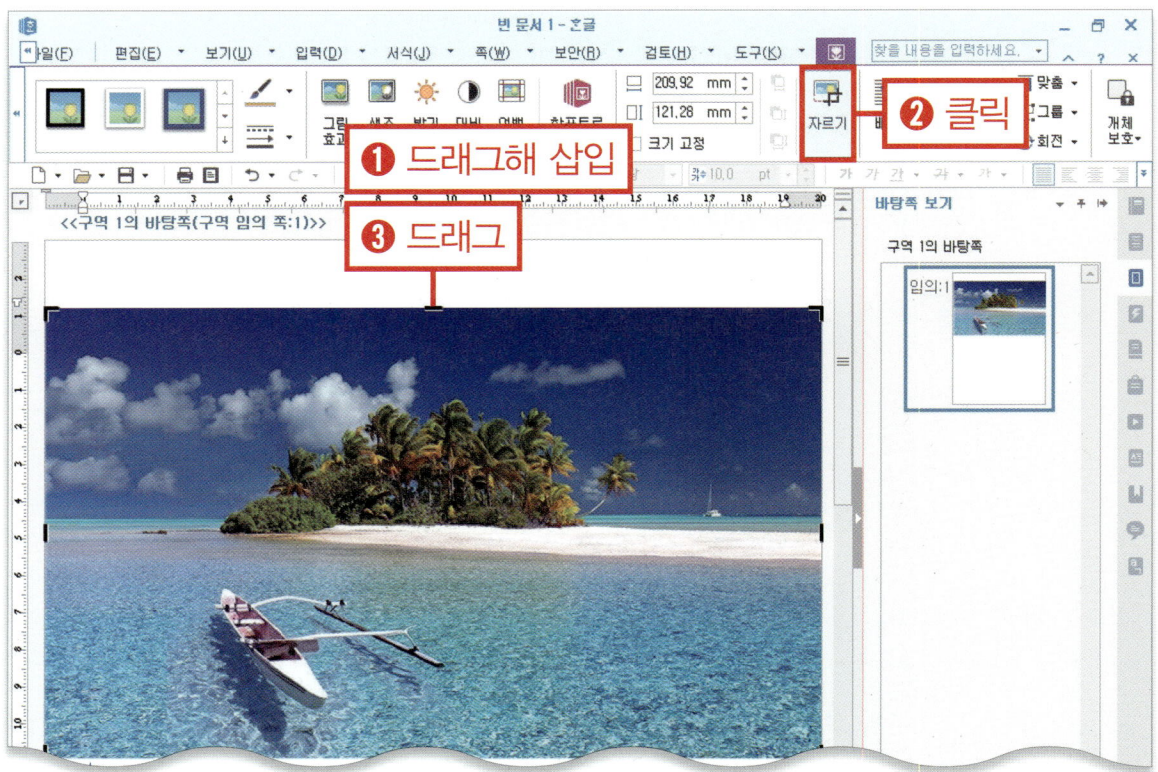

6 삽입한 이미지를 더블 클릭하면 '개체 속성' 대화 상자가 나타납니다. '너비'는 [210mm], '높이'는 [93mm]를 선택한 후 [설정] 버튼을 클릭합니다.

> **조금 더 배우기**
> 바탕쪽에 삽입한 이미지는 이미지만 삽입되어 배경에 보이기 때문에 본문과의 배치는 아무거나 선택해도 됩니다.

7 이미지가 적당히 조정되면 [바탕쪽] 탭-[기본 도구 상자]에서 [닫기]를 클릭하여 바탕쪽을 빠져 나옵니다.

STEP 2 제목 만들기

1 Enter⏎를 눌러 그림과 같은 위치에 커서를 위치시킨 후 'JEJU 여행지'를 입력합니다. 'JEJU'만 드래그해 블록 설정한 후 [편집] 탭-[글자 모양]을 차례대로 클릭합니다. '글자 모양' 대화 상자가 나타나면 [기본] 탭에서 '글꼴'은 [G마켓 산스 TTF Bold], '기준 크기'는 [90pt], '글자 색'은 [파랑]을 각각 지정합니다.

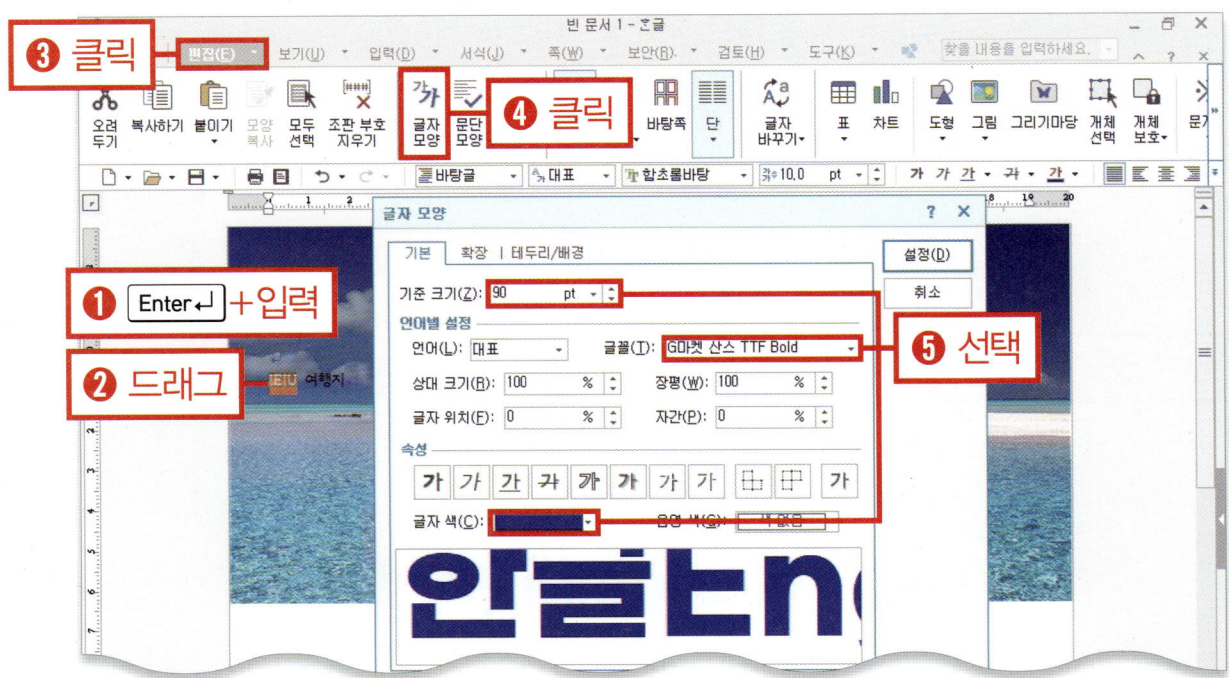

CHAPTER 11 바탕쪽을 이용한 여행지 제목 만들기 | **87**

2 [확장] 탭을 클릭합니다. '그림자'는 [비연속], 'X 및 Y 방향'은 각각 [6%], '색'은 [노랑 90% 밝게]로 지정한 후 [설정] 버튼을 클릭합니다.

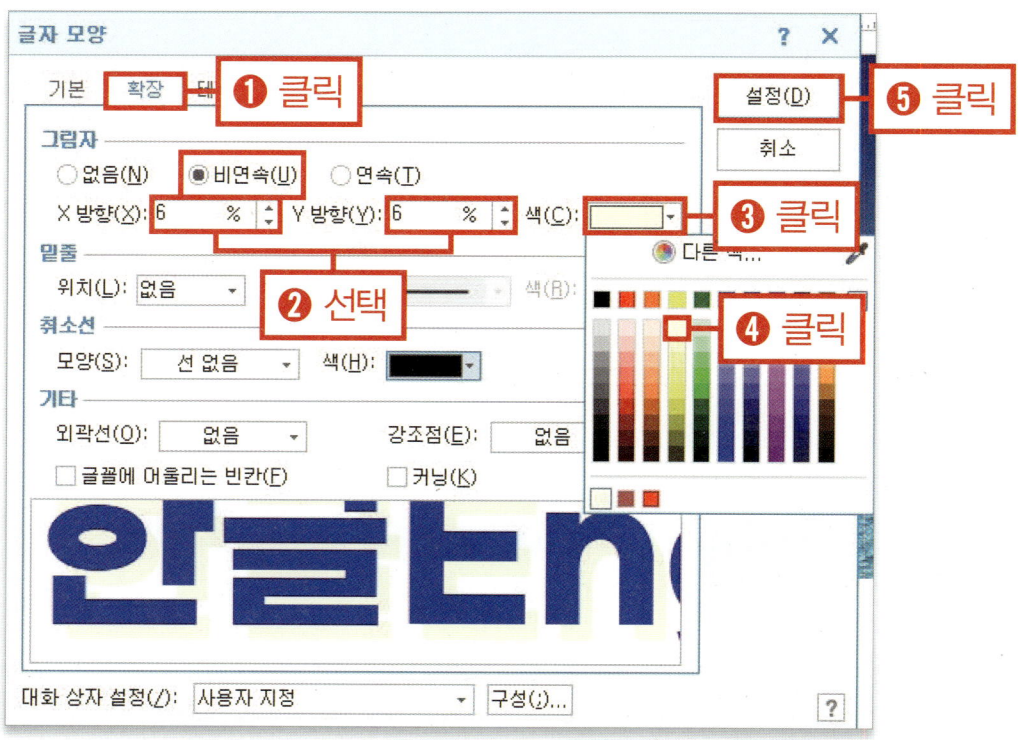

3 이번에는 '여행지'를 드래그해 블록 설정한 다음 [편집] 탭-[글자 모양]을 클릭합니다. '글자 모양' 대화 상자의 [기본] 탭에서 [빙그레체], [48pt], [하양]을 각각 지정합니다.

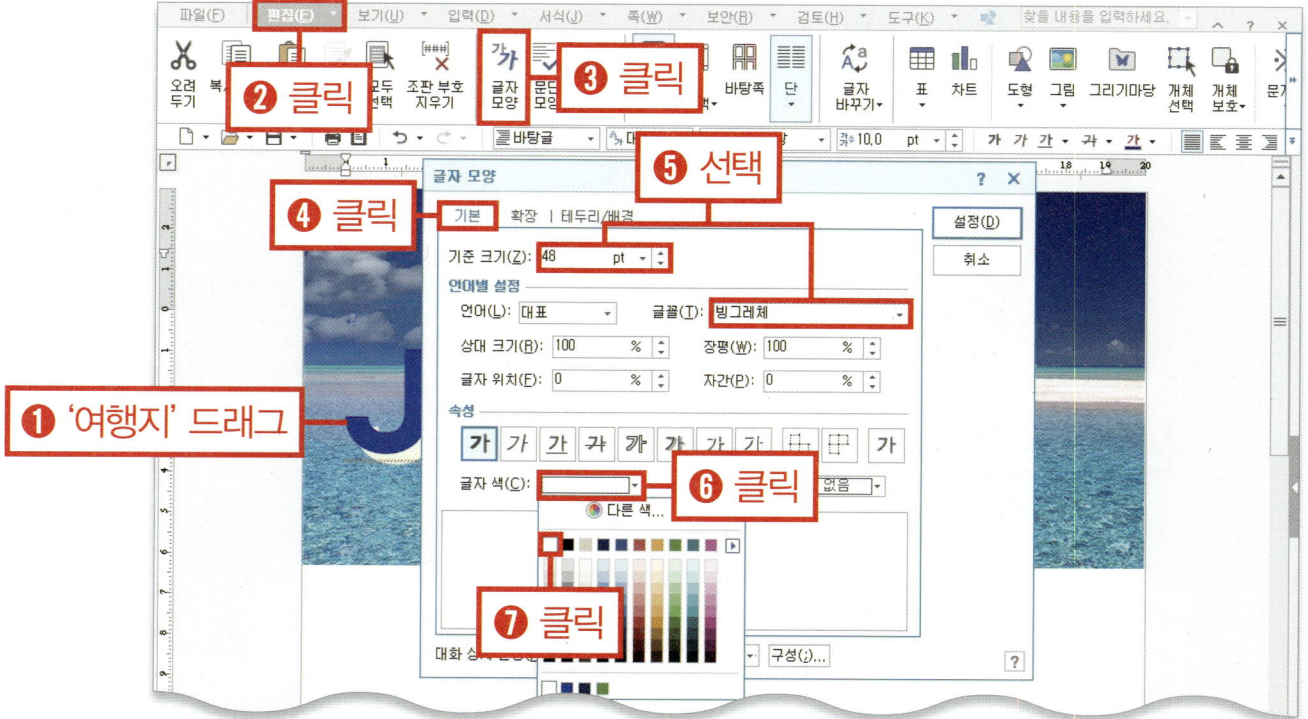

4 [확장] 탭을 클릭합니다. '그림자'는 [비연속], 'X 및 Y 방향'은 각각 [3%], '색'은 [검정]으로 지정한 후 [설정] 버튼을 클릭합니다.

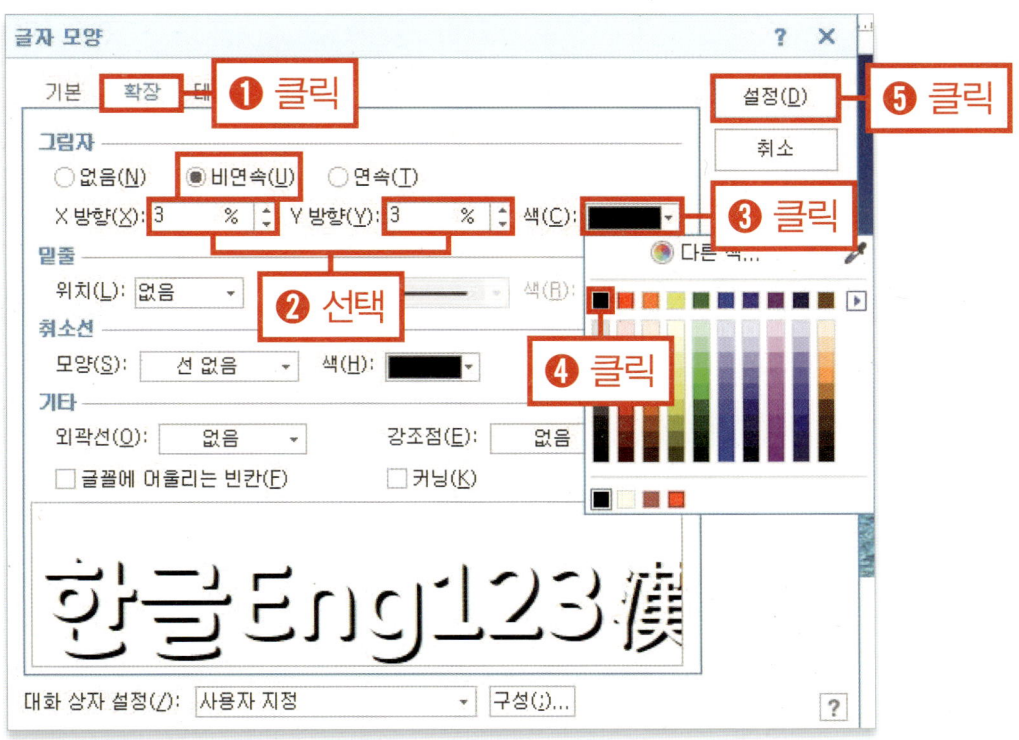

5 아래와 같이 제목이 꾸며졌습니다.

 혼자서도 만들 수 있어요!

1 바탕쪽 기능을 이용하여 아래 이미지와 같이 제목 배경을 꾸며 보세요.

> **HINT** '편집 용지' 대화 상자에서 '왼쪽/오른쪽' 여백을 각각 [10mm], '위/아래/머리말/꼬리말'을 각각 [15mm] 지정 → [쪽] 탭–[바탕쪽]–[현재 구역 안 임의 쪽] 클릭 → [입력] 탭–[기본 도구 상자]의 [그림]에서 [음식.jpg] 선택

2 글자 모양을 이용하여 아래와 같이 제목을 만들어 보세요.

> **HINT**
> - **면역력** : [빙그레체], [69pt], [초록], [그림자 비연속], 'X 방향'은 [5%], 'Y 방향'은 [4%], '글자 색'은 [노랑]
> - **나머지 글** : [빙그레체], [48pt], [하양]

CHAPTER 12

: 예제로 배우기 :
다단을 이용해 여행지 정보 정리하기

종이 신문과 같이 많은 내용을 정리할 때 다단 기능을 사용하면 편리합니다.
이번 장은 다단을 이용하여 여행지 정보를 정리해 봅니다.

완성 화면 미리 보기

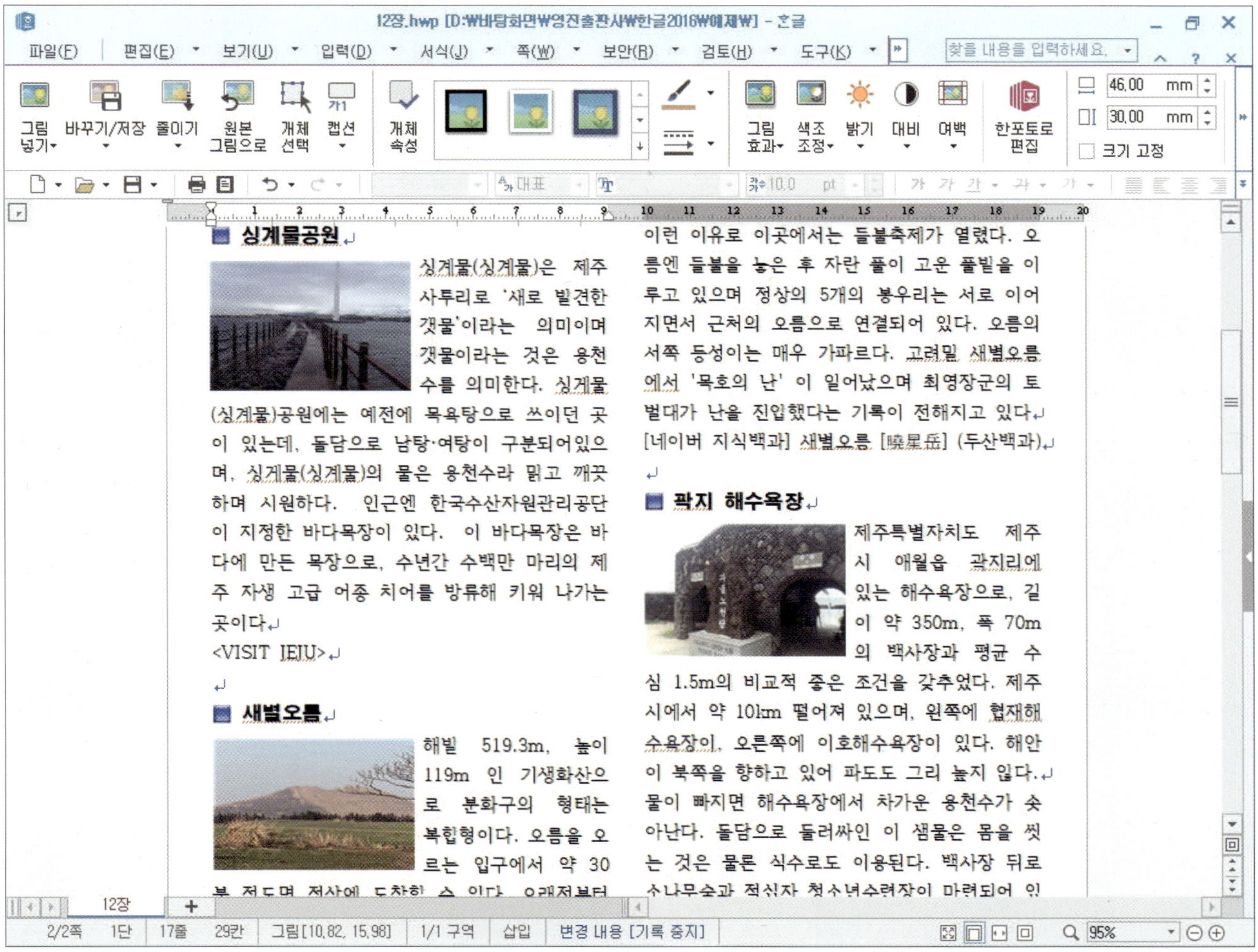

여기서 배워요! 내용 붙여 넣고 글머리표 삽입하기, 다단으로 내용 분할하기, 이미지 삽입하기

STEP 1 내용 붙여 넣고 글머리표 삽입하기

1 ······ 정리해 놓은 내용을 복사하기 위해 [예제이미지] 폴더로 이동한 후 [제주여행정리.txt] 파일을 더블 클릭합니다.

2 ······ Ctrl+A를 눌러 내용 전체를 블록 설정합니다. 마우스 오른쪽 버튼을 누른 다음 [복사]를 클릭합니다.

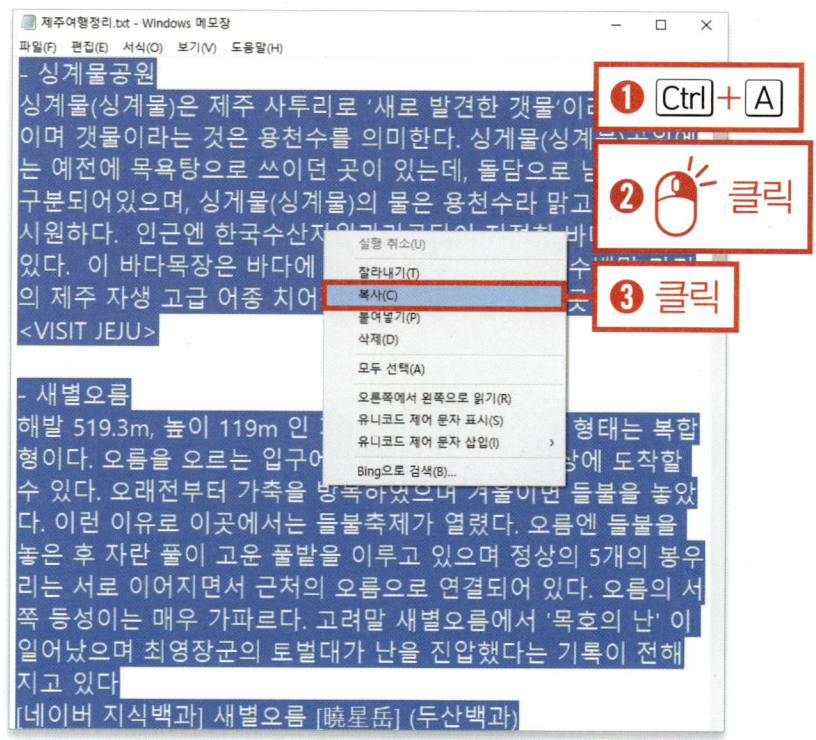

3 [예제] 폴더에서 [12장.hwp] 파일을 불러옵니다. 마우스 오른쪽 버튼을 눌러 [붙이기]를 클릭합니다.

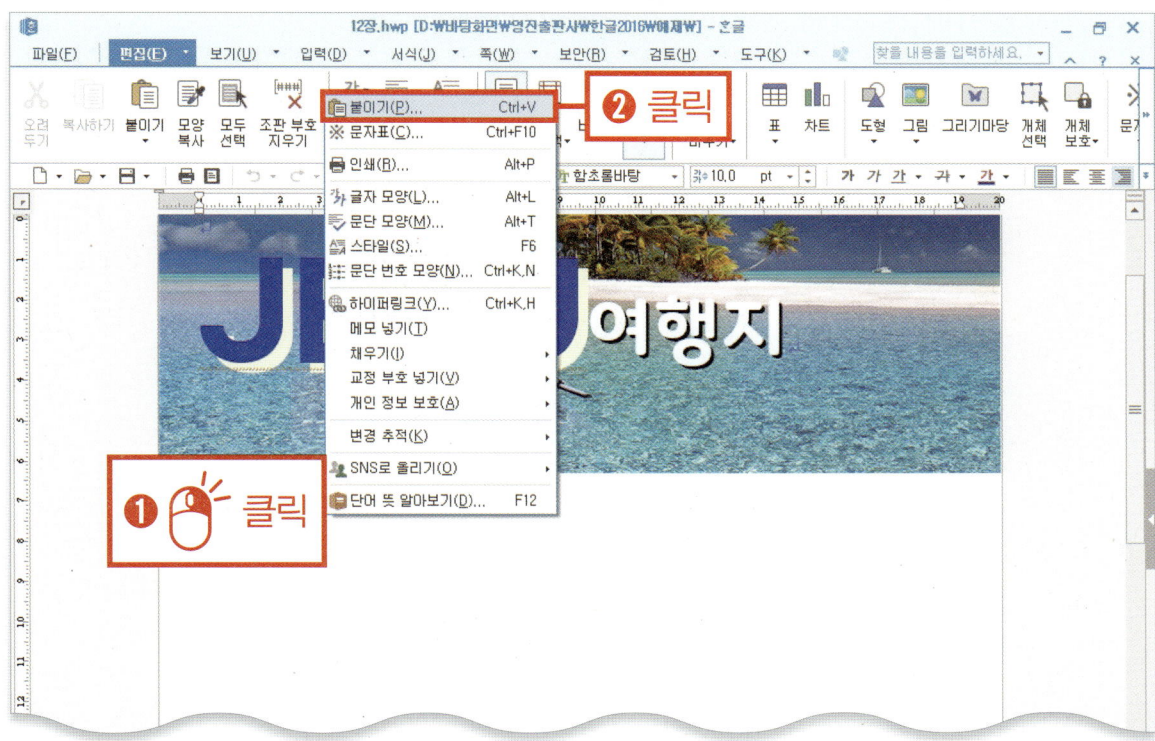

4 내용이 삽입되면 제목의 '글꼴'은 [HY견고딕], '글자 크기'는 [13pt], 내용의 '글꼴'은 [함초롬바탕], '글자 크기'는 [12pt]로 지정합니다.

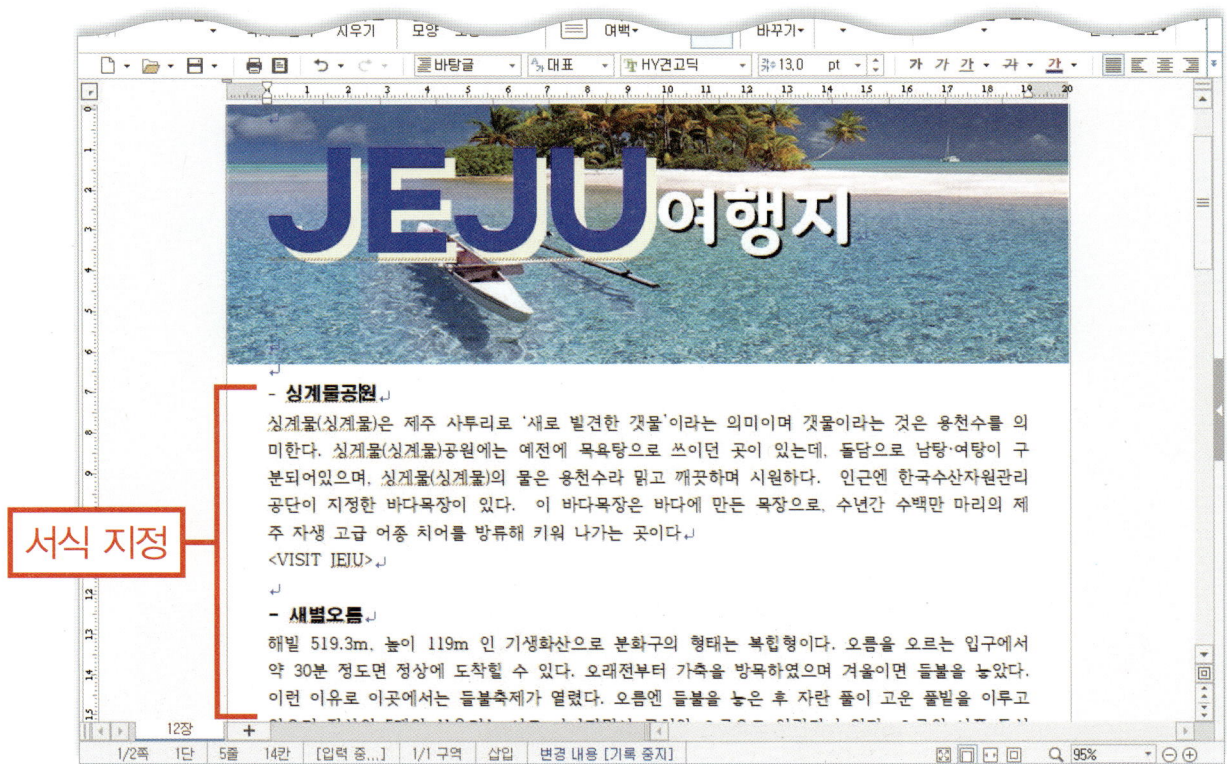

CHAPTER 12 다단을 이용해 여행지 정보 정리하기 | 93

5 첫 번째 제목의 '-'을 삭제한 후 [서식] 탭을 클릭합니다. [기본 도구 상자]-[그림 글머리표]의 [목록 단추](▼)를 클릭하고 첫 번째 글머리표를 클릭합니다. 나머지 제목도 동일하게 적용합니다.

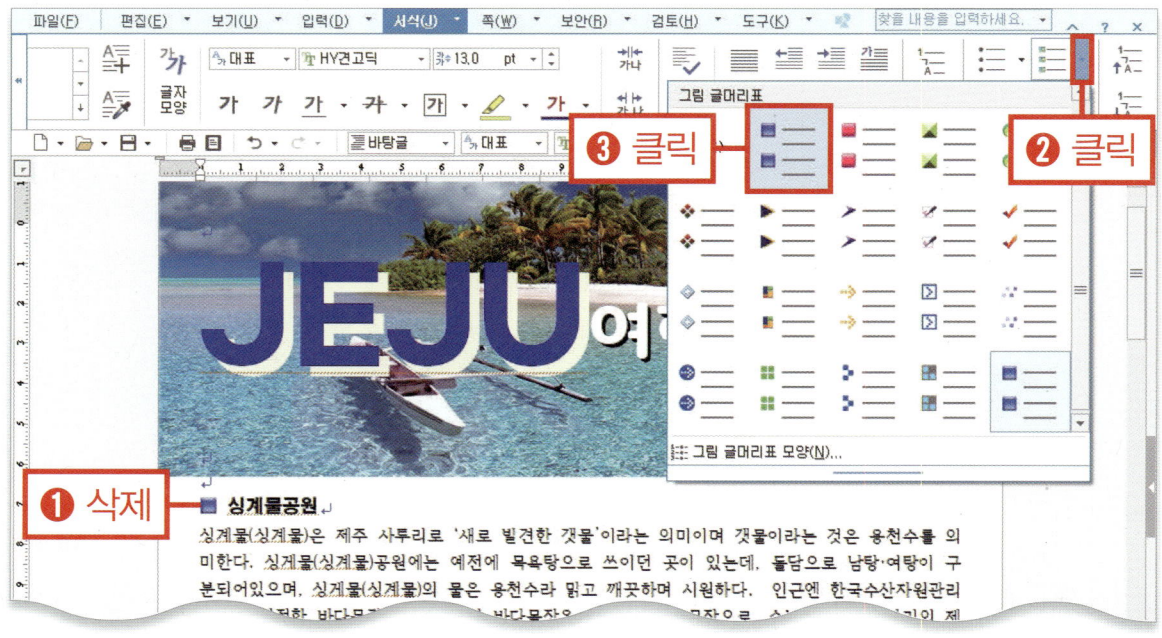

STEP 2 다단으로 내용 분할하기

1 삽입한 본문 전체를 드래그해 블록 설정한 후 [쪽] 탭을 클릭합니다. [기본 도구 상자]에서 [단]-[둘]을 차례대로 클릭합니다.

2 레이아웃을 보고 정리할 내용이 있으면 아래와 같이 다듬어 정리합니다.

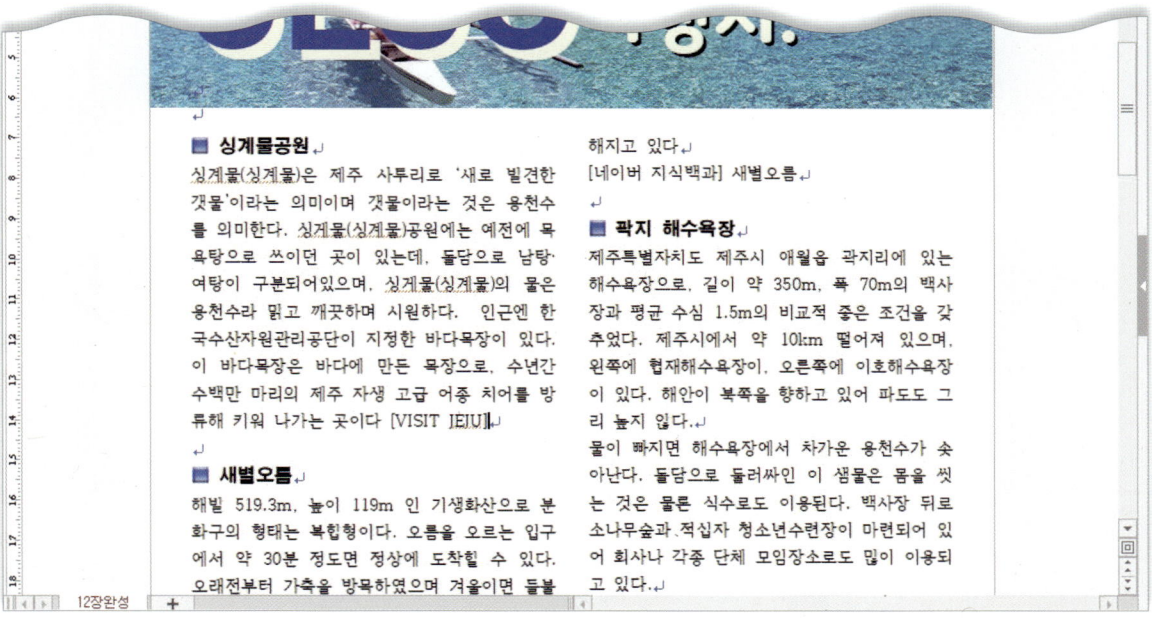

STEP 3 그림 삽입하기

1 '싱계물공원' 제목 아래 내용이 시작하는 지점에 마우스 커서를 위치시킨 다음 [입력] 탭을 클릭합니다. [기본 도구 상자]에서 [그림]을 클릭합니다. [예제이미지] 폴더에서 [싱계물.jpg]를 선택한 후 [넣기] 버튼을 클릭합니다.

CHAPTER 12 다단을 이용해 여행지 정보 정리하기 | 95

2 드래그해 삽입한 후 더블 클릭합니다. '개체 속성' 대화 상자가 나타나면 '너비'는 [46mm], '높이'는 [30mm], '본문과의 배치'는 [어울림]( )으로 지정합니다.

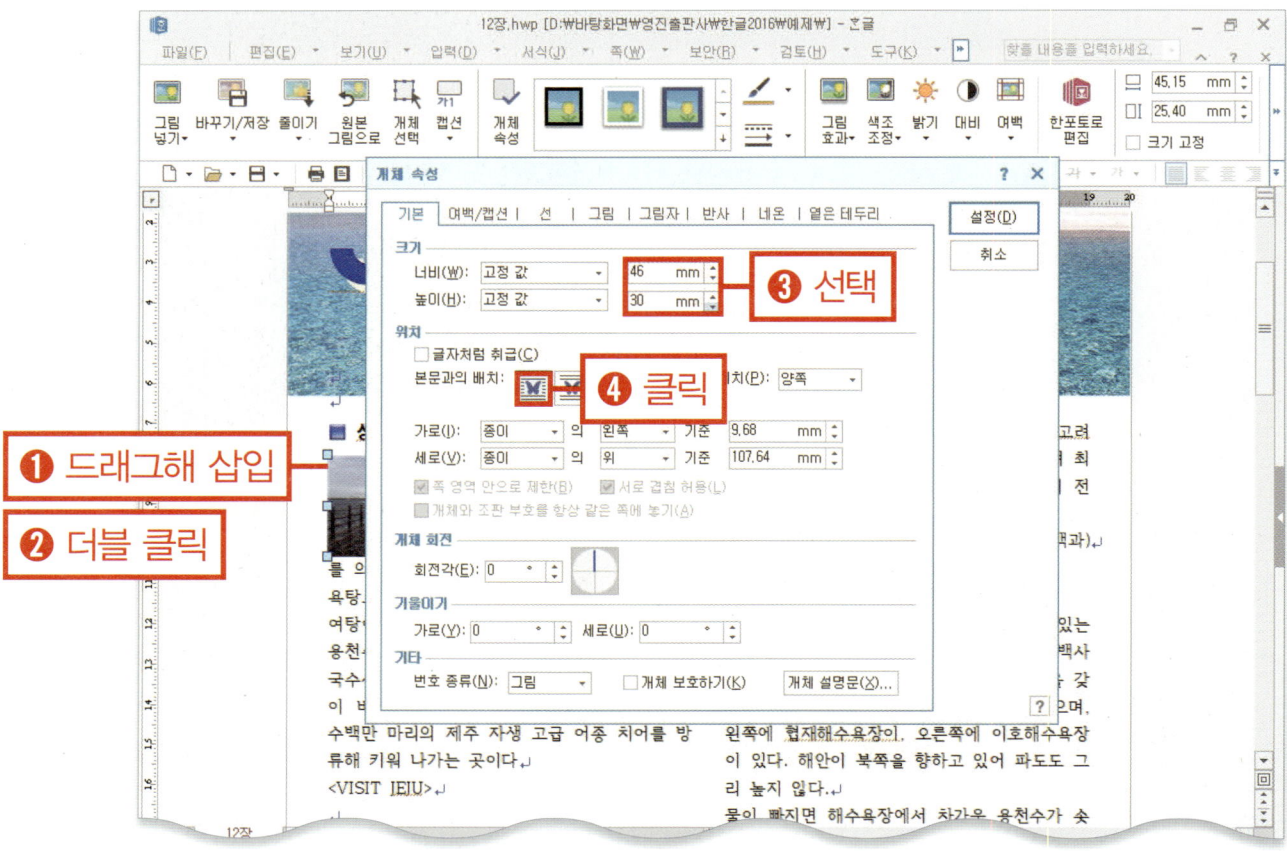

3 [여백/캡션] 탭을 클릭한 후 '오른쪽'과 '아래쪽'을 각각 [2mm]로 선택한 다음 [설정] 버튼을 클릭합니다.

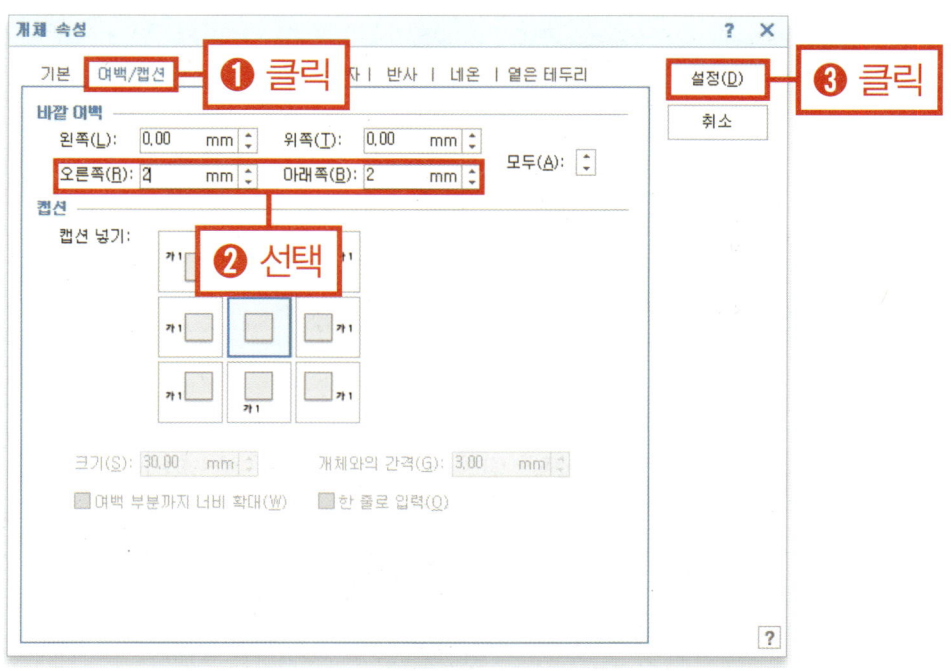

4 이번에는 '새별오름' 제목 아래 내용이 시작하는 지점에 마우스 커서를 위치시킨 다음 '그림 넣기' 대화 상자를 불러옵니다. [예제이미지] 폴더에서 [새별오름.jpg]를 선택한 후 [넣기] 버튼을 클릭합니다. 원하는 위치에 드래그해 삽입합니다.

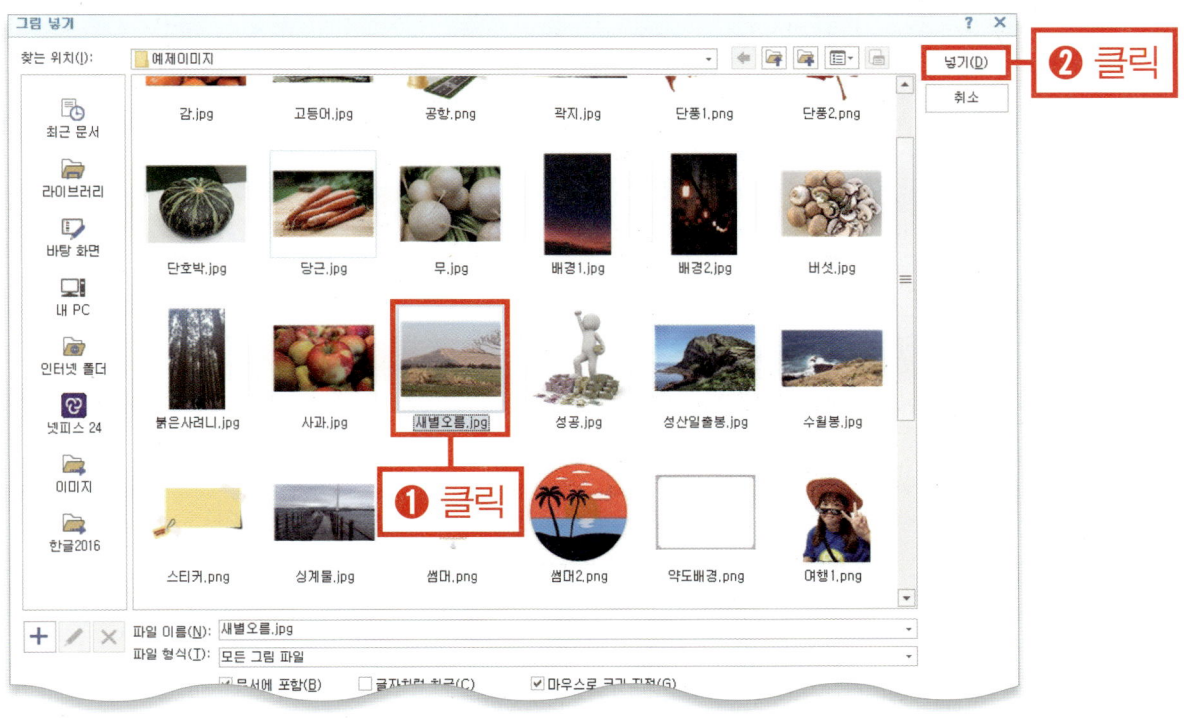

5 삽입된 이미지를 '싱계물공원'의 이미지 설정과 동일하게 적용합니다. 나머지도 아래와 같이 각각 내용에 맞춰 이미지를 삽입합니다.

- **이미지 삽입** – 곽지 해수욕장: 곽지.jpg / 사려니 숲길 붉은오름: 붉은사려니.jpg / 수월봉: 수월봉.jpg / 천지연 폭포: 천지연폭포.jpg / 성산일출봉: 성산일출봉.jpg

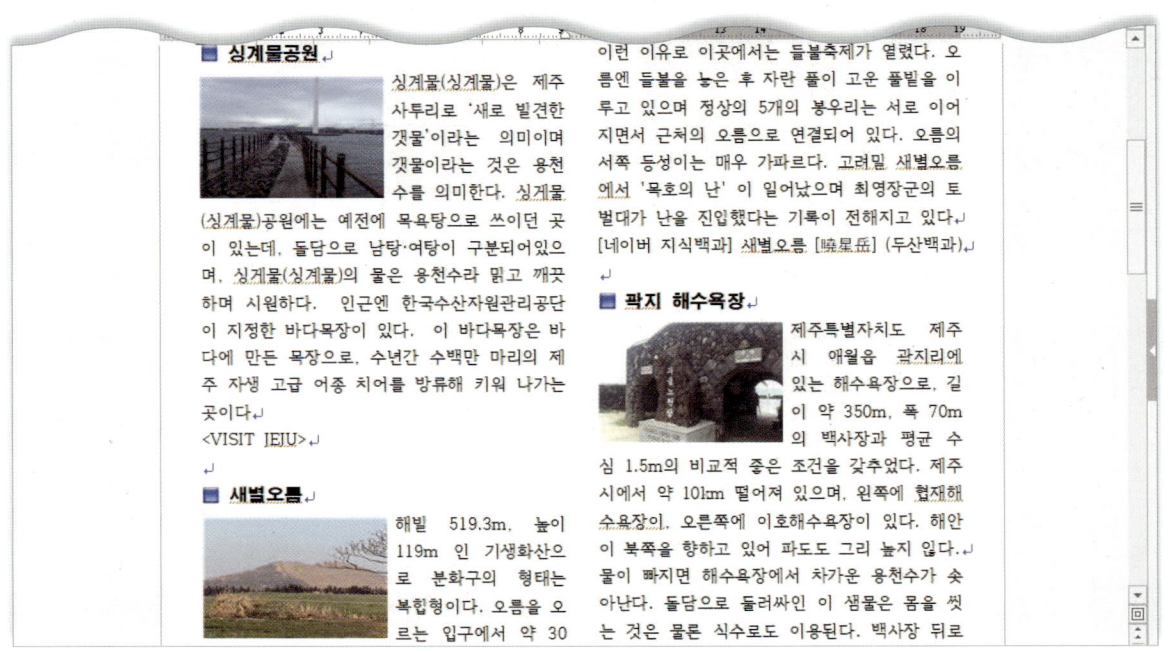

CHAPTER 12 다단을 이용해 여행지 정보 정리하기 | **97**

혼자서도 만들 수 있어요!

1 [예제] 폴더에서 [12장(연습문제).hwp] 파일을 불러온 다음 다단 기능을 이용하여 본문을 그림과 같이 만들어 보세요.

HINT: [예제이미지] 폴더에서 [효능정리.txt] 내용 복사 → 제목 : [G마켓 산스 TTF Bold], [15pt]/내용 : [함초롬바탕], [10pt] → 본문 전체를 드래그해 블록 설정한 후 [쪽] 탭–[기본 도구 상자]–[단]에서 [둘] 클릭

2 [예제이미지] 폴더의 이미지를 이용하여 그림과 같이 배치해 보세요.

HINT: [예제이미지] 폴더에서 [버섯.jpg], [감.jpg], [고등어.jpg], [단호박.jpg], [당근.jpg], [무.jpg], [사과.jpg] 삽입 → '개체 속성' 대화 상자에서 '너비'는 [48mm], '높이'는 [32mm], '본문과의 배치'는 [어울림] → [여백/캡션] 탭을 클릭한 후 '오른쪽'과 '왼쪽'을 각각 [1mm]로 지정

CHAPTER 13

: 예제로 배우기 :

꼬리말을 이용한 페이지 번호 매기기

POINT

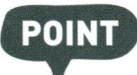

페이지 수가 많으면 페이지 번호를 매겨 정리합니다.
이번 장은 꼬리말 기능을 이용하여 페이지 번호를 삽입해 봅니다.

완성 화면 미리 보기

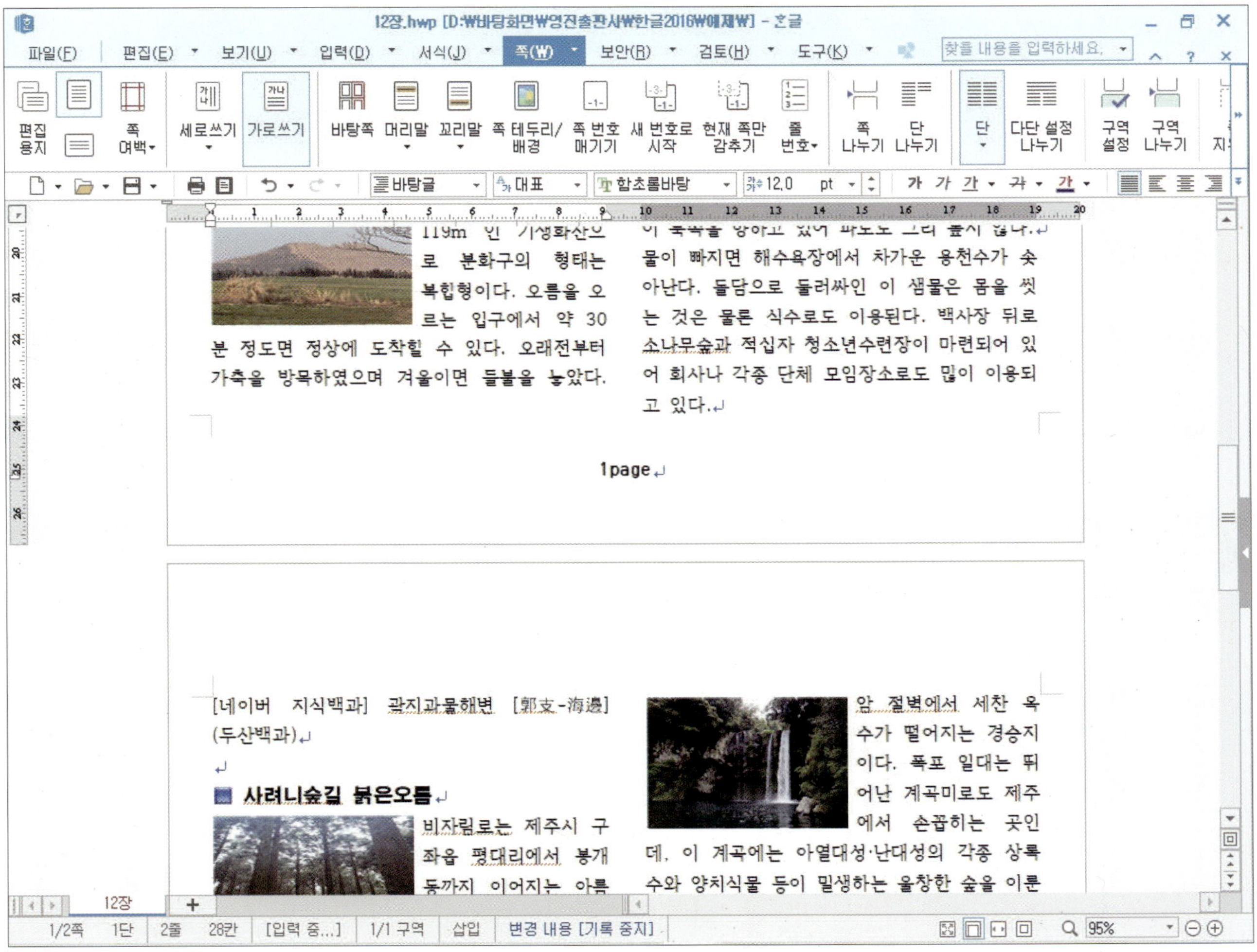

여기서 배워요! 꼬리말 기능으로 페이지 번호 매기기

STEP 1 꼬리말 기능으로 페이지 번호 매기기

1 [예제] 폴더에서 [13장.hwp] 파일을 불러옵니다. [쪽] 탭의 [목록 단추]-[머리말/꼬리말]을 차례대로 클릭합니다.

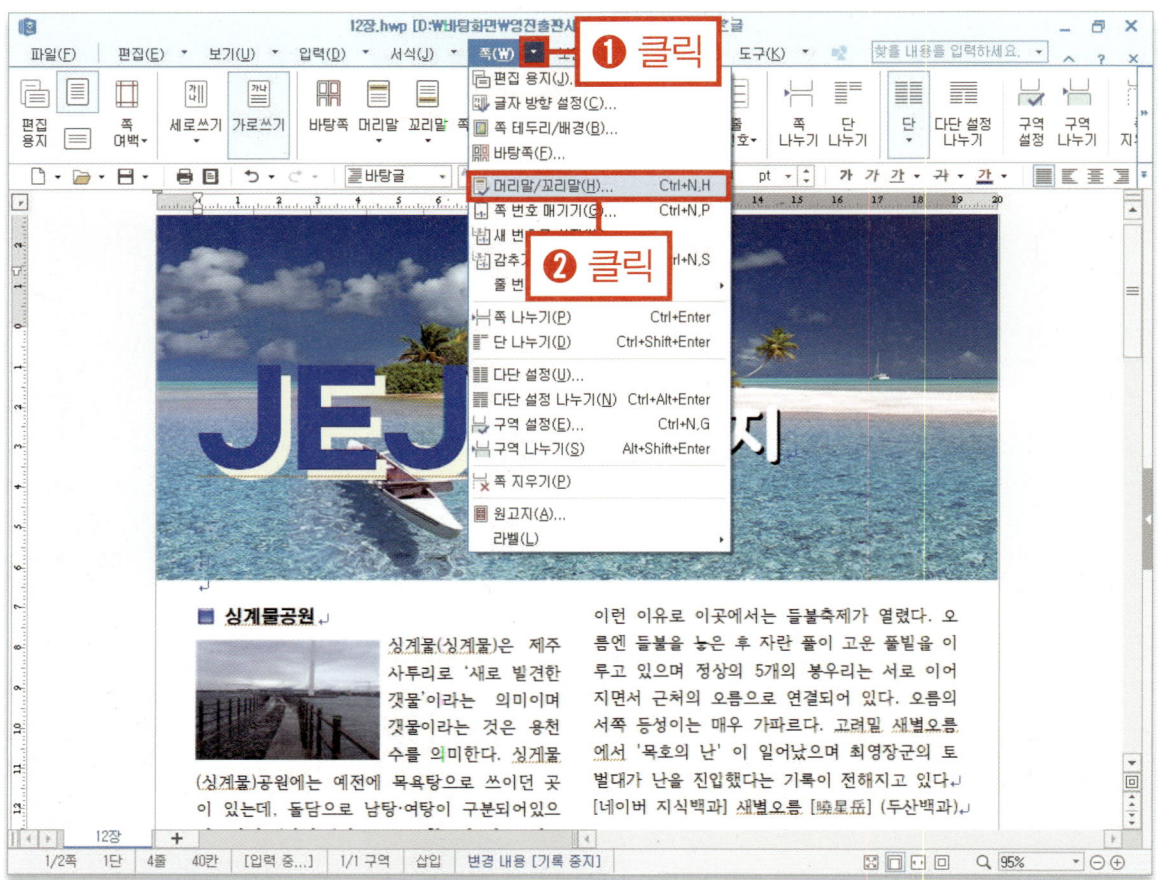

2 '머리말/꼬리말' 대화 상자가 나타나면 '종류'에서 [꼬리말]을 선택한 다음 [가운데 쪽 번호]를 클릭한 후 [만들기] 버튼을 클릭합니다.

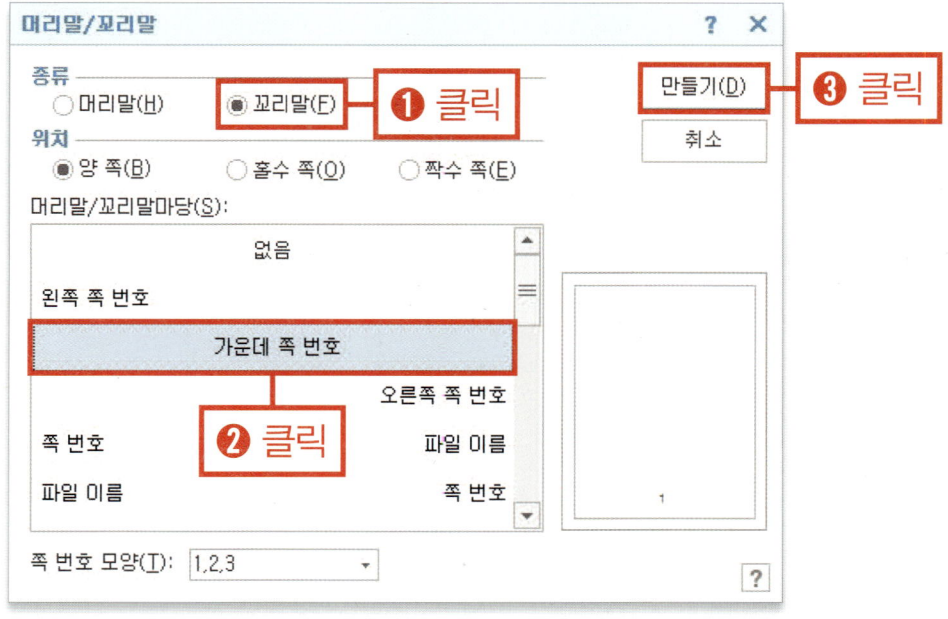

3 아래 꼬리말 영역에 삽입된 페이지 번호를 더블 클릭하여 꼬리말 영역으로 들어간 후 번호 옆에 'page'를 입력합니다.

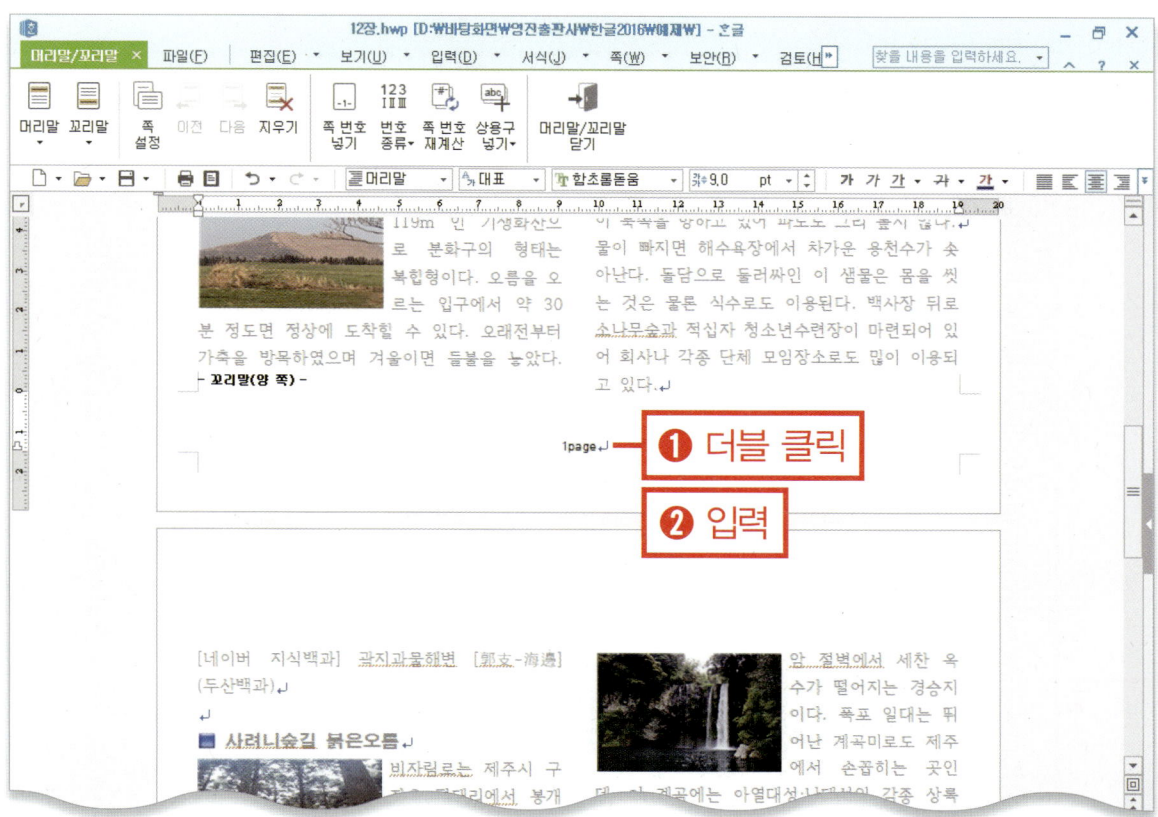

4 '글꼴'은 [함초롬돋움], '글자 크기'는 [12pt]로 서식을 지정한 후 [머리말/꼬리말 닫기]를 클릭합니다.

CHAPTER 13 꼬리말을 이용한 페이지 번호 매기기 | **101**

페이지 번호를 넣는 또 다른 방법

① [쪽] 탭–[기본 도구 상자]에서 [쪽 번호 매기기]를 클릭합니다.

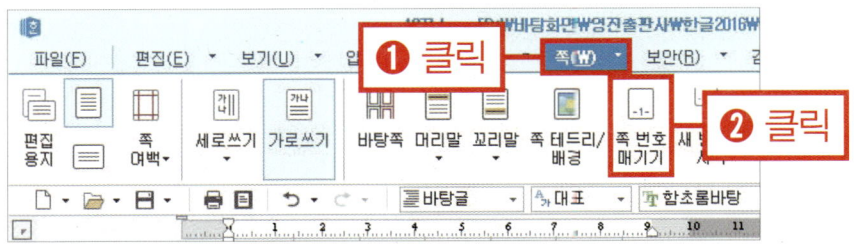

② 번호의 위치와 번호 모양, 시작 번호를 지정할 수 있습니다. 참고로 서식과 부수적인 문자를 입력할 수 없습니다. 다양한 효과를 주고 싶을 때에는 '머리말/꼬리말'을 사용하세요.

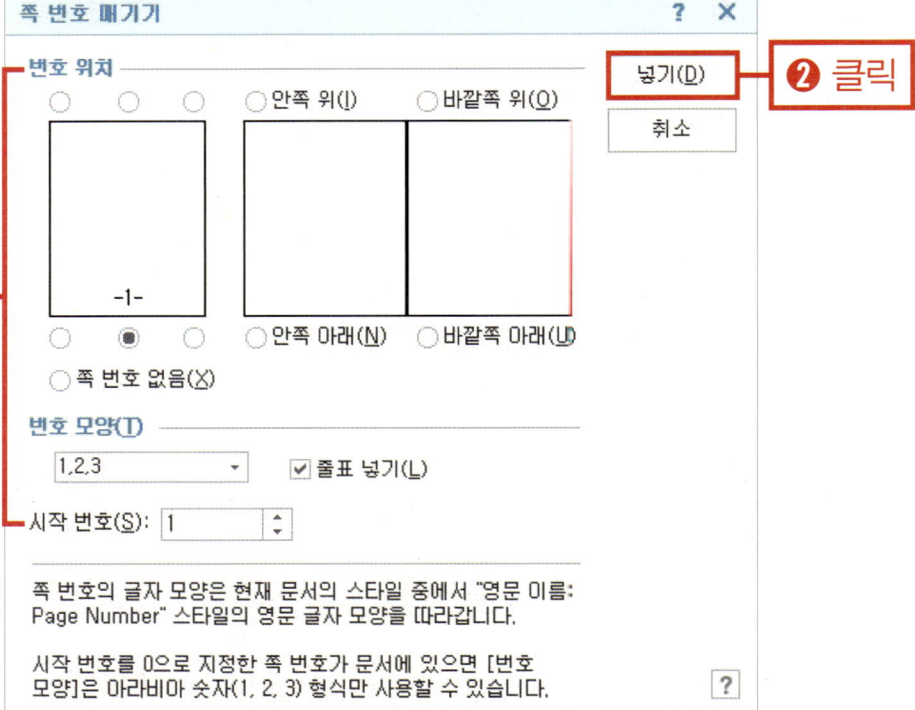

# 혼자서도 만들 수 있어요!

1 [예제] 폴더에서 [13장(연습문제).hwp] 파일을 불러온 다음 꼬리말 기능을 이용하여 페이지 번호를 삽입해 보세요.

 [쪽] 탭-[머리말/꼬리말] 클릭 후 '머리말/꼬리말' 대화 상자에서 [꼬리말], [가운데 쪽 번호] 선택 → 페이지 번호를 더블 클릭하여 꼬리말 영역으로 들어간 후 번호 옆에 'page'를 입력 → [함초롬돋움], [15pt], [진하게] 지정

2 머리말 기능을 이용하여 제목을 입력해 보세요.

 두 번째 장에 마우스 커서를 위치시킨 후 '머리말/꼬리말' 대화 상자에서 [머리말]-[만들기] 클릭 → **면역력에 좋은 음식** : [HY견고딕], [11pt], [초록] → 직선 : '두께'는 [1mm], '선 색'은 [초록 40% 밝게] 지정

CHAPTER 14

: 예제로 배우기 :
PDF 파일로 저장한 후 블로그에 게시하기

POINT

한글 문서를 인터넷에 게시할 때 문서를 그대로 노출하지 않고 게시하는 방법으로 PDF로 저장하는 방법이 있습니다. 이번 장은 PDF로 저장하는 방법과 PDF 문서를 블로그에 올리는 방법을 알아봅니다.

완성 화면 미리 보기

여기서 배워요! PDF 파일로 저장하기, 블로그에 게시하기

STEP 1 PDF 파일로 저장하기

1 [예제] 폴더에서 [14장.hwp] 파일을 불러옵니다. [파일] 탭-[PDF로 저장하기]를 차례대로 클릭합니다.

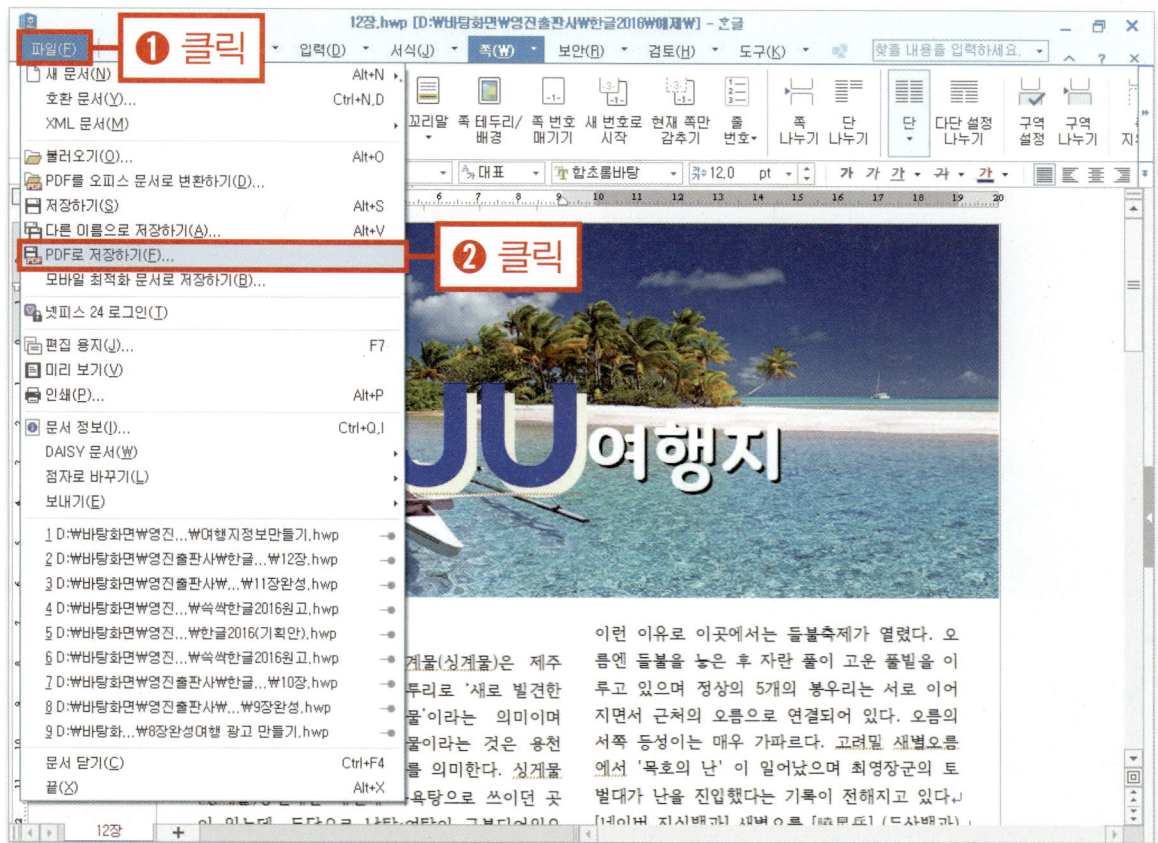

2 '저장 위치'는 [바탕 화면], '파일 이름'에 '여행지 정보'를 입력한 후 [저장] 버튼을 클릭합니다.

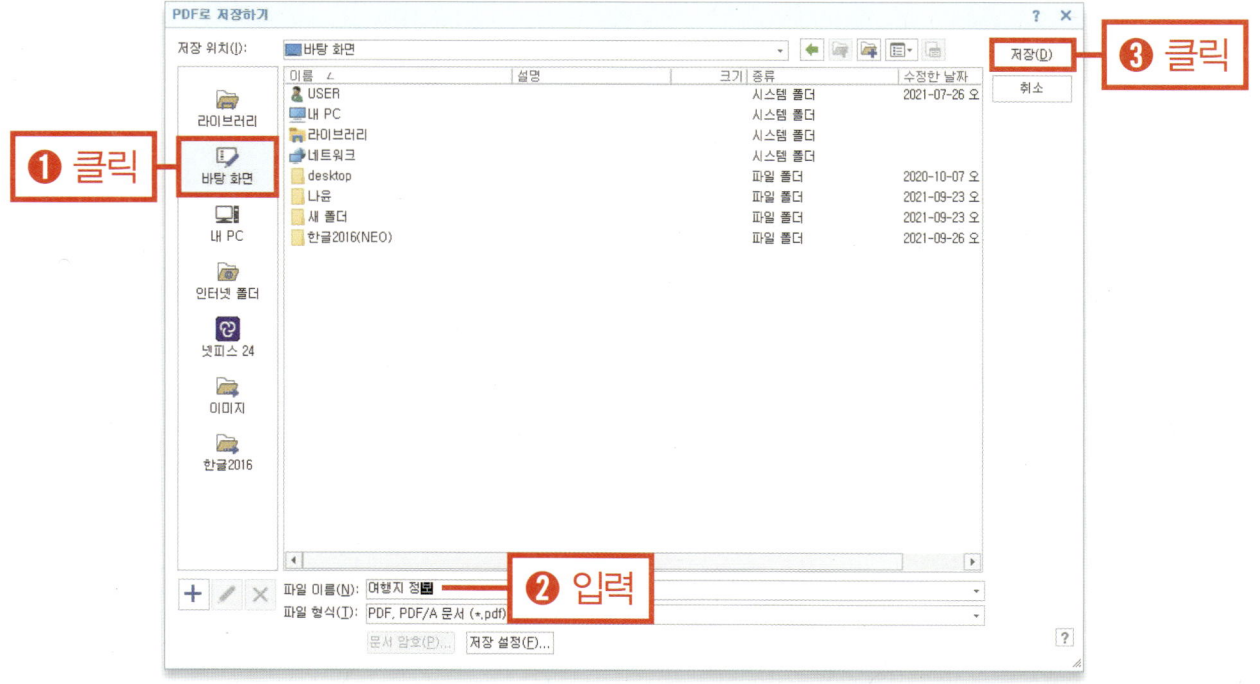

3 바탕 화면에 '여행지 정보.pdf' 파일이 생성된 것을 확인할 수 있습니다.

STEP 2 블로그에 게시하기

1 네이버(www.naver.com)에 접속하여 로그인한 후 [내 블로그]를 클릭합니다.

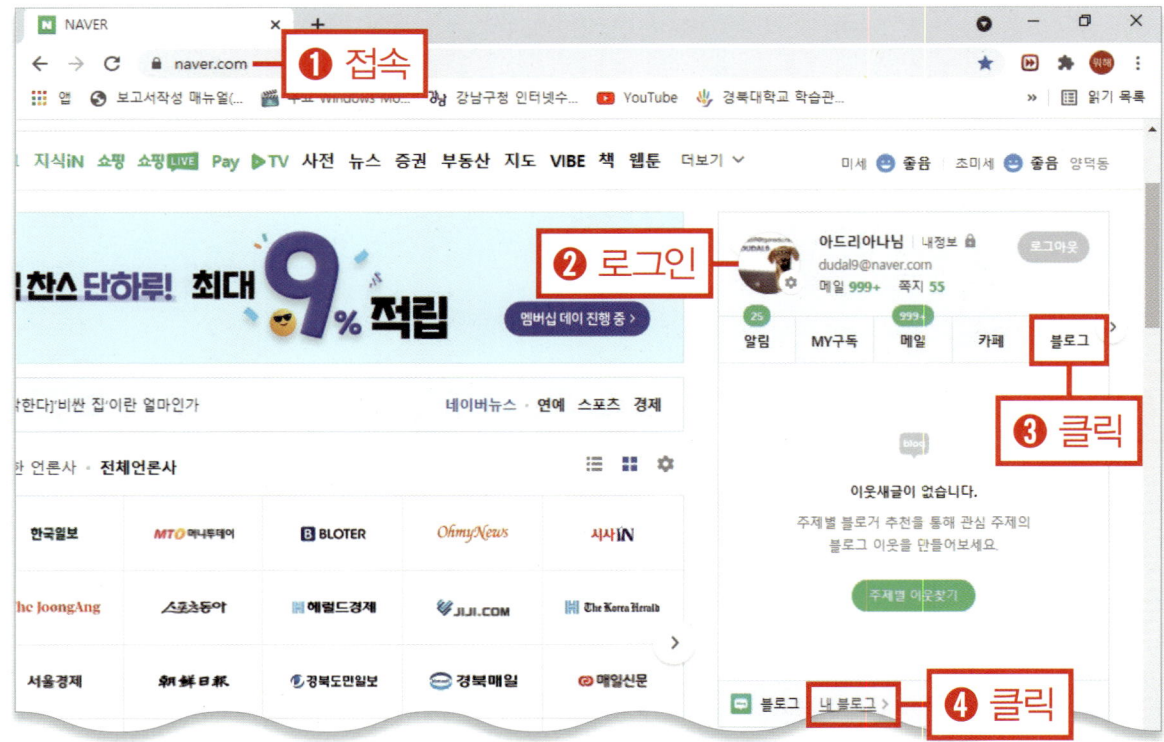

> **조금 더 배우기**
> 여기서는 네이버에 가입되어 있는 상태에서 따라 하기가 진행됩니다. 가입되어 있지 않다면 절차에 맞춰 네이버에 가입한 후 따라 하도록 합니다.

2 블로그에 접속한 후 왼쪽의 [글쓰기]를 클릭합니다.

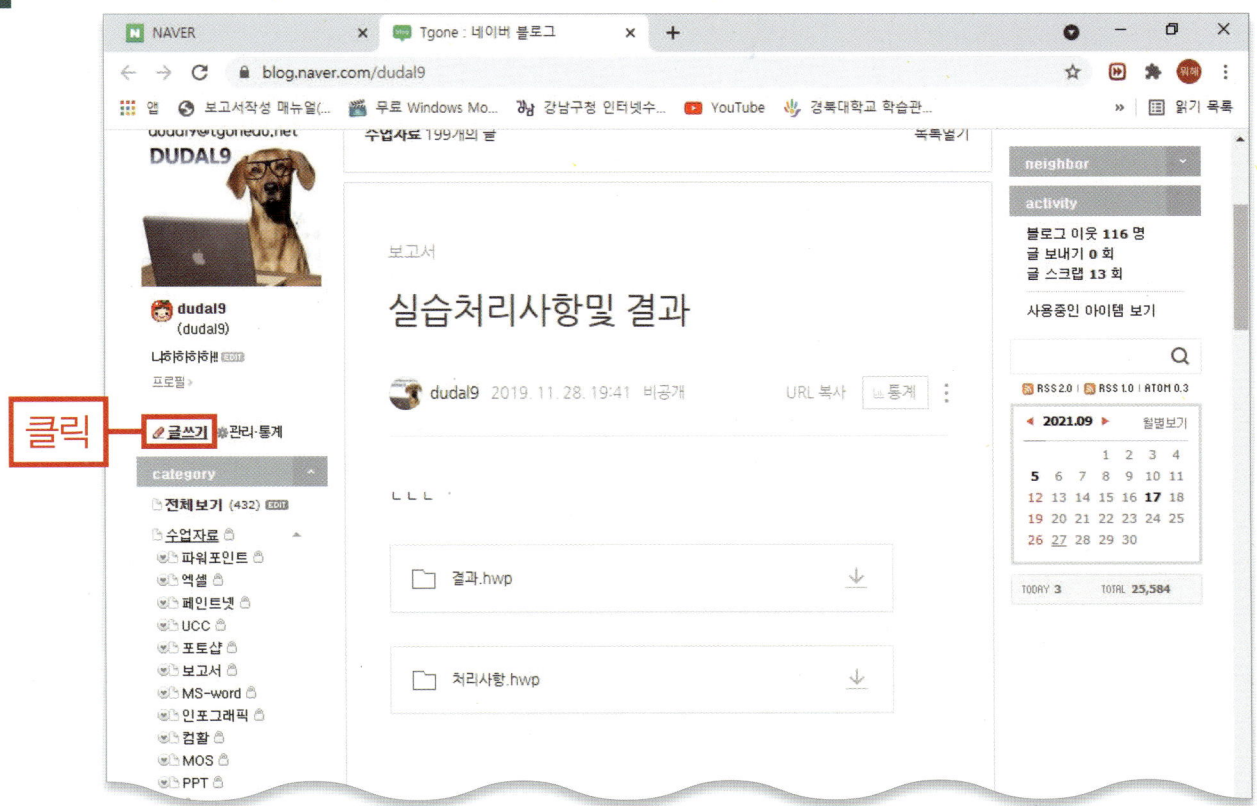

3 제목에 '여행지 정보'를 입력한 후 [파일]-[내 컴퓨터]를 차례대로 클릭합니다.

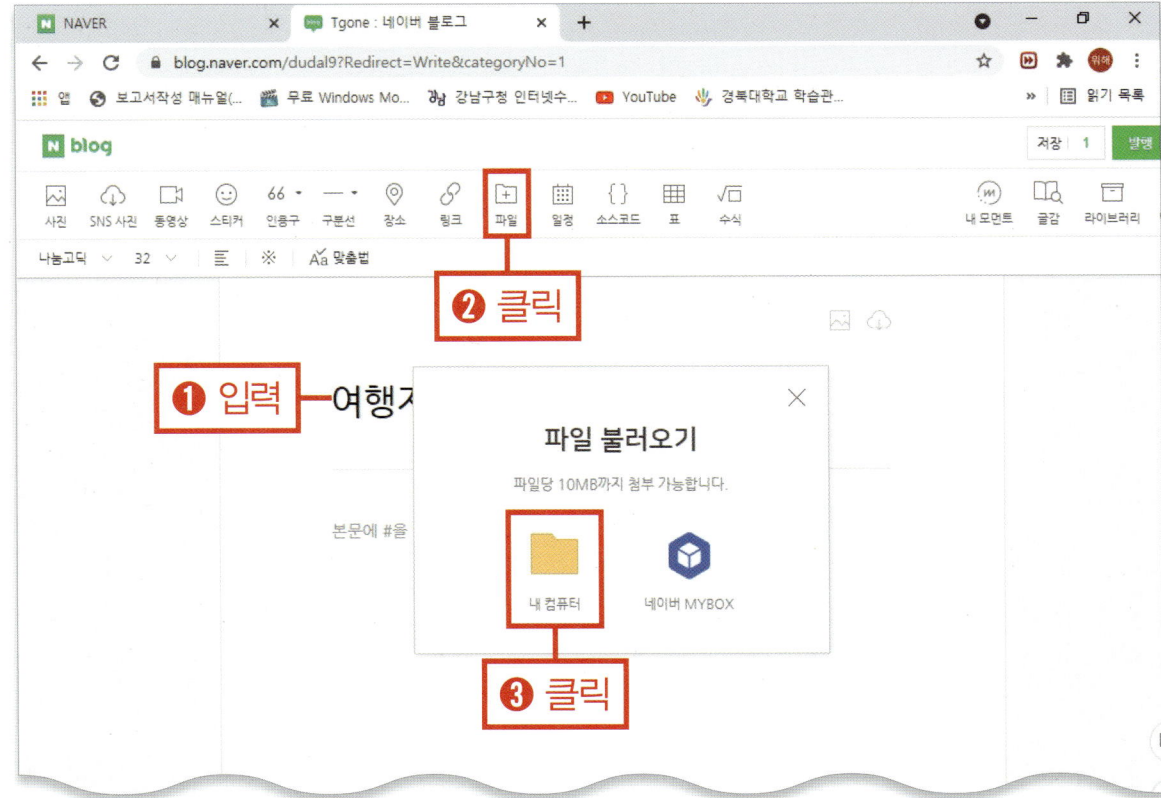

CHAPTER 14 PDF 파일로 저장한 후 블로그에 게시하기 | **107**

4 '열기' 대화 상자가 나타나면 [바탕 화면] 폴더로 이동합니다. [여행지 정보.pdf]를 선택한 후 [열기] 버튼을 클릭합니다.

5 PDF 파일이 첨부된 것을 확인한 후 내용을 입력하고 [발행] 버튼을 클릭합니다.

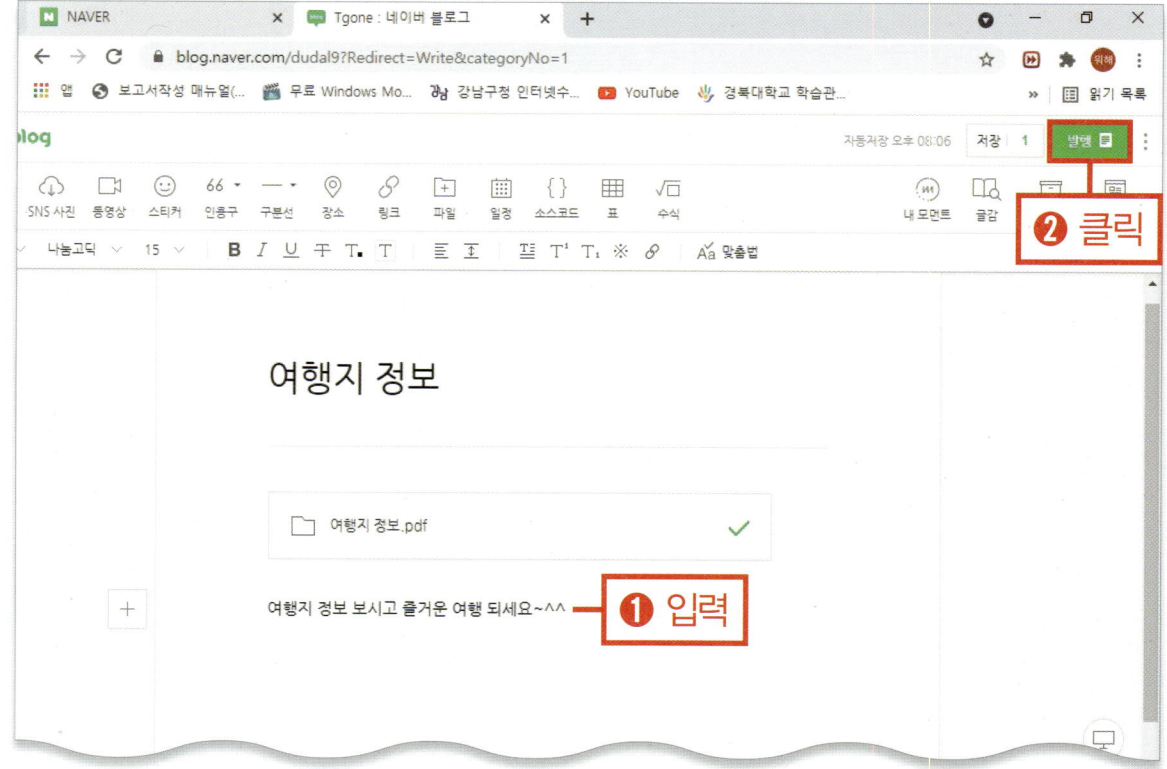

6 게시할 카테고리를 선택한 다음 [전체공개]를 클릭한 후 [발행] 버튼을 클릭합니다.

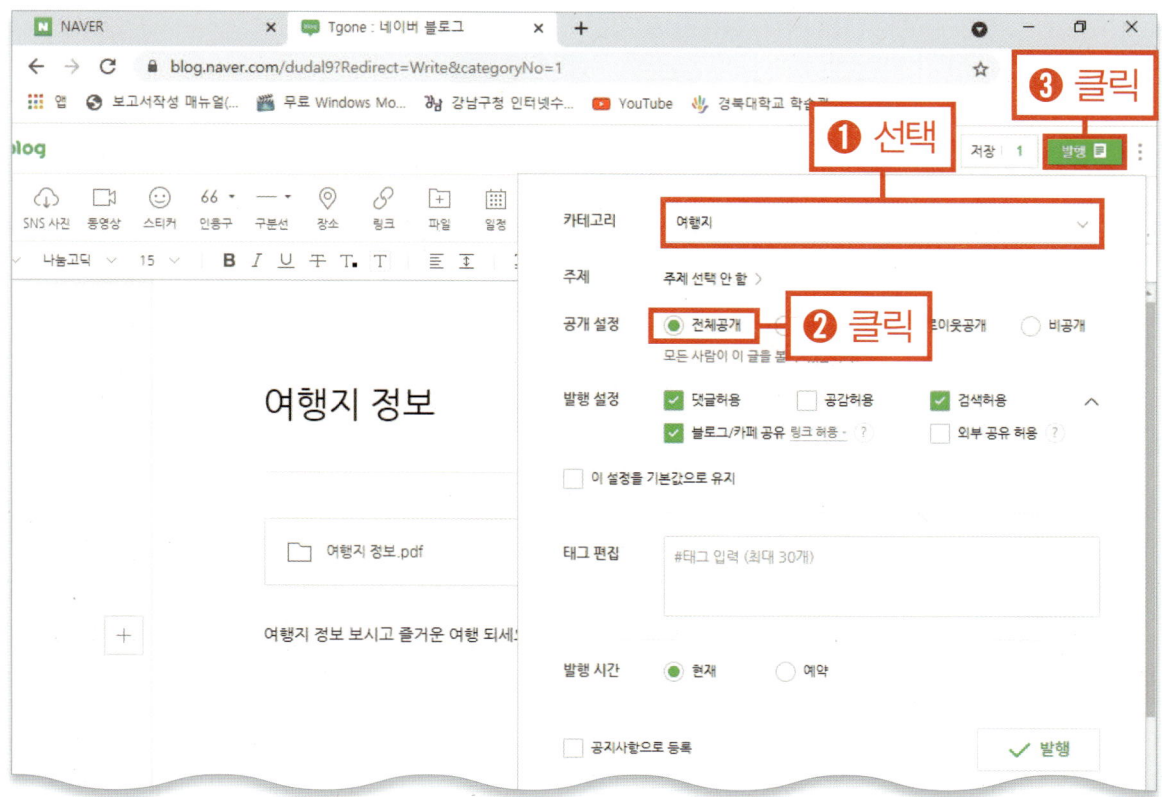

7 블로그에 게시된 것을 확인할 수 있습니다.

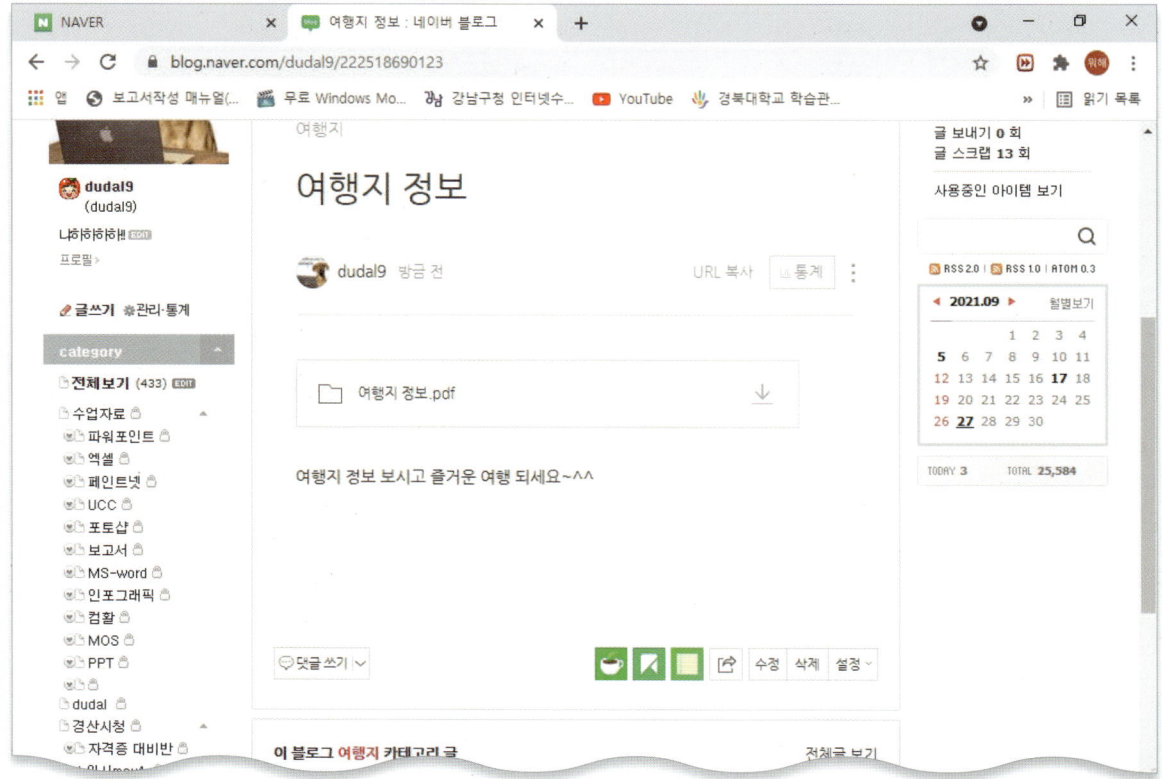

CHAPTER 15

: 예제로 배우기 :
표 삽입 및 자동 채우기로 여행 경비 비교 항목 작성하기

한글 2016(NEO)는 표를 이용하여 간단한 계산과 채우기 등 엑셀처럼 여러 데이터를 분석하는 기능이 있습니다. 15장과 16장은 여행 경비 비교 예제를 작성해 보도록 하겠습니다. 먼저 표의 입력 및 서식 그리고 자동 채우기 기능을 익혀 봅니다.

완성 화면 미리 보기

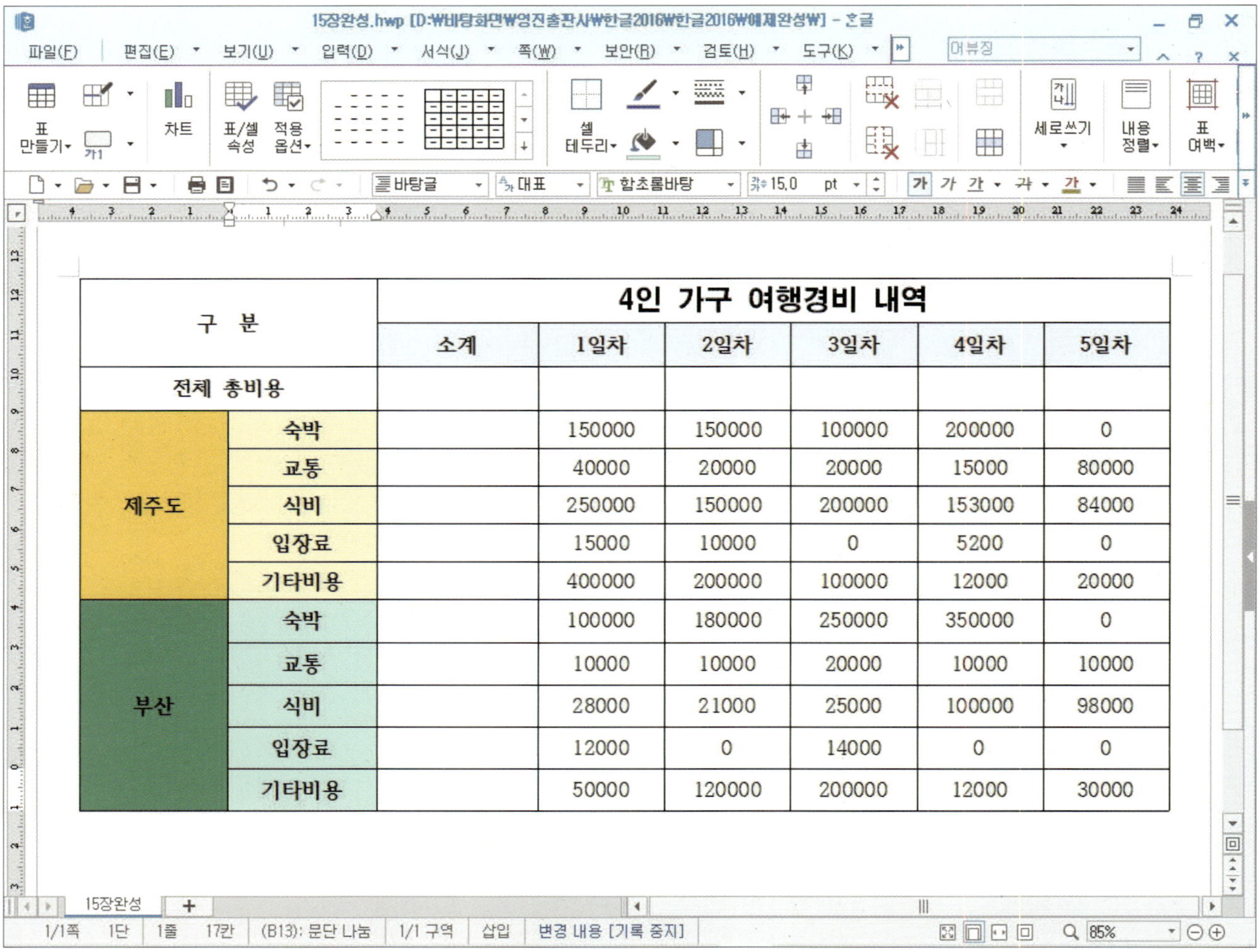

구 분		4인 가구 여행경비 내역					
		소계	1일차	2일차	3일차	4일차	5일차
전체 총비용							
제주도	숙박		150000	150000	100000	200000	0
	교통		40000	20000	20000	15000	80000
	식비		250000	150000	200000	153000	84000
	입장료		15000	10000	0	5200	0
	기타비용		400000	200000	100000	12000	20000
부산	숙박		100000	180000	250000	350000	0
	교통		10000	10000	20000	10000	10000
	식비		28000	21000	25000	100000	98000
	입장료		12000	0	14000	0	0
	기타비용		50000	120000	200000	12000	30000

여기서 배워요!

표 삽입 및 조정하기, 내용 입력 및 서식 지정하기, 자동 채우기 지정하기

> **STEP 1** 표 삽입 및 조정하기

1 빈 문서를 삽입한 후 여백을 조정하기 위해 키보드의 F7을 누릅니다. '편집 용지' 대화 상자가 나타나면 '왼쪽', '오른쪽', '머리말', '꼬리말'을 각각 [10mm], '위쪽'과 '아래쪽'을 각각 [15mm]로 선택한 다음 [설정] 버튼을 클릭합니다.

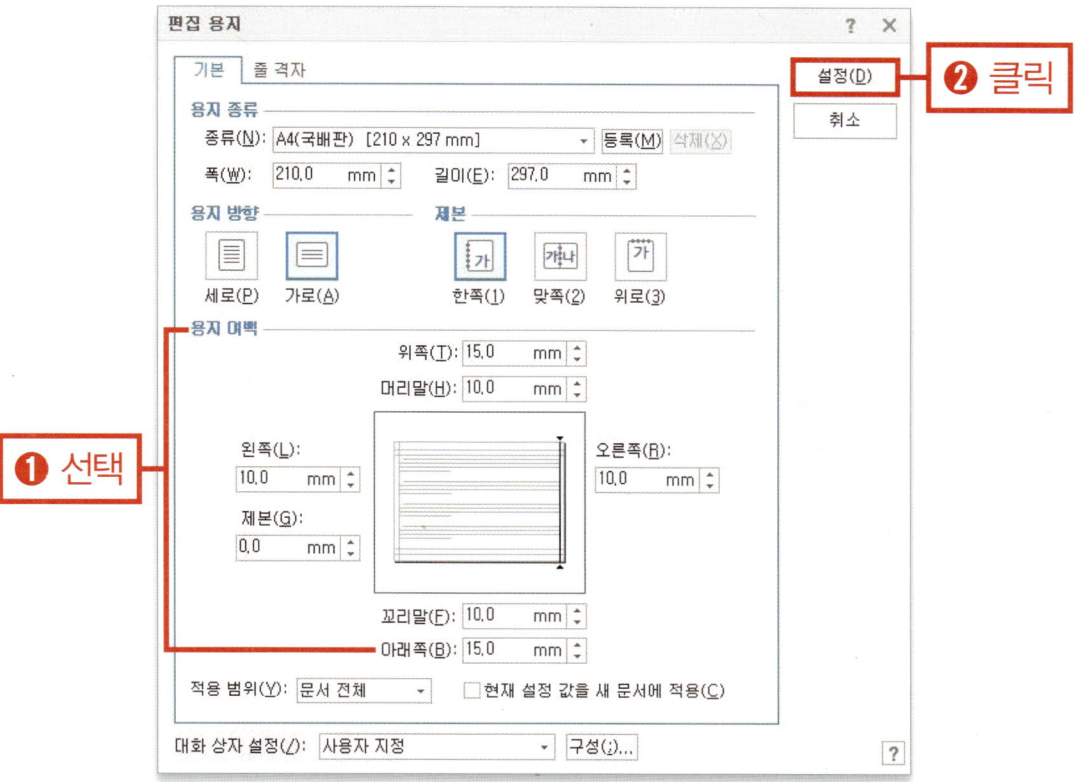

2 표를 삽입하기 위해 [입력] 탭의 [목록 단추]를 클릭한 후 [표]-[표 만들기]를 차례대로 클릭합니다.

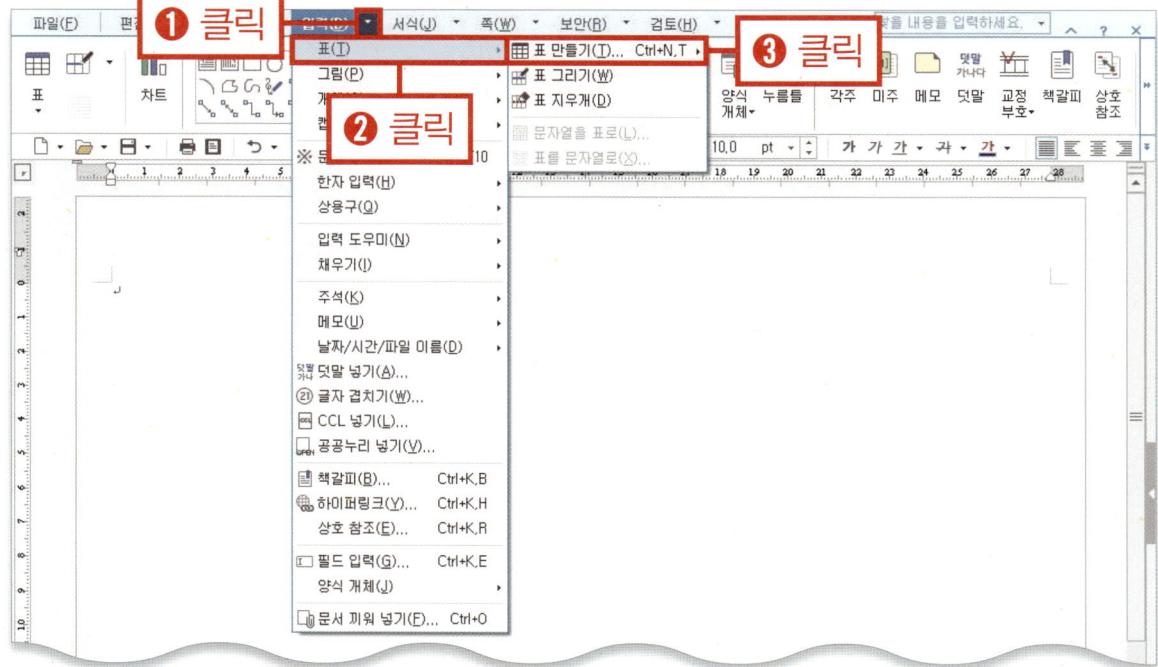

CHAPTER 15 표 삽입 및 자동 채우기로 여행 경비 비교 항목 작성하기 | **111**

3 '표 만들기' 대화 상자가 나타나면 '줄 수'는 [13], '칸 수'는 [8]로 선택한 후 [만들기] 버튼을 클릭합니다.

4 표가 삽입되면 전체를 드래그해 블록 설정한 후 Ctrl+↓를 여러 번 눌러 높이를 그림과 같이 용지 아래까지 맞춰 조절합니다.

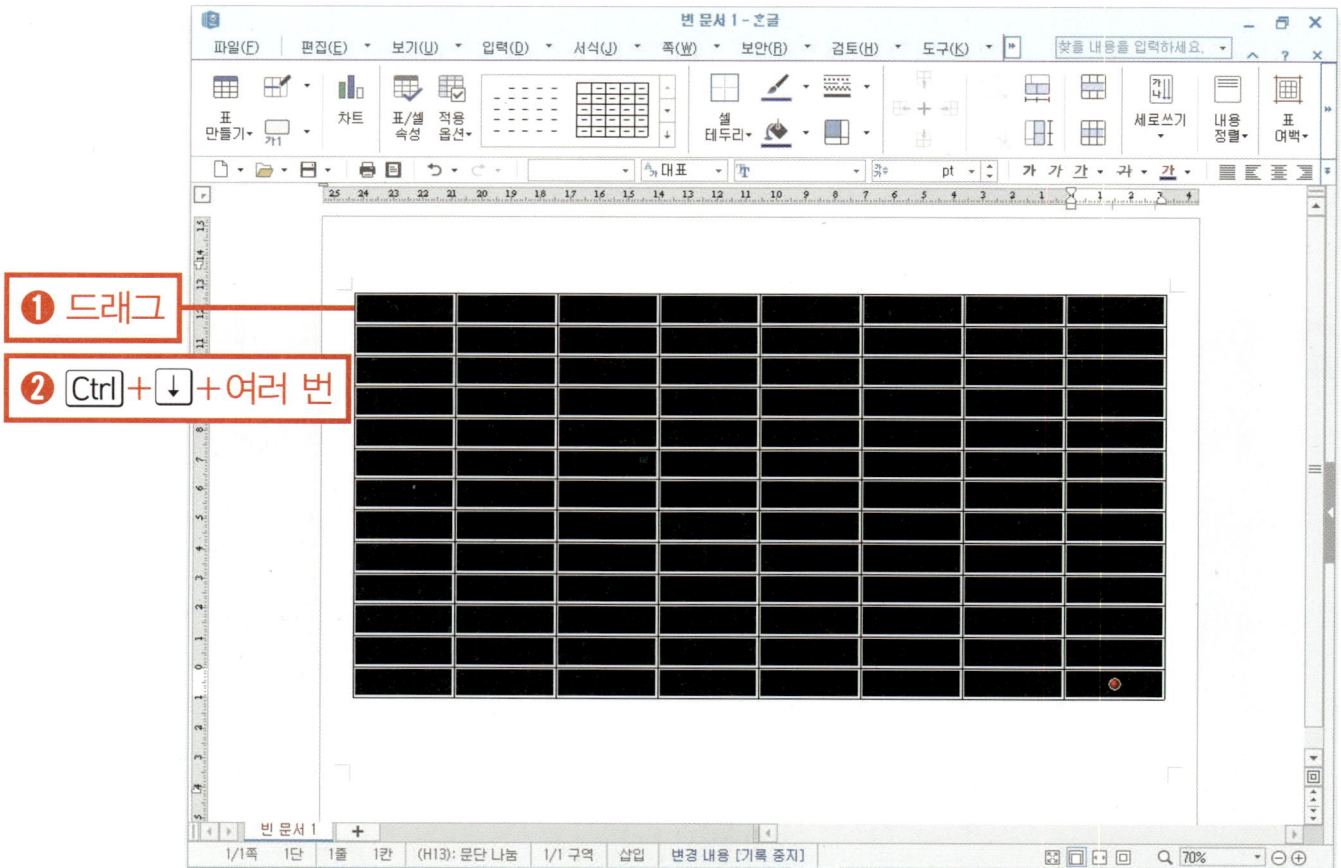

5 그림과 같이 네 개의 셀을 드래그해 블록 설정합니다. 마우스 오른쪽 버튼을 누른 다음 [셀 합치기]를 클릭합니다.

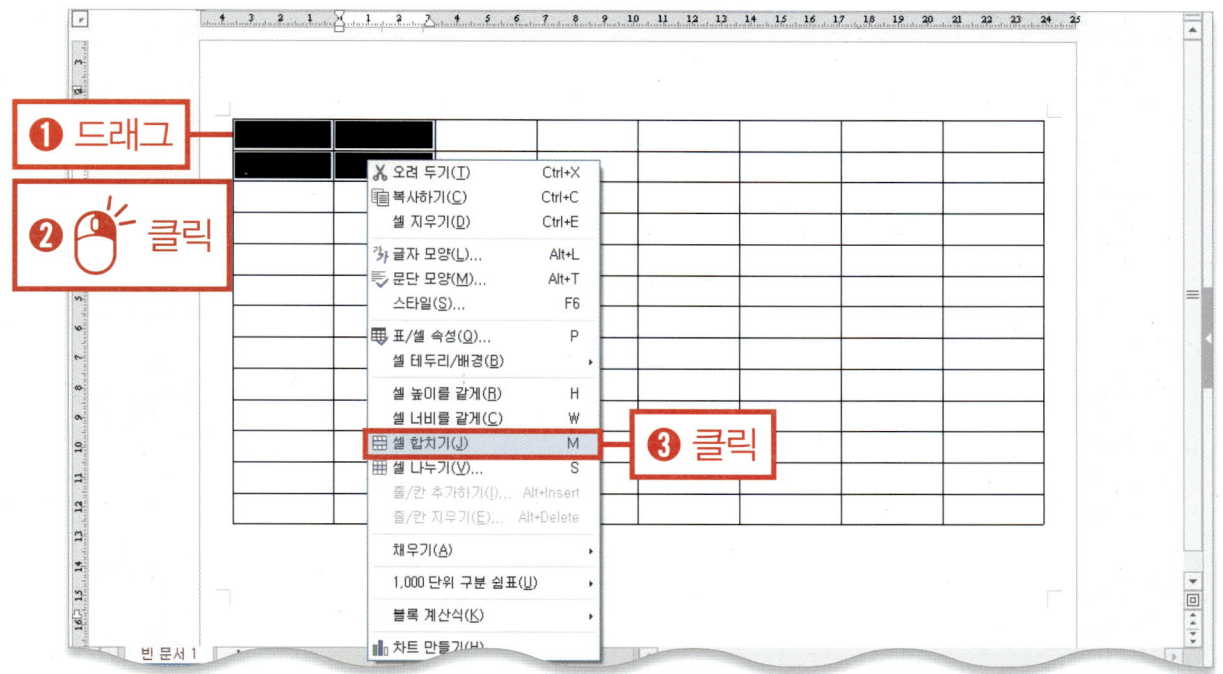

 표에서 가로 줄을 '줄'이라고 하고 세로 줄을 '칸'이라고 합니다. 그리고 한 칸을 '셀'이라고 합니다.

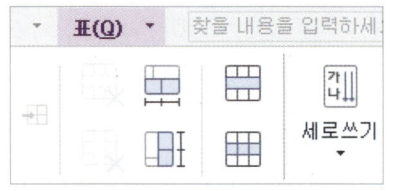

6 그림과 같이 [셀 합치기]를 이용하여 셀을 합칩니다.

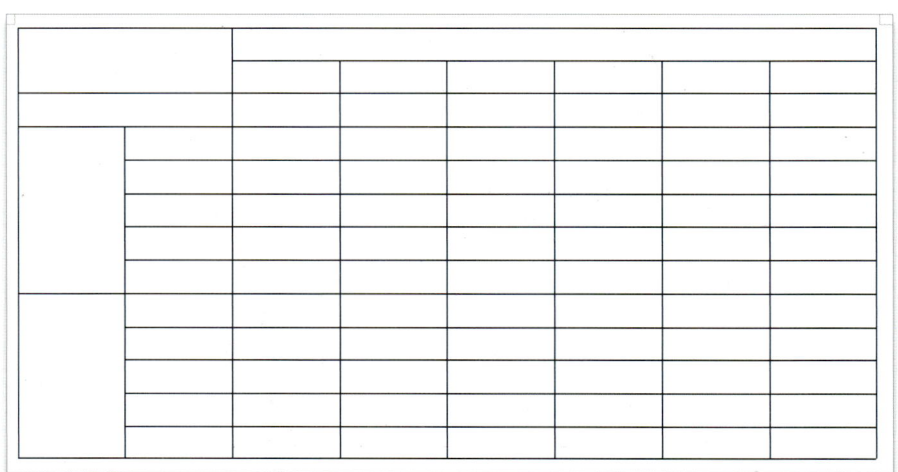

 [표] 탭-[기본 도구 상자]-[셀 합치기]를 클릭해도 됩니다.

STEP 2 내용 입력 및 서식 지정하기

1 아래 그림과 같이 내용을 입력한 후 서식을 지정합니다.
- 4인 가구 여행경비 내역 : [HY견고딕], [20pt], [가운데 정렬]
- 소제목 및 소계 전체 줄 : [함초롬바탕], [15pt], [가운데 정렬], [진하게]
- 나머지 데이터 영역 : [함초롬바탕], [15pt], [가운데 정렬]

구 분		4인 가구 여행경비 내역				
	소계					
전체 총비용						
제주도		150000	150000	100000	200000	0
		40000	20000	20000	15000	80000
		250000	150000	200000	153000	84000
		15000	10000	0	5200	0
		400000	200000	100000	12000	20000
부산		100000	180000	250000	350000	0
		10000	10000	20000	10000	10000
		28000	21000	25000	100000	98000
		12000	0	14000	0	0
		50000	120000	200000	12000	30000

2 소계 제목 전체 줄을 드래그해 선택합니다. [셀 배경색]의 [목록 단추](▼)를 클릭한 후 [하늘색 90% 밝게]를 클릭합니다.

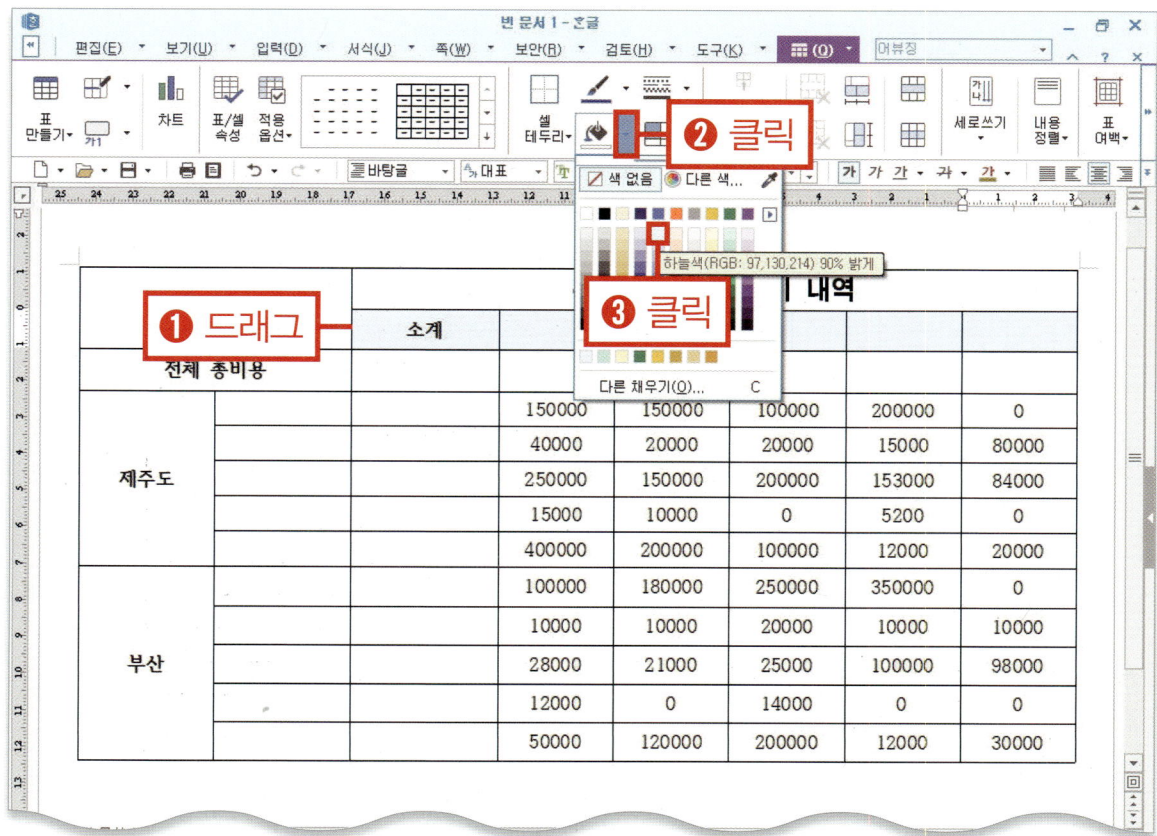

3 나머지 셀도 아래 그림과 같이 적용해 봅니다.
- 제주도 : [노랑] / • 제주도 옆 제목줄 : [노랑 80% 밝게]
- 부산 : [초록] / • 부산 옆 제목줄 : [초록 80% 밝게]

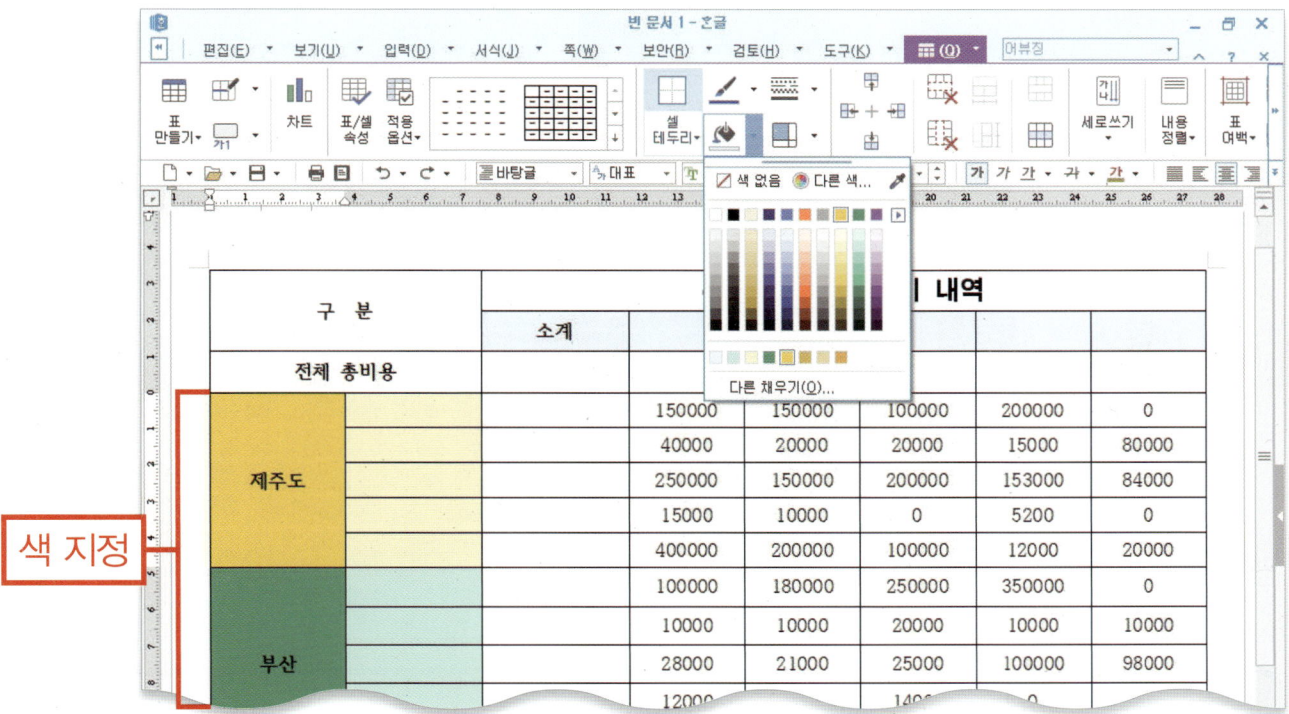

4 표의 테두리에 서식을 주기 위해 표 전체를 드래그해 블록 설정합니다. [기본 도구 상자]에서 [셀 테두리 모양/굵기]-[셀 테두리 모양]을 차례대로 클릭한 후 [얇고 굵은 이중선]을 선택합니다.

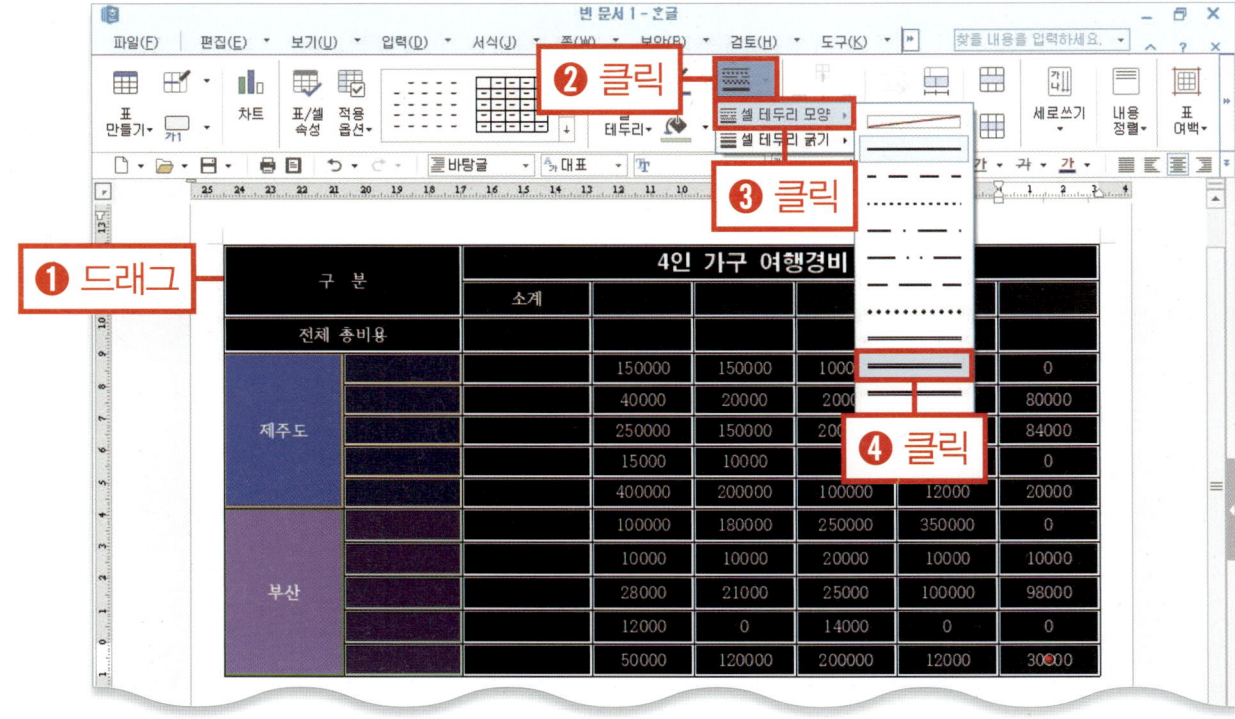

5 [셀 테두리]를 클릭한 후 [바깥쪽 모두]를 클릭합니다.

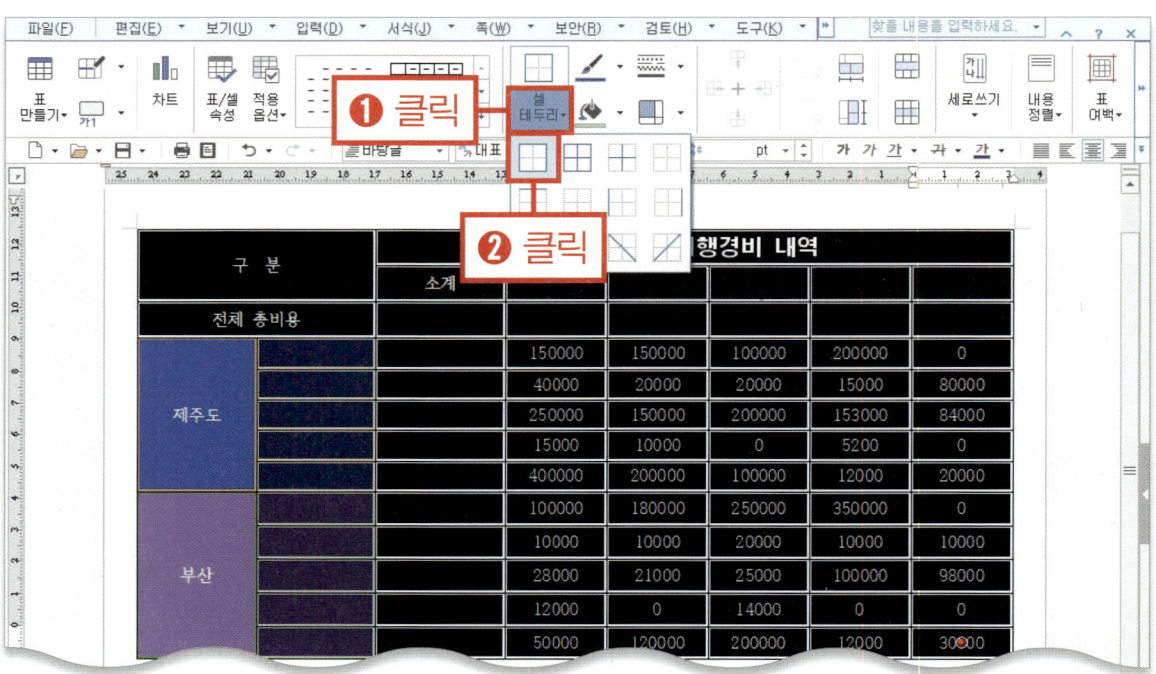

STEP 3 자동 채우기 지정하기

1 소계 옆의 두 개의 셀에 '1일차', '2일차'를 각각 입력한 후 차수를 입력할 셀을 드래그해 블록 설정합니다. [입력] 탭의 [목록 단추]를 클릭한 후 [채우기]-[표 자동 채우기]를 차례대로 클릭합니다.

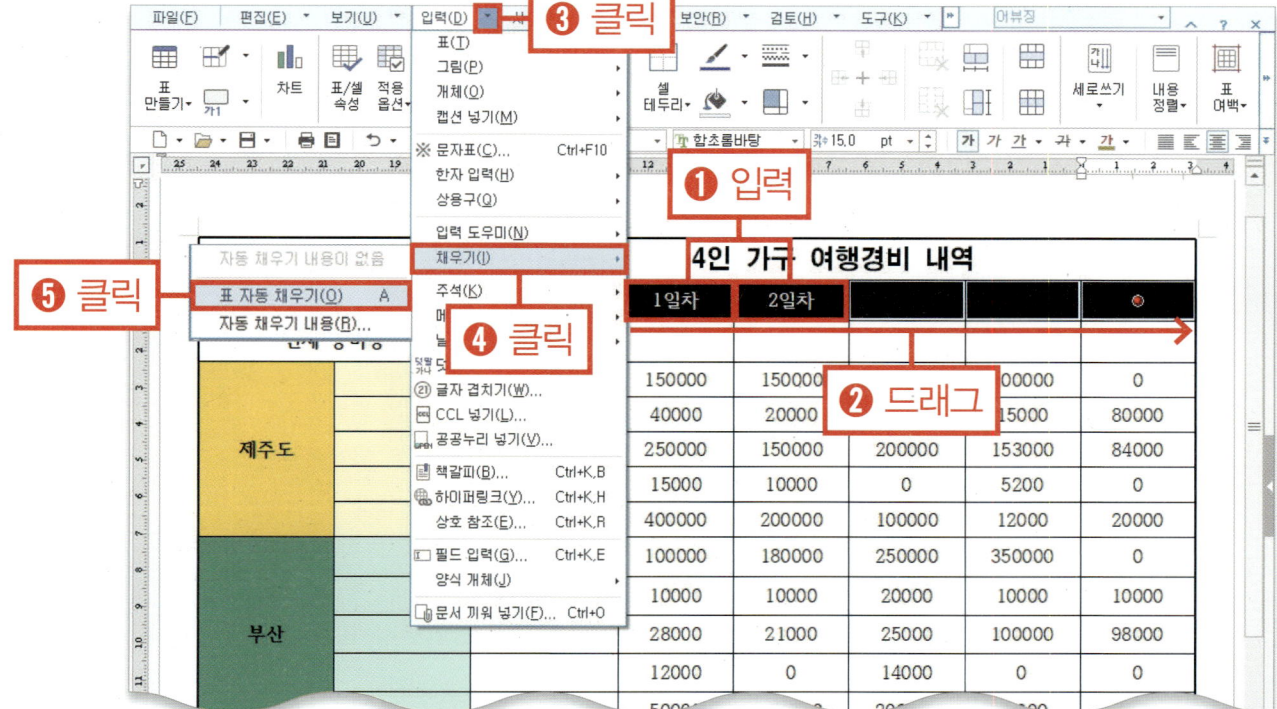

2 차수가 자동 입력된 것을 확인할 수 있습니다. 사용자가 원하는 내용으로 자동 채우기를 하려면 자동 채우기에 등록하여 사용해야 합니다. 그림과 같이 제주도 옆의 셀에 마우스 커서를 위치시킨 다음 [입력] 탭의 [목록 단추]를 클릭한 후 [채우기]-[자동 채우기 내용]을 차례대로 클릭합니다.

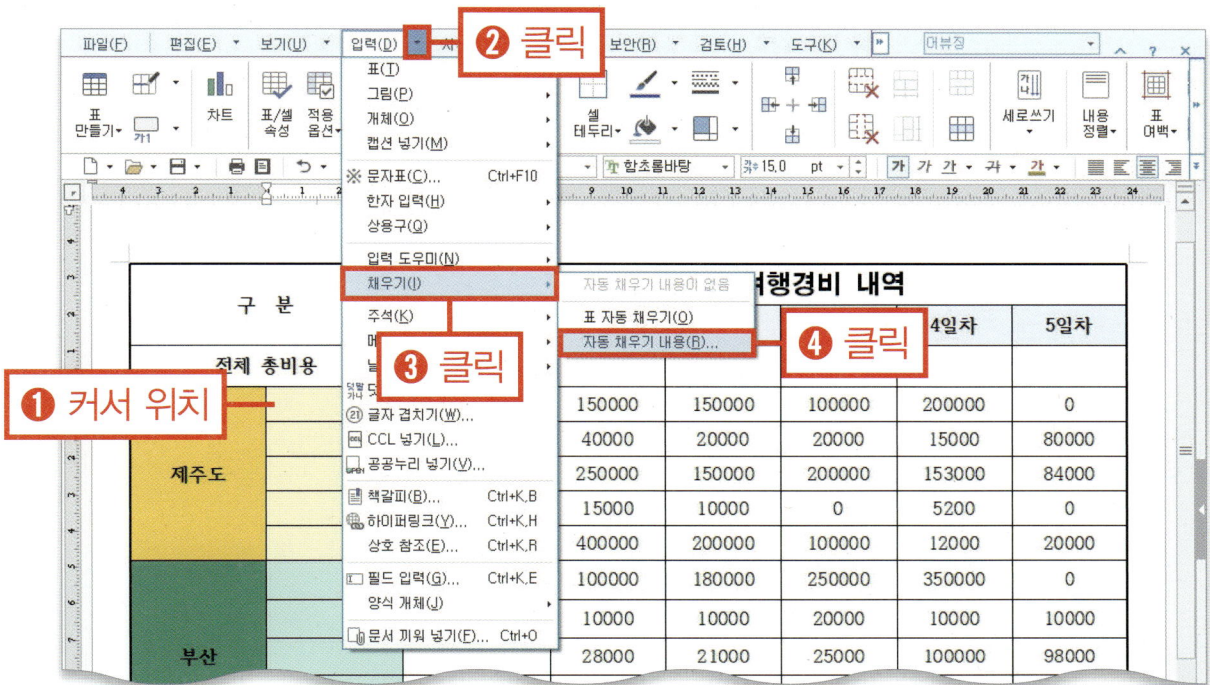

 숫자의 증가값 혹은 여러 기본 증가 형태의 값들은 엑셀의 사용자 지정 내용처럼 자동 채우기 내용 안에 삽입되어 있습니다. 이 내용을 삽입하려면 해당 항목의 첫 번째 내용을 입력한 후 [표 자동 채우기]를 지정하면 됩니다. 혹, 내용은 항목에 없지만 숫자만 증가값이 있을 경우는 1번 항목처럼 단계 값을 미리 입력한 후 블록 설정하고 [표 자동 채우기]를 지정하면 항목에 없어도 채우기를 할 수 있습니다.

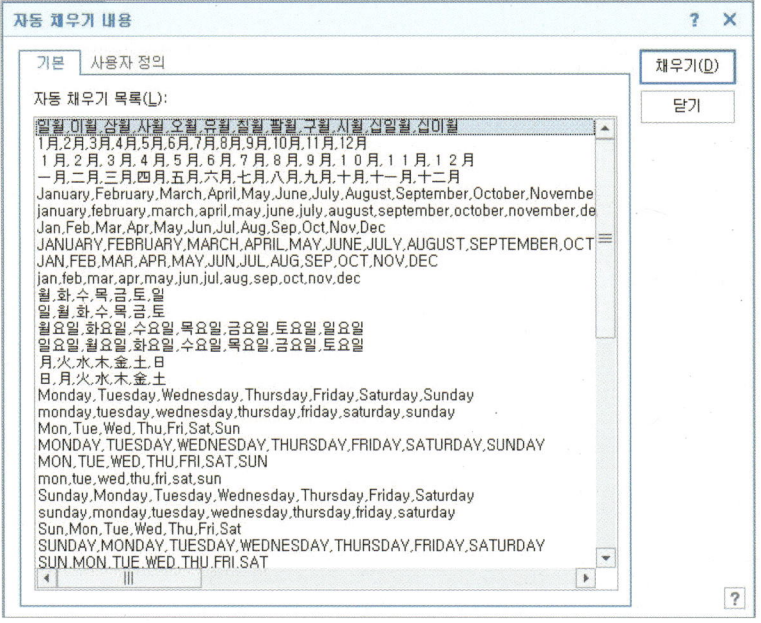

CHAPTER 15 표 삽입 및 자동 채우기로 여행 경비 비교 항목 작성하기 | **117**

3 '자동 채우기 내용' 대화 상자가 나타나면 [사용자 정의] 탭을 클릭한 다음 제목과 내용을 그림과 같이 입력하고 [추가](+)를 클릭합니다. 항목이 추가된 것을 확인한 후 [채우기] 버튼을 클릭합니다.

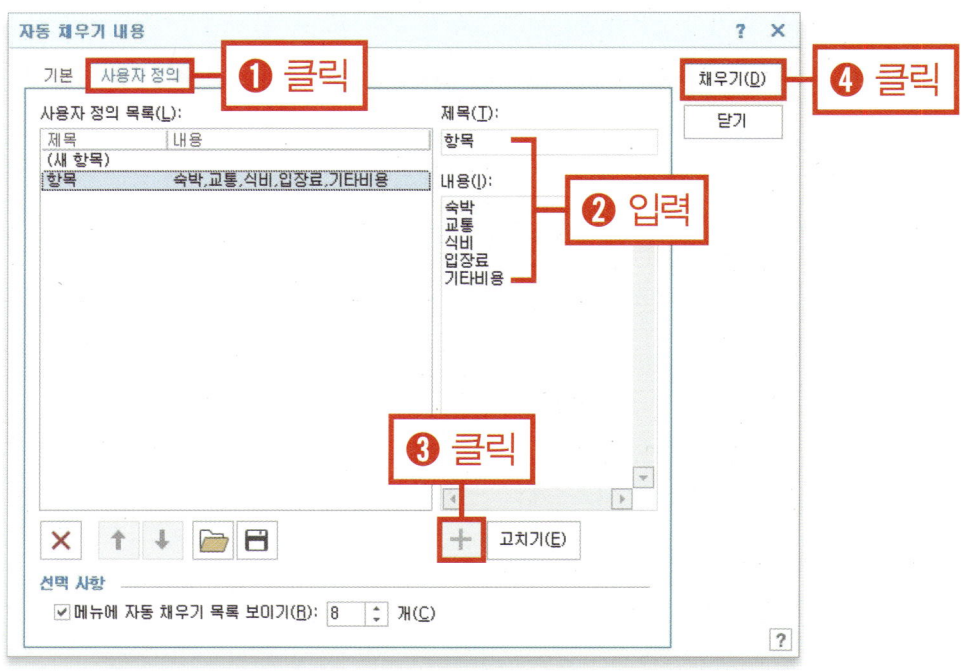

4 그림과 같이 부산 옆 셀에 마우스 커서를 위치시킨 다음 [입력] 탭의 [채우기]-[자동 채우기 내용]을 차례대로 클릭하여 적용해 봅니다.

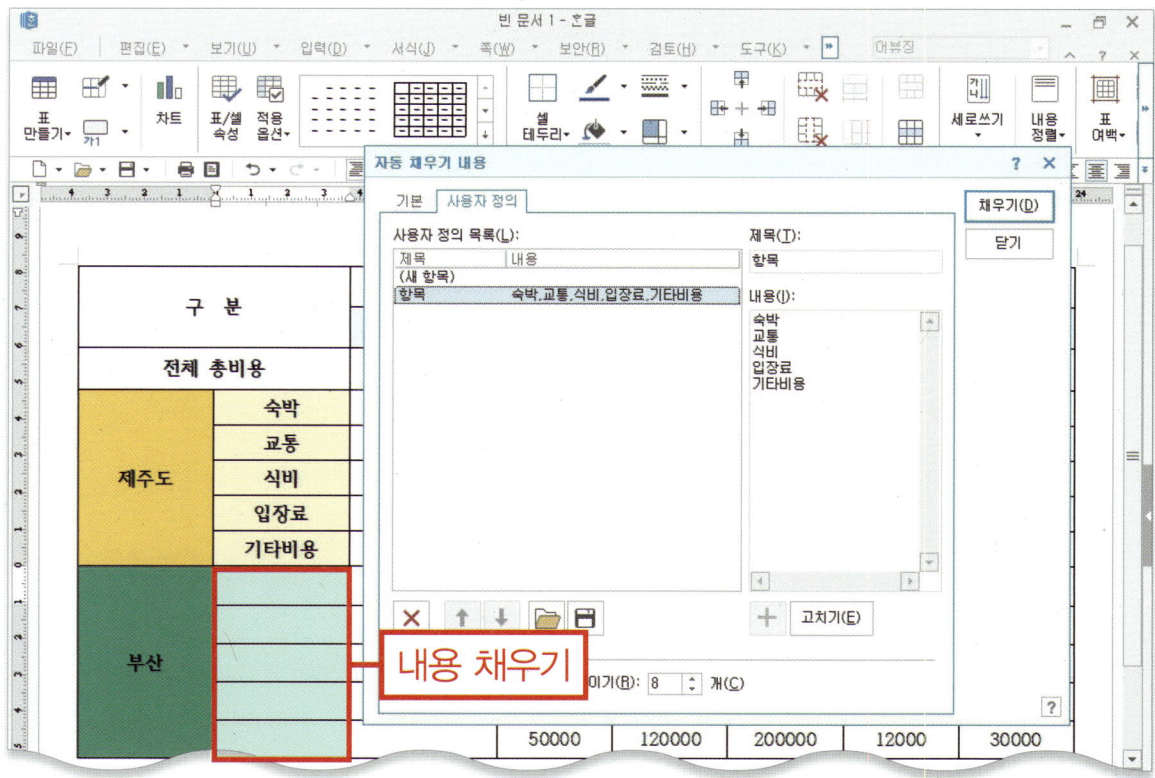

CHAPTER 16

: 예제로 배우기 :
표 계산 및 캡션 삽입하기

한글 2016(NEO)의 표는 간단한 계산을 하는 기능이 있습니다. 이번 장에서는 쉬운 계산식을 다루는 방법과 표와 함께 움직이는 제목 틀 즉, 캡션을 입력하는 방법을 알아봅니다.

완성 화면 미리 보기

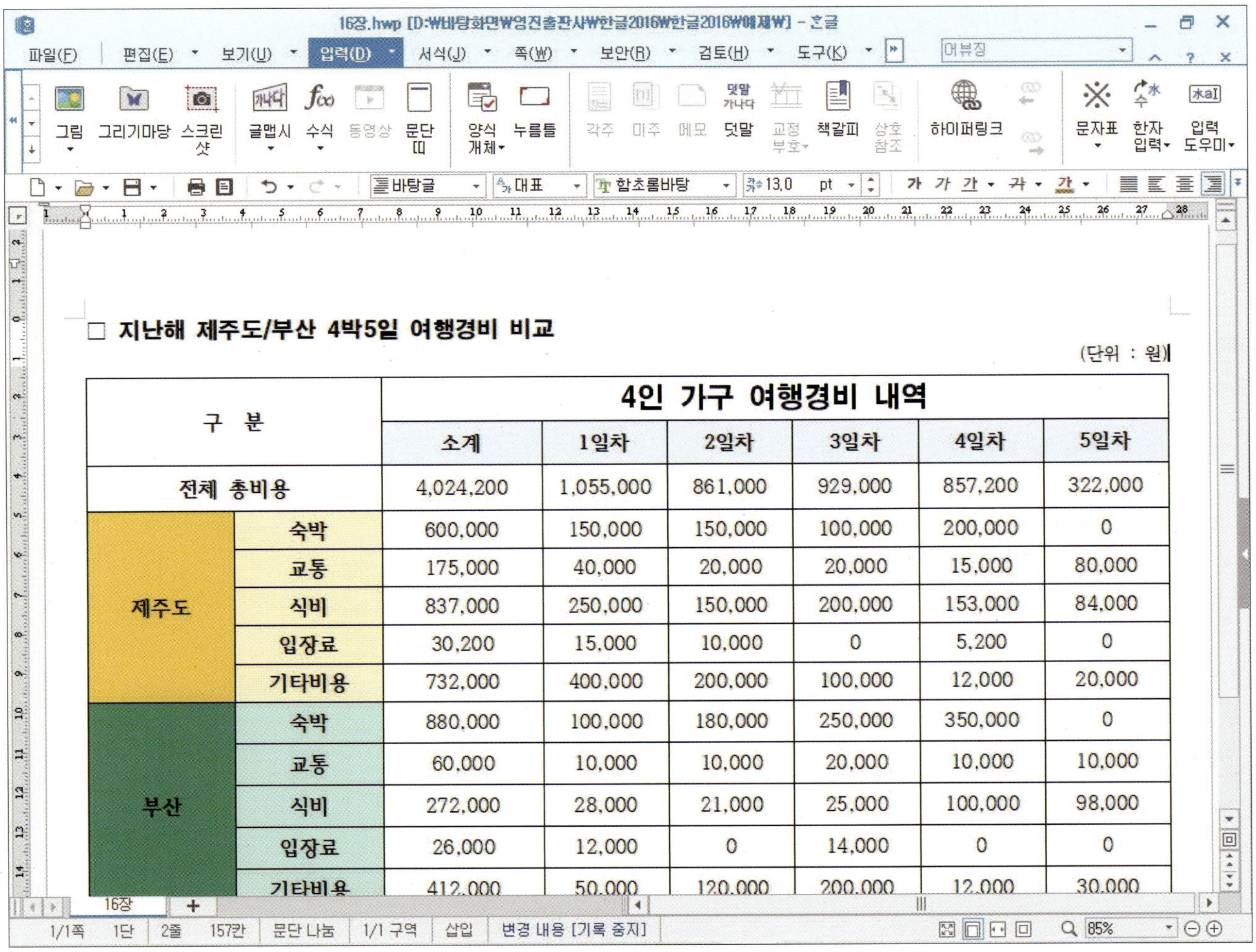

지난해 제주도/부산 4박5일 여행경비 비교

(단위 : 원)

구 분		4인 가구 여행경비 내역					
		소계	1일차	2일차	3일차	4일차	5일차
전체 총비용		4,024,200	1,055,000	861,000	929,000	857,200	322,000
제주도	숙박	600,000	150,000	150,000	100,000	200,000	0
	교통	175,000	40,000	20,000	20,000	15,000	80,000
	식비	837,000	250,000	150,000	200,000	153,000	84,000
	입장료	30,200	15,000	10,000	0	5,200	0
	기타비용	732,000	400,000	200,000	100,000	12,000	20,000
부산	숙박	880,000	100,000	180,000	250,000	350,000	0
	교통	60,000	10,000	10,000	20,000	10,000	10,000
	식비	272,000	28,000	21,000	25,000	100,000	98,000
	입장료	26,000	12,000	0	14,000	0	0
	기타비용	412,000	50,000	120,000	200,000	12,000	30,000

여기서 배워요!

쉬운 계산식을 이용한 표 계산하기, 캡션 삽입하기

STEP 1 쉬운 계산식을 이용한 표 계산하기

1 [예제] 폴더에서 [16장.hwp] 파일을 불러옵니다. '1일차 전체 총비용' 셀에 마우스 커서를 위치시키고 [표] 탭의 [목록 단추]를 클릭한 후 [쉬운 계산식]-[세로 합계]를 차례대로 클릭합니다.

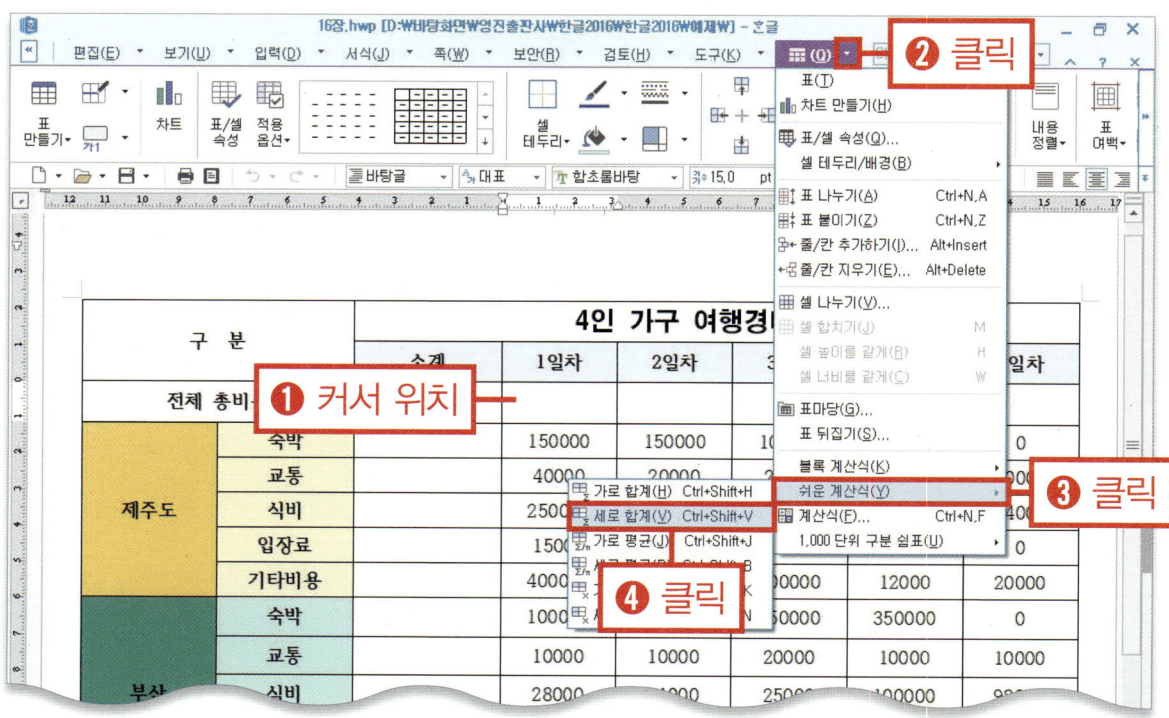

2 숫자 '1'로 계산된 것을 확인한 후 '1' 옆에 마우스 커서를 두고 마우스 오른쪽 버튼을 누른 다음 [계산식 고치기]를 클릭합니다.

조금 더 배우기 | 세로 합계에서 '1'이 나온 이유

총합계는 기본적으로 위에 적혀 있는 것이 인식되기 때문에 1일차 아래의 내용이 계산된 것이 아니라 위의 내용이 계산되어 숫자 '1일차'의 '1'을 숫자로 인식해서 결과가 '1'로 나옵니다. 반대로 가로 합계 또한 오른쪽에 계산되어 나오므로 왼쪽 데이터가 계산됩니다. 따라서 방향을 바꾸어 계산을 하려면 [계산 고치기]를 이용해야 합니다.

3 ····· '계산식' 대화 상자가 나타나면 '계산식'에 'ABOVE'를 지우고 괄호 안에 마우스 커서를 위치시킵니다. '쉬운 범위'에서 [현재 셀의 아래쪽 모두 (BELOW)]를 선택한 후 [확인] 버튼을 클릭합니다.

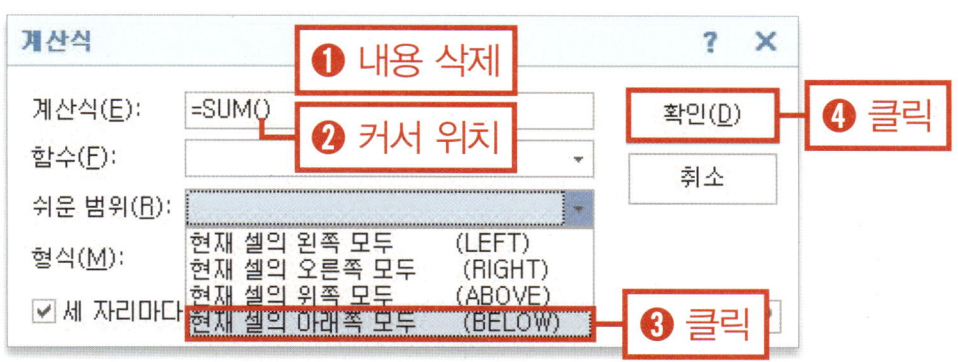

4 ····· 계산이 바르게 입력되면 나머지 차수에 '채우기'로 자동 계산하기 위해 [1일차~5일차]까지 계산 영역을 드래그해 블록 설정합니다. [입력] 탭의 [목록 단추]-[채우기]-[표 자동 채우기]를 차례대로 클릭합니다.

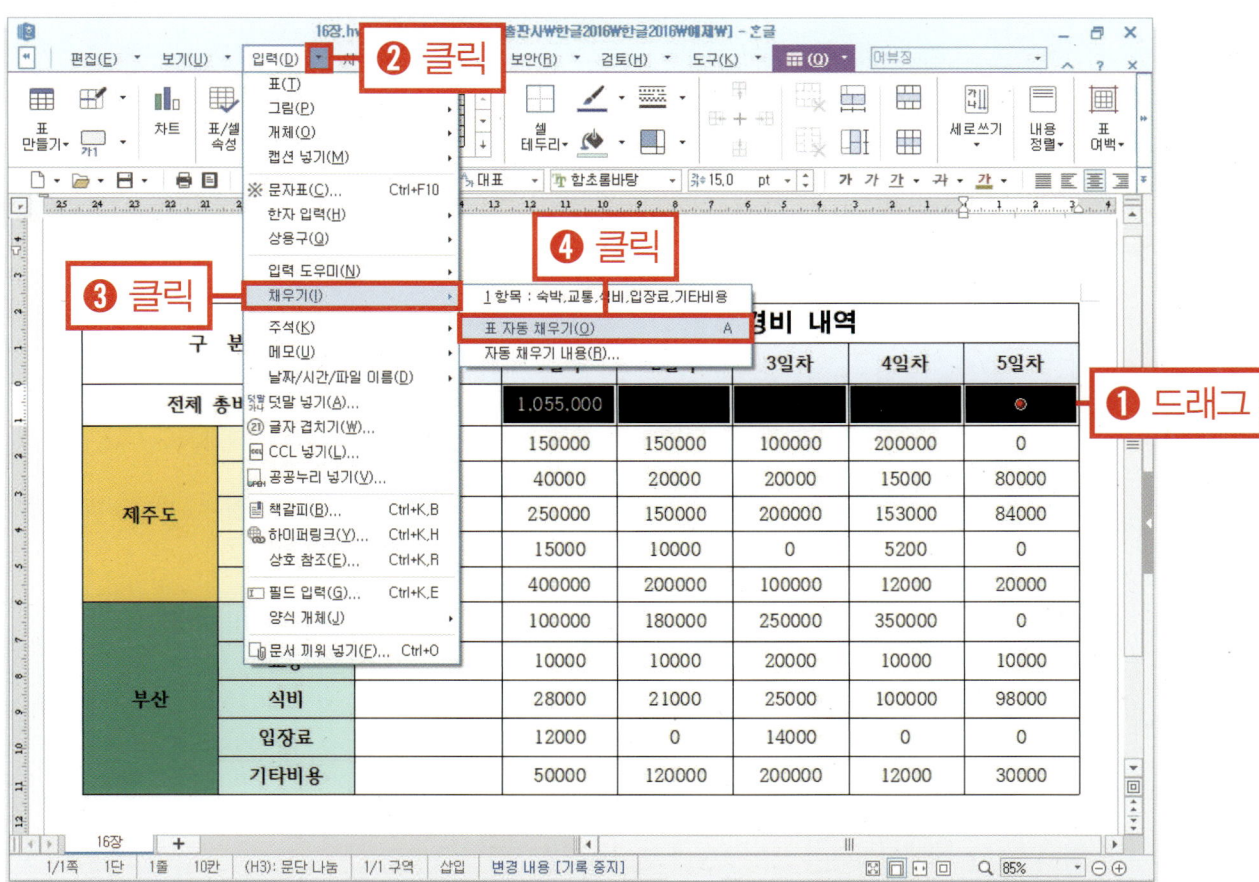

CHAPTER 16 표 계산 및 캡션 삽입하기 | **121**

5 이번에는 전체 총비용/소계 셀에 마우스 커서를 두고 [표] 탭의 [목록 단추]를 클릭한 후 [쉬운 계산식]-[가로 합계]를 차례대로 클릭합니다.

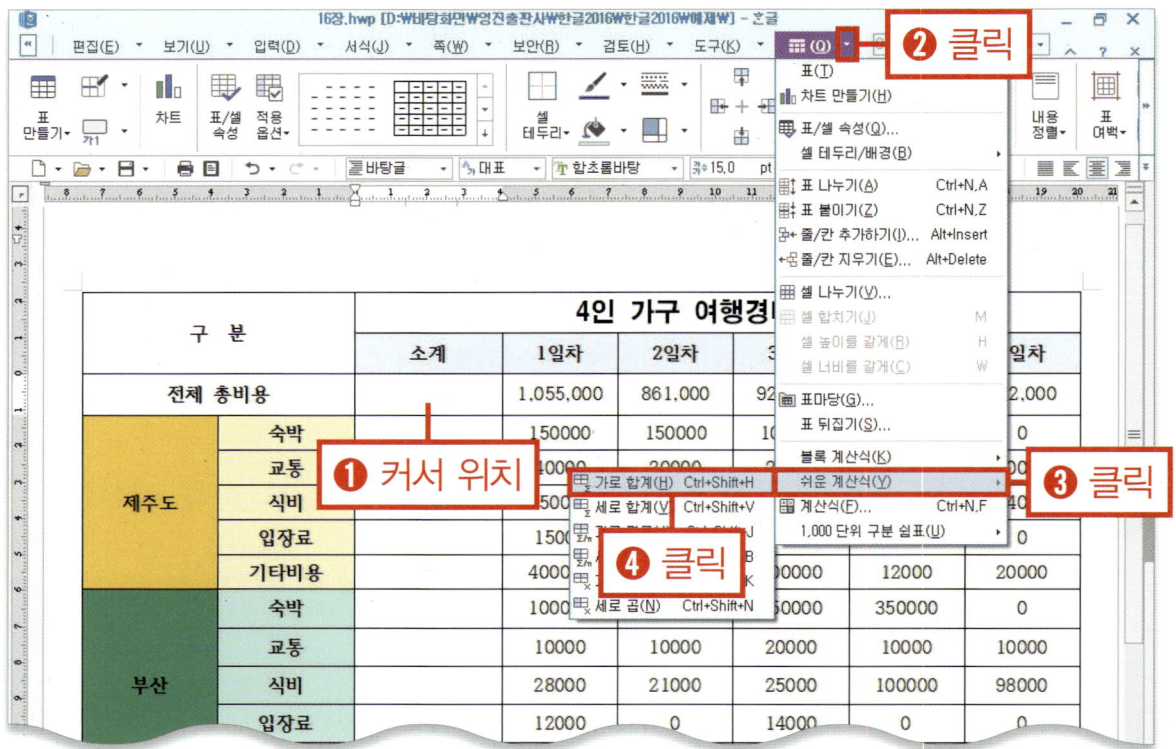

6 '0'이 입력되면 그 상태로 마우스 오른쪽 버튼을 눌러 [계산식 고치기]를 클릭합니다.

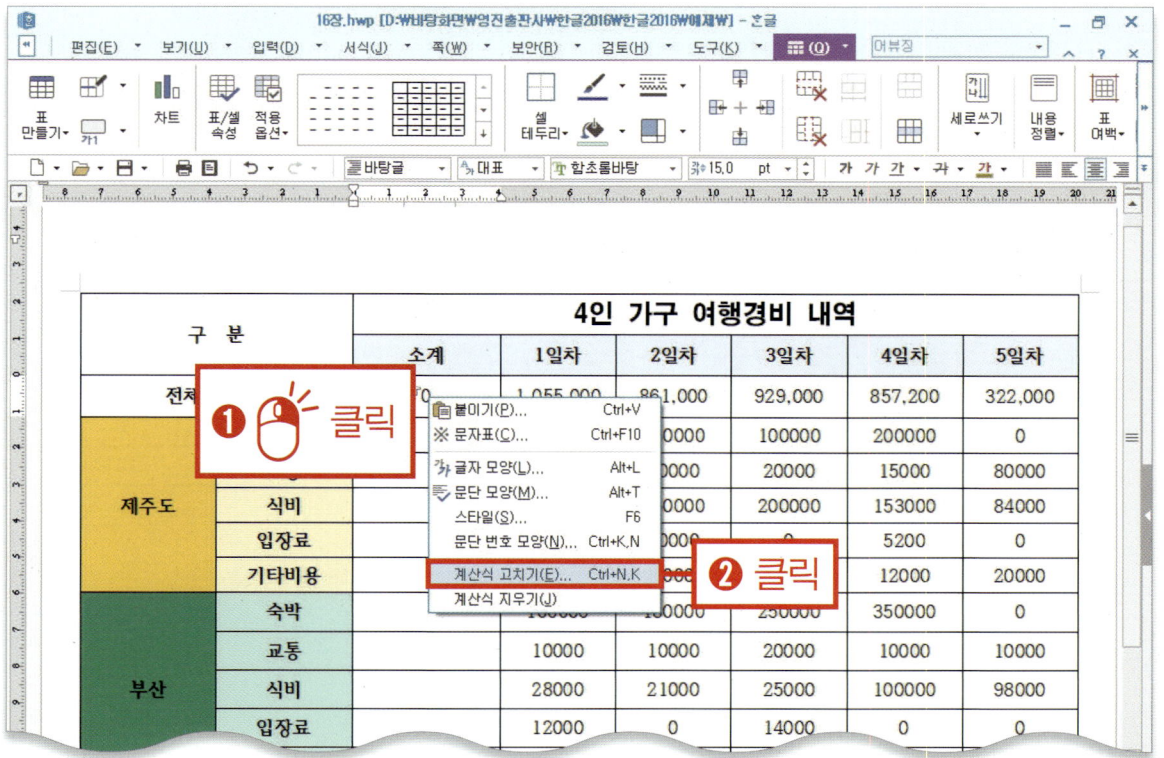

7 '계산식' 대화 상자가 나타나면 '계산식'에 'LIFT'를 지우고 괄호 안에 마우스 커서를 위치시킵니다. '쉬운 범위'를 [현재 셀의 오른쪽 모두 (RIGHT)]로 선택한 다음 [확인] 버튼을 클릭합니다.

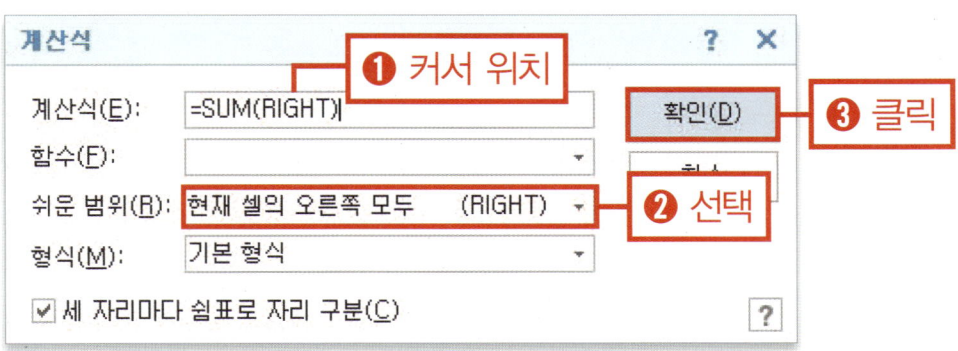

8 입력 결과가 나오면 제주도와 부산의 전체 '소계' 셀을 드래그해 블록 설정합니다. [입력] 탭의 [목록 단추]-[채우기]-[표 자동 채우기]를 차례대로 클릭합니다.

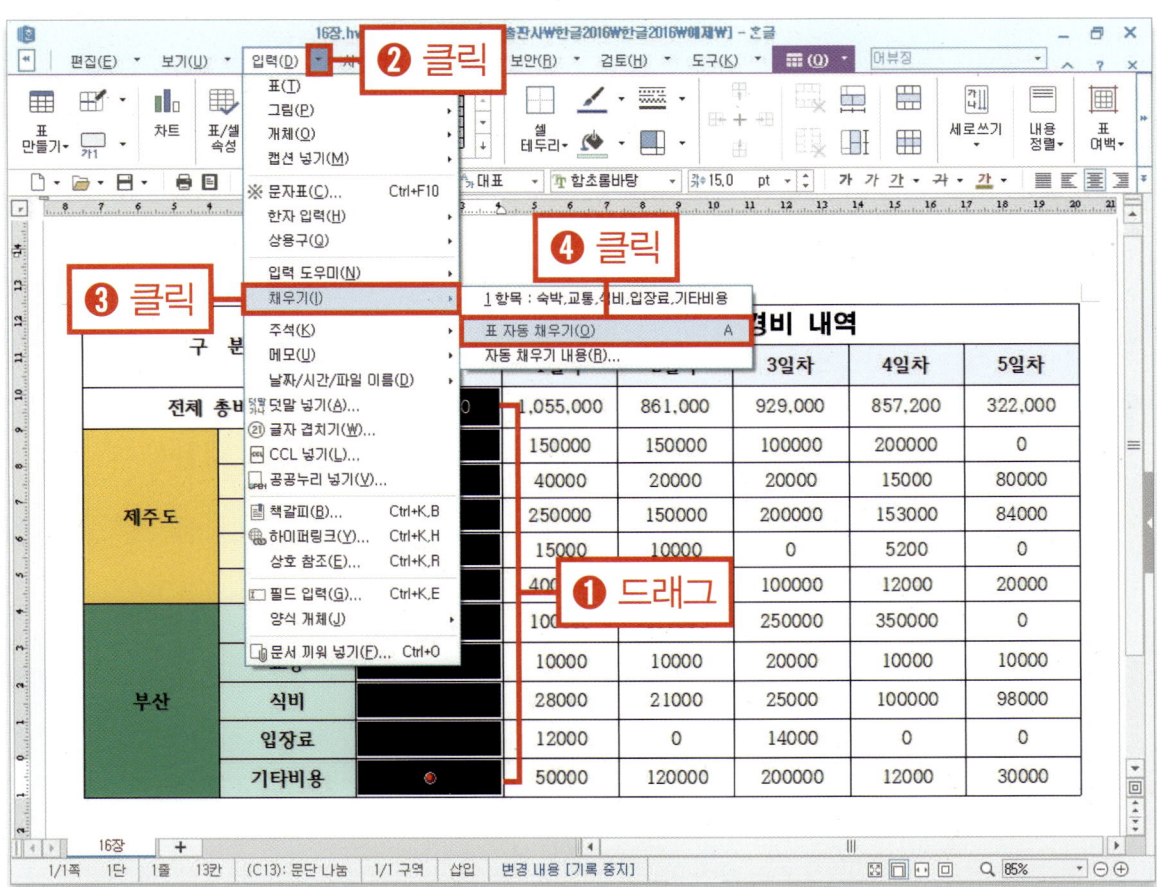

CHAPTER 16 표 계산 및 캡션 삽입하기 | **123**

9 나머지 데이터에 세 자리마다 콤마를 찍기 위해 데이터를 드래그해 블록 설정한 후 [표] 탭의 [목록 단추]-[1,000 단위 구분 쉼표]-[자릿점 넣기]를 차례대로 클릭합니다.

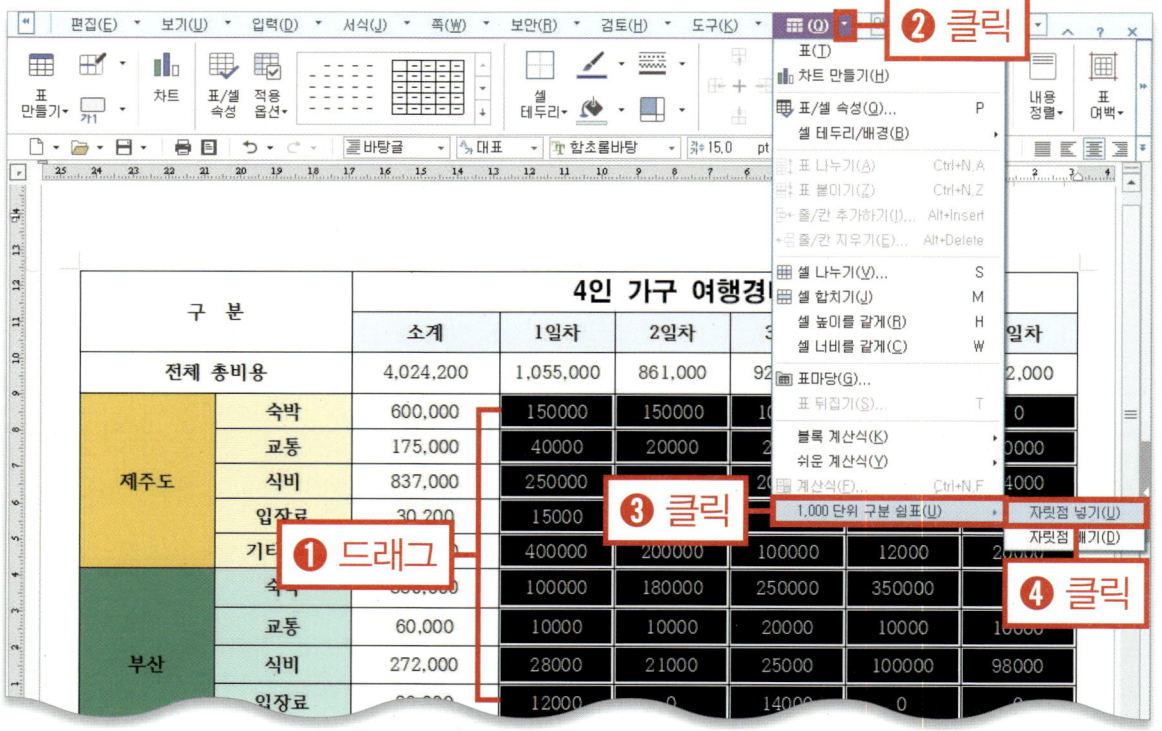

STEP 2 캡션 만들기

1 캡션을 입력하기 위해 표 안 임의 셀에 마우스 커서를 위치시킵니다. [입력] 탭의 [목록 단추]-[캡션 넣기]-[위]를 차례대로 클릭합니다.

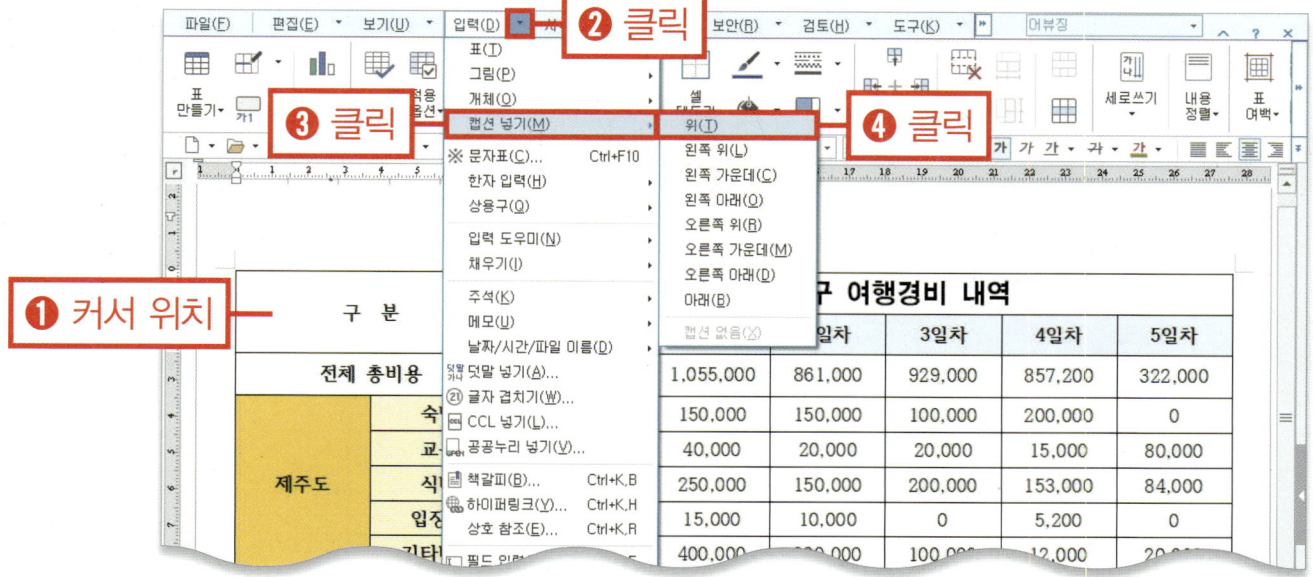

2 '표1' 글자를 Back Space 를 눌러 삭제합니다. '지우기' 대화 상자가 나타나면 [지움] 버튼을 클릭합니다.

3 그림과 같이 입력한 후 서식을 지정합니다.
- 지난해 제주도/부산 4박5일 여행경비 비교 : [□], [HY견고딕], [16pt], [양쪽 정렬]
- (단위:원) : [함초롬바탕], [13pt], [오른쪽 정렬]

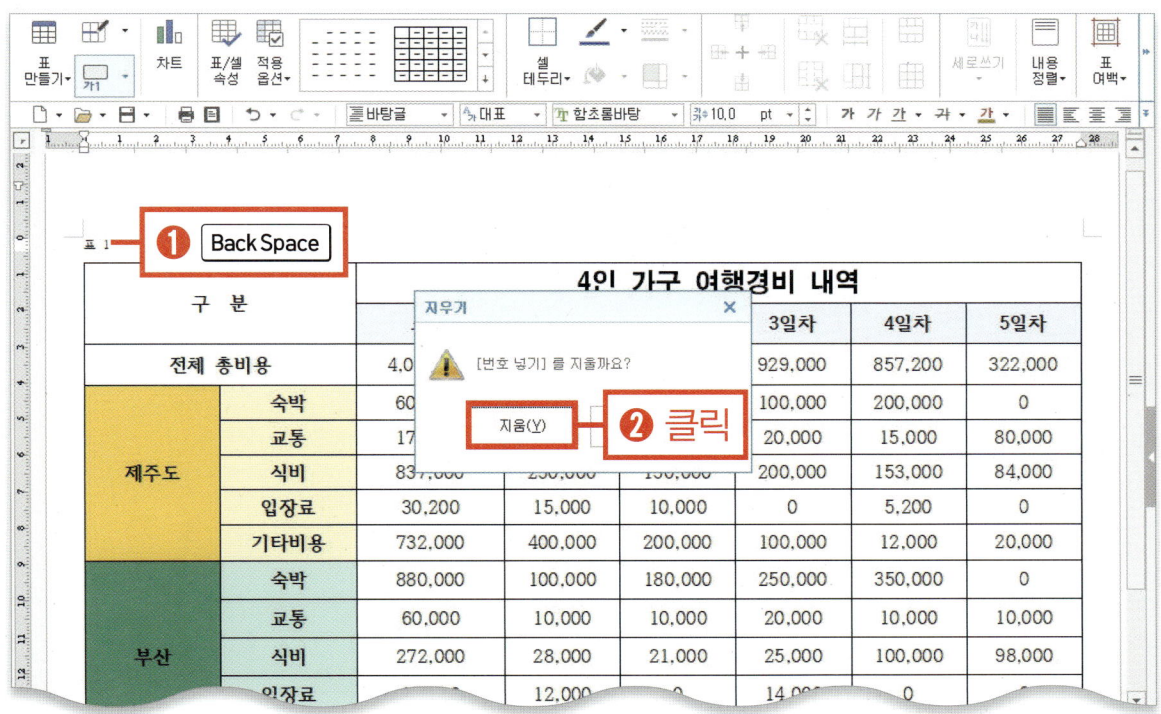

CHAPTER 17

: 예제로 배우기 :

도형과 개체를 이용하여 약도 만들기

POINT

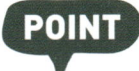

17장과 18장에서는 찾아오는 약도를 만들어 보겠습니다.
여기서는 도형을 이용하여 도로를 만들어 봅니다.

완성 화면

미리 보기

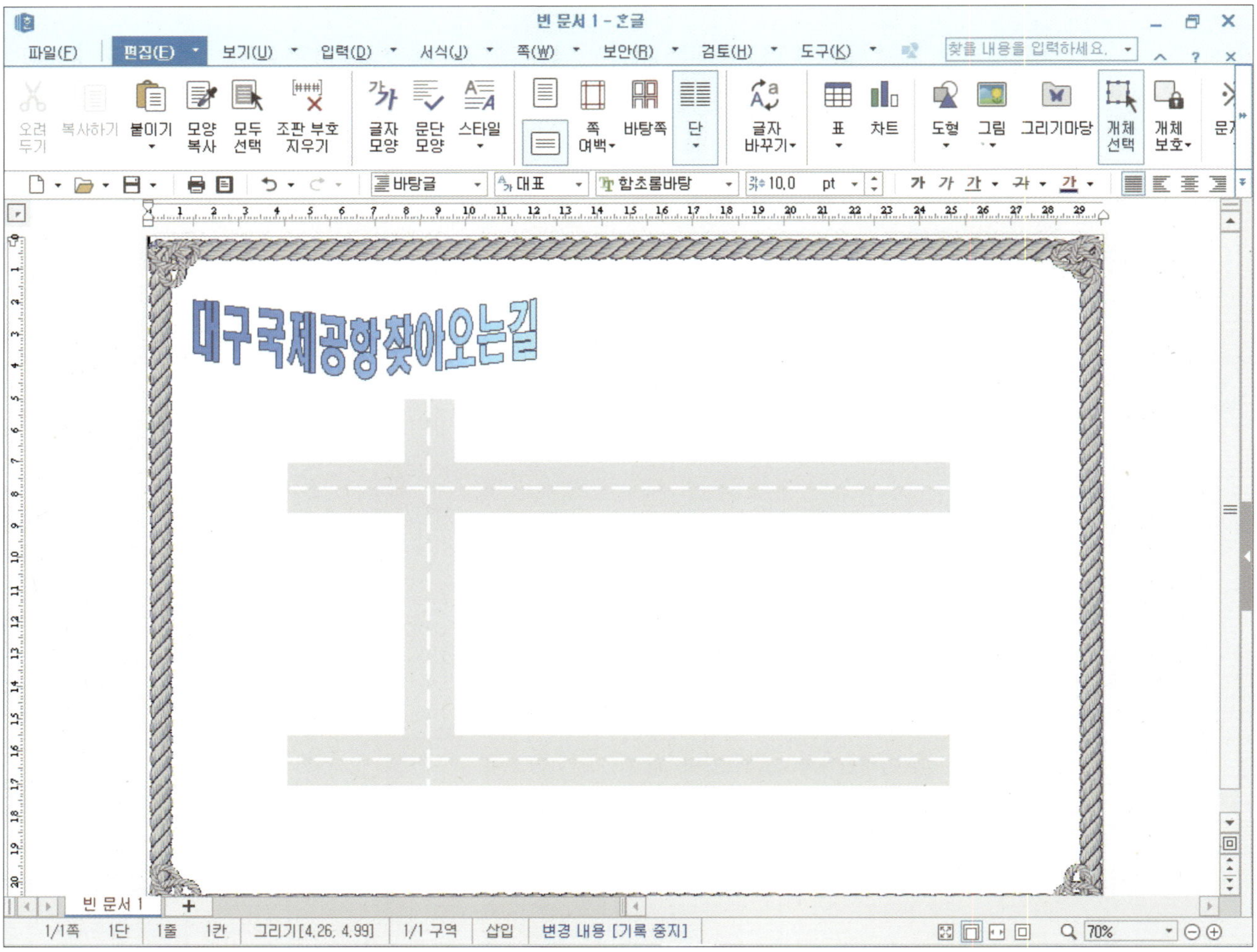

여기서 배워요!

배경과 제목 만들기, 도형으로 도로 만들기

STEP 1 배경과 제목 만들기

1 빈 문서를 불러온 후 여백을 조정하기 위해 F7을 누릅니다. '편집 용지' 대화 상자가 나타나면 '왼쪽/오른쪽/머리말/꼬리말/위쪽/아래쪽'을 각각 [0mm]로 지정한 다음 [설정] 버튼을 클릭합니다.

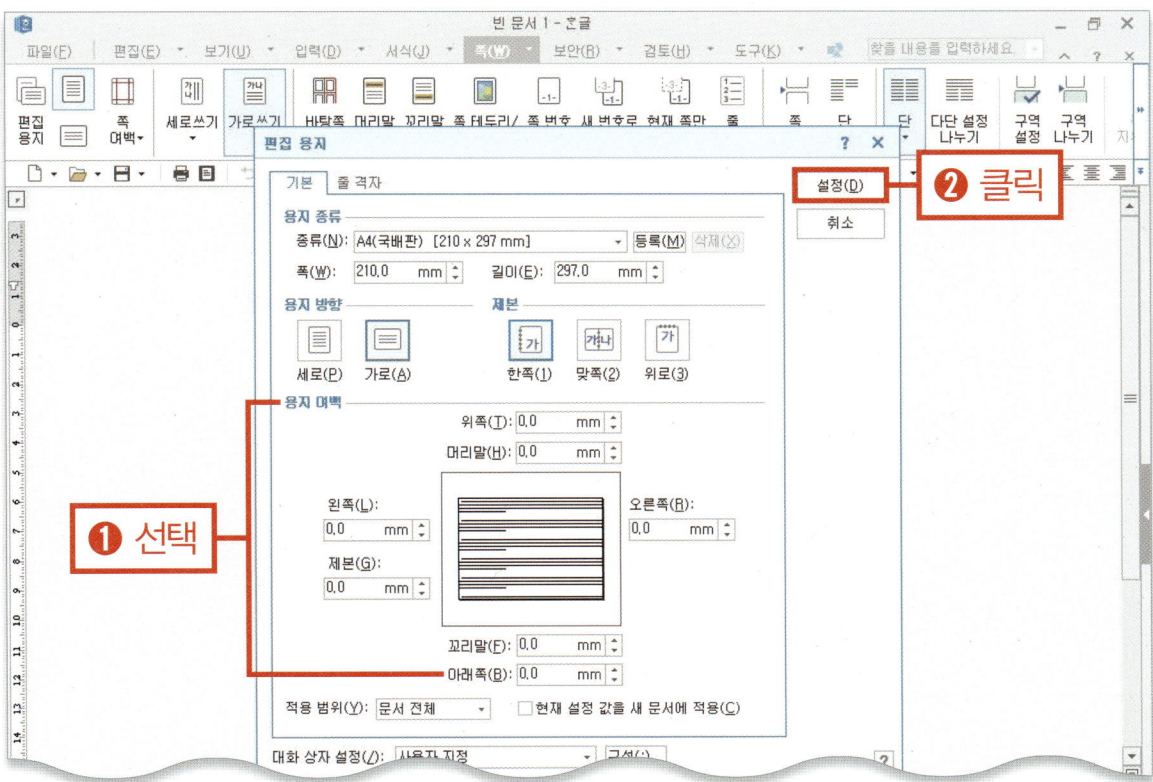

2 배경 이미지를 삽입하기 위해 [쪽] 탭의 [목록 단추]-[쪽 테두리/배경]을 차례대로 클릭합니다.

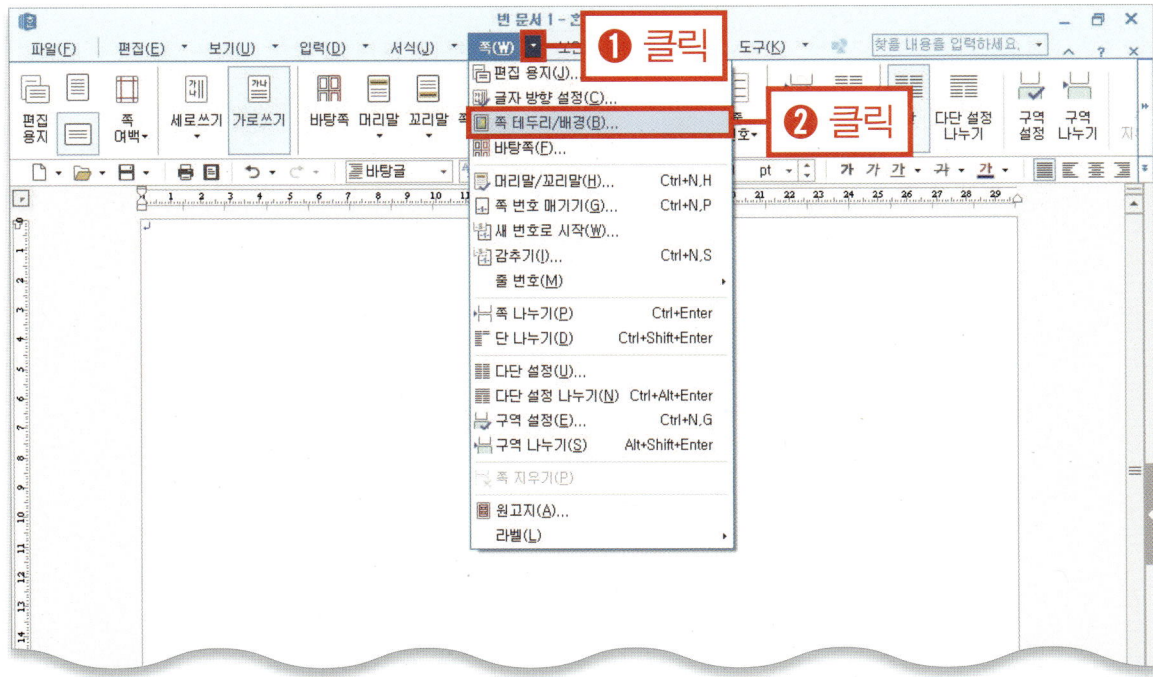

CHAPTER 17 도형과 개체를 이용하여 약도 만들기 | 127

3 '쪽 테두리/배경' 대화 상자가 나타나면 [배경] 탭을 클릭합니다. 이후 [그림]-[그림 선택](📁) 버튼을 차례대로 클릭합니다.

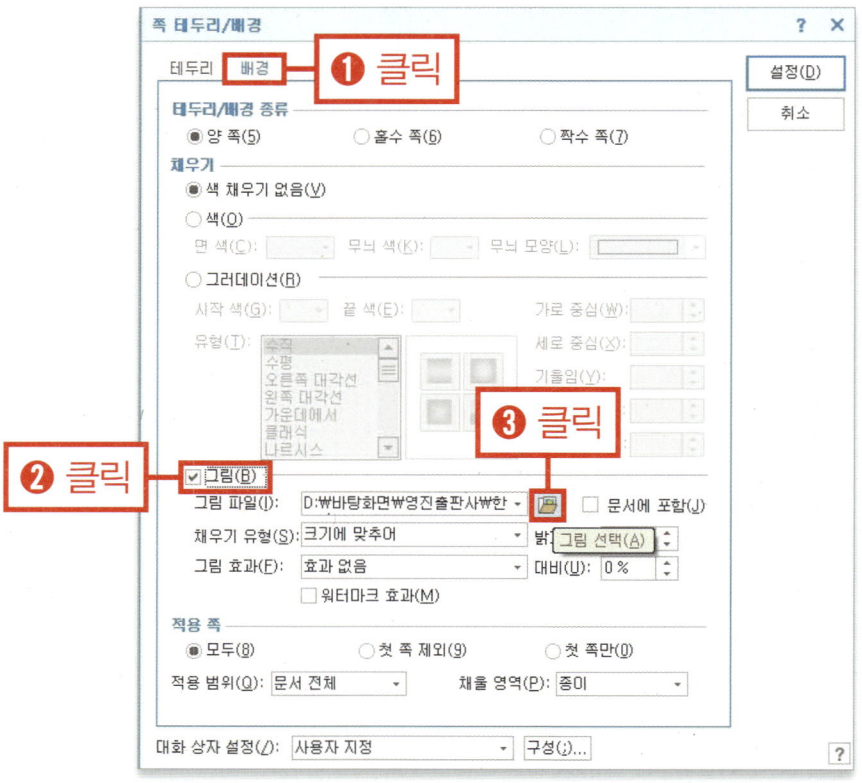

4 '그림 넣기' 대화 상자가 나타나면 [예제이미지] 폴더로 이동한 후 [약도배경.png] 파일을 선택하고 [넣기] 버튼을 클릭합니다.

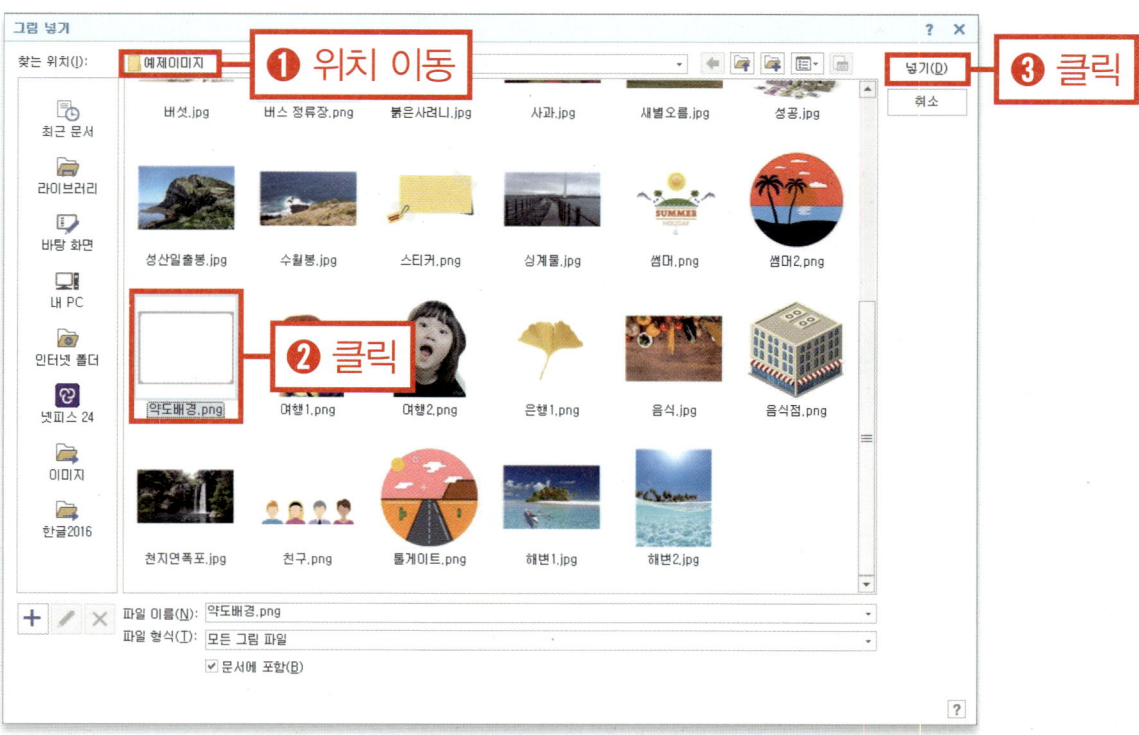

5 그림이 삽입되면 [설정] 버튼을 클릭합니다.

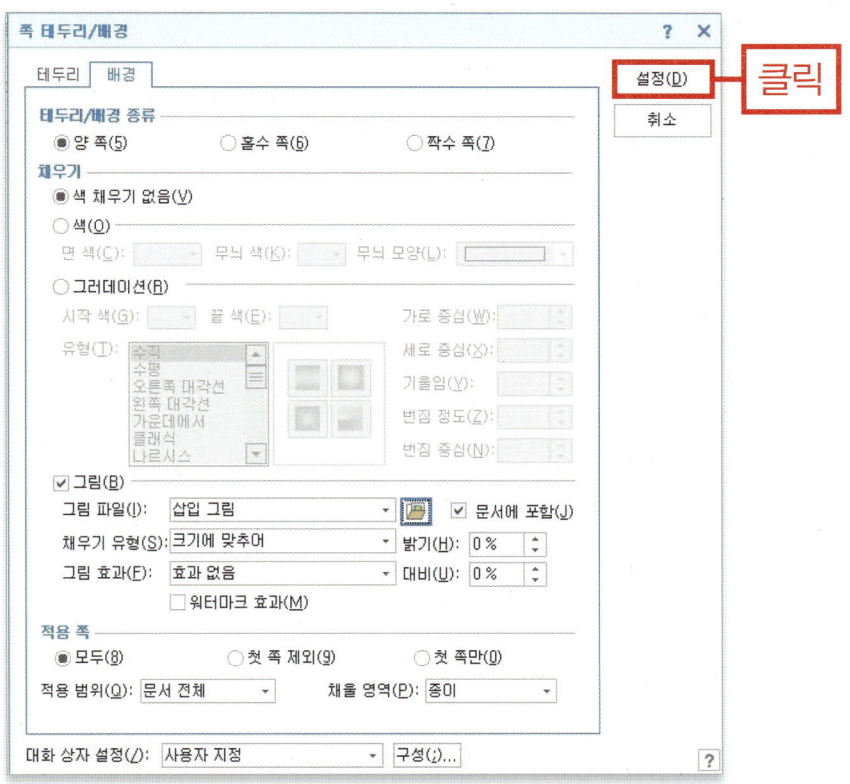

6 글맵시로 제목을 삽입하기 위해 [입력] 탭-[글맵시]를 차례대로 클릭합니다. '글맵시 만들기' 대화 상자가 나타나면 그림과 같이 '내용'에 '대구 국제공항 찾아오는길', '글꼴'은 [휴먼둥근헤드라인], '글맵시 모양'은 [역갈매기형 수장]으로 각각 선택한 다음 [설정] 버튼을 클릭합니다.

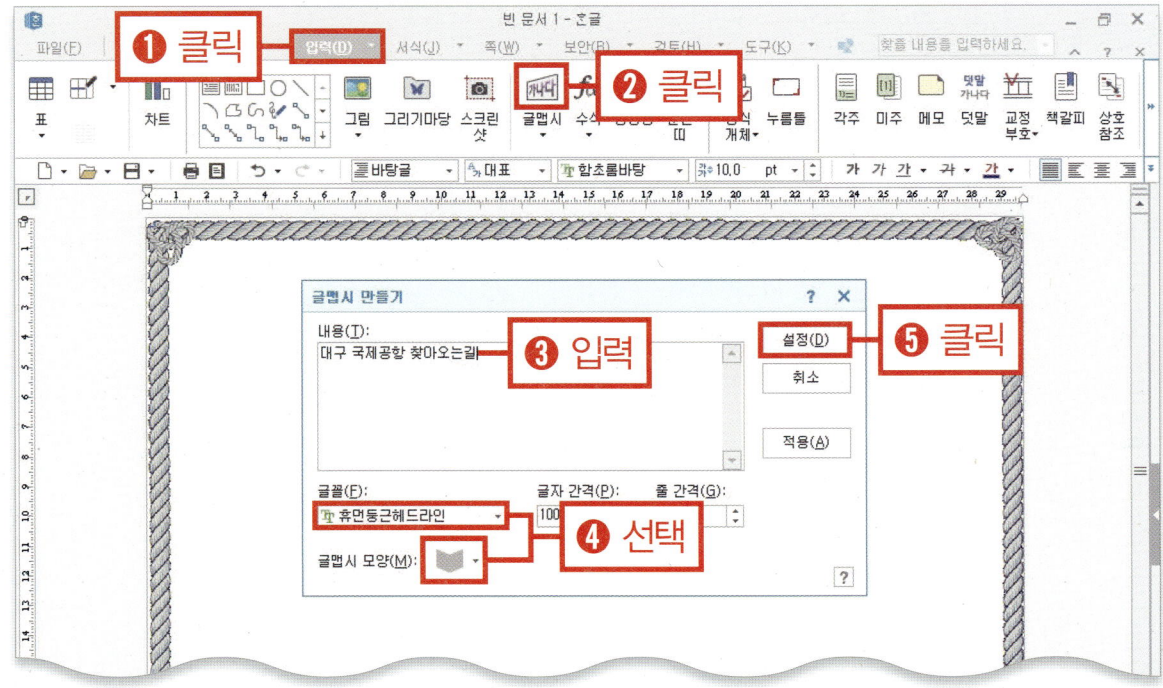

7 입력된 '글맵시'를 클릭한 다음 [글맵시] 탭의 [기본 도구 상자]에서 [자세히(▼)] 버튼을 클릭한 후 [채우기-파란색 그러데이션, 역갈매기형 수장] 모양을 선택합니다. '너비'는 [108], '높이'는 [26]으로 입력합니다.

> **STEP 2** 도형으로 도로 만들기

1 [입력] 탭을 클릭하고 [기본 도구 상자]에서 [직사각형]을 클릭한 다음 가로로 길게 드래그하여 그림과 같이 위치시킵니다. [도형] 탭에서 [선 스타일]-[선 종류]를 차례대로 클릭한 다음 [선 없음]을 선택합니다.

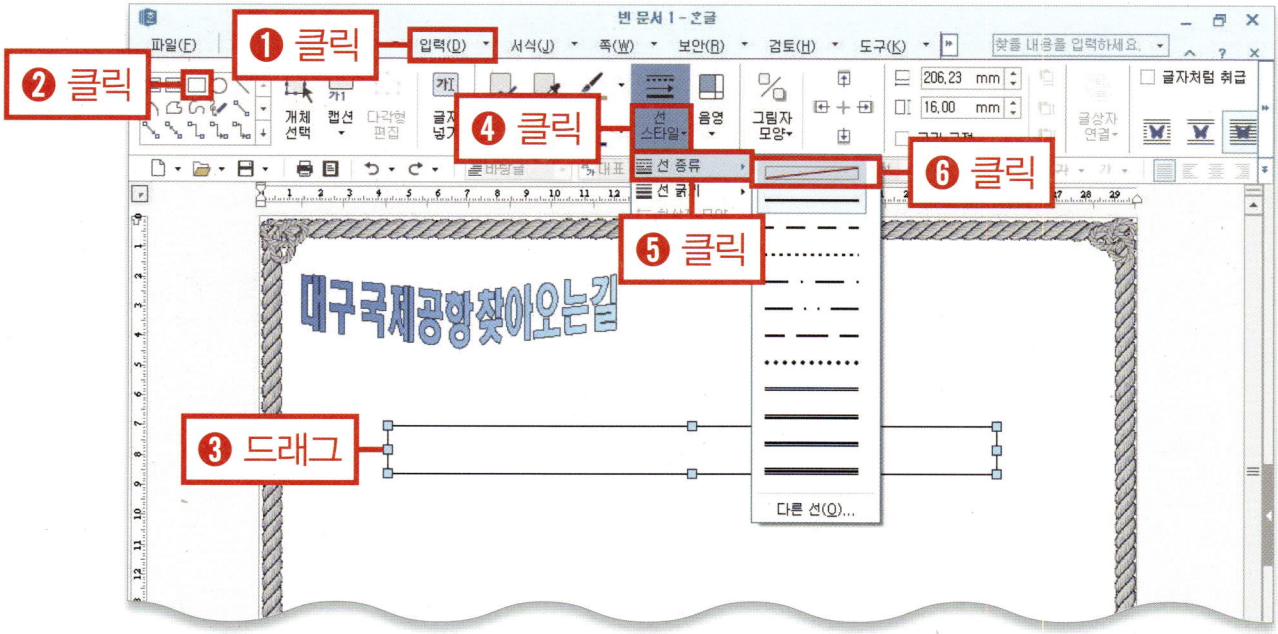

2 [채우기]의 [목록 단추](▼)를 클릭한 후 [검정 90% 밝게]를 선택합니다.

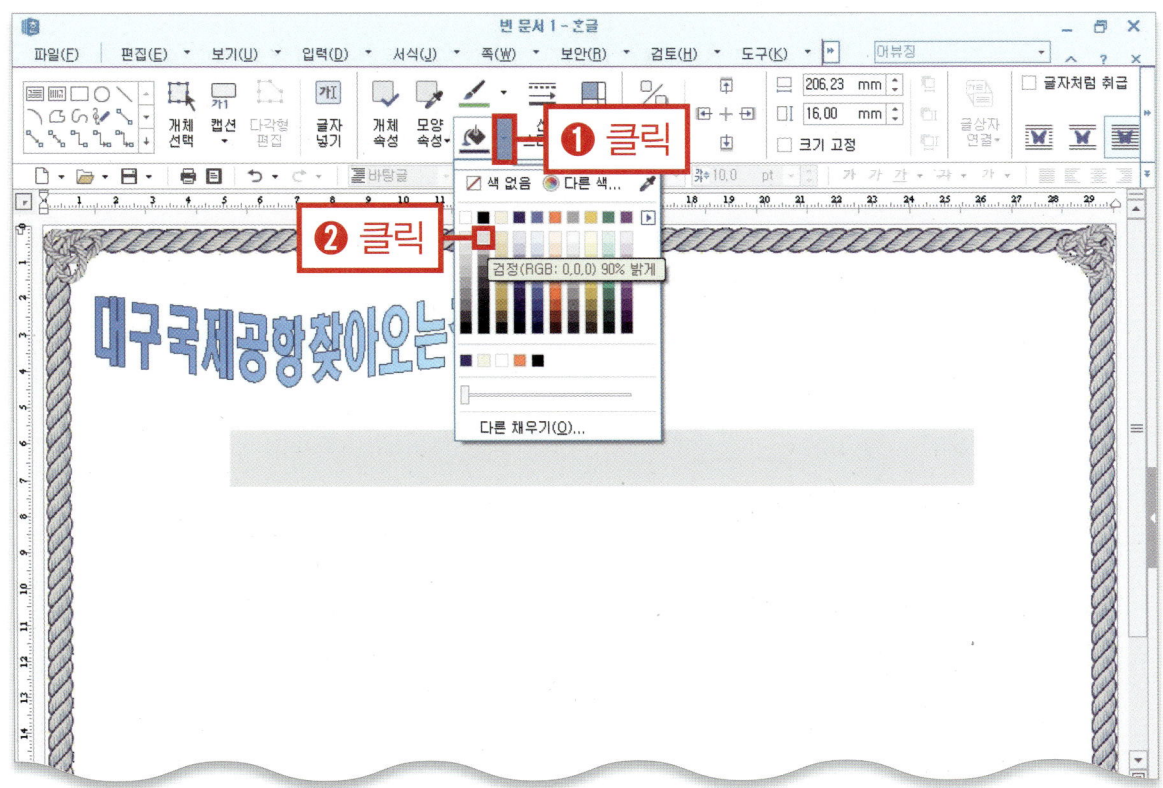

3 만들어진 도형을 Ctrl을 누른 상태에서 아래로 드래그하여 복사합니다.

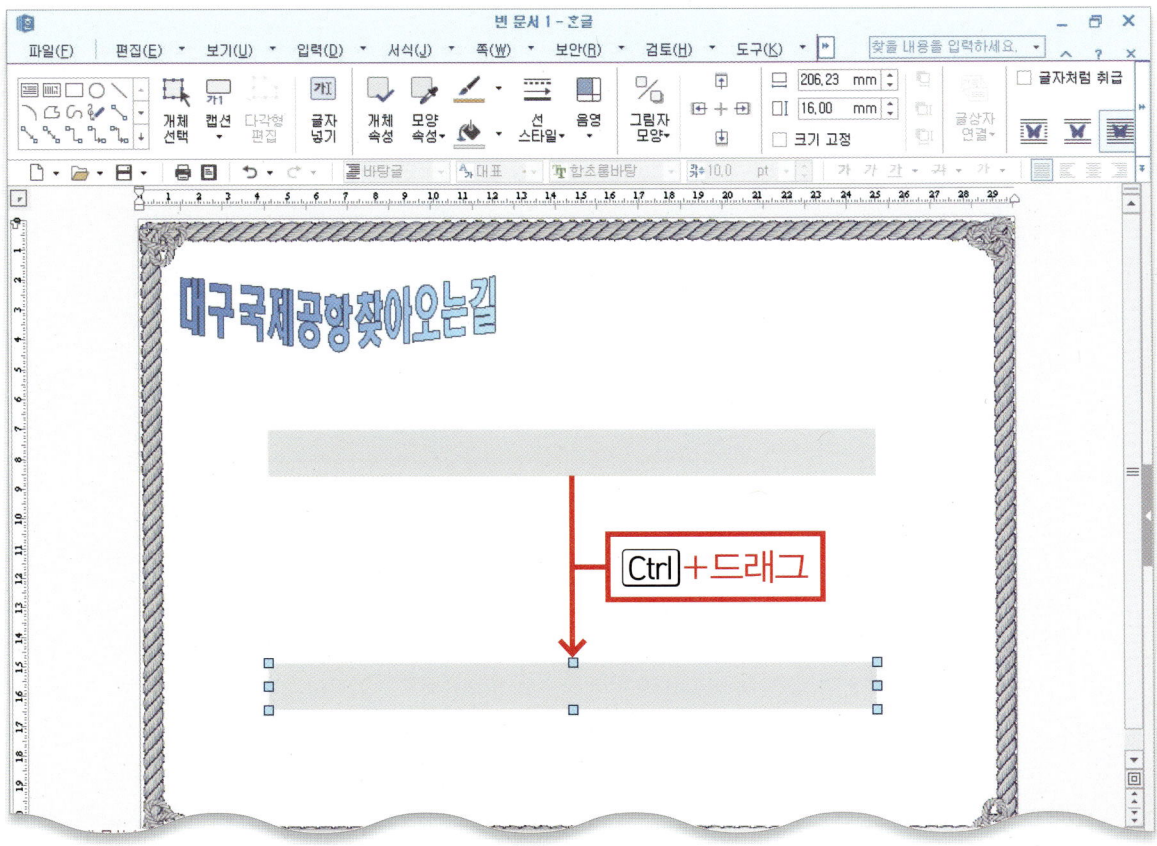

4 1번과 동일한 방법으로 세로 모양의 도로를 만들어 봅니다.

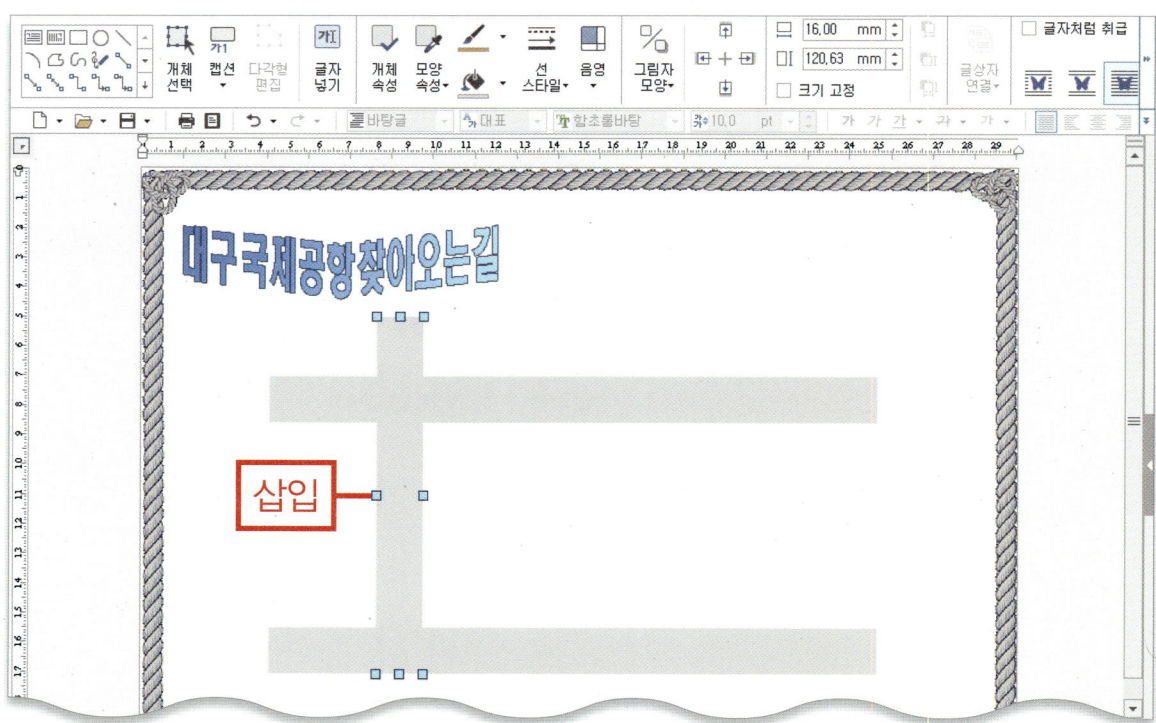

5 [도형] 탭-[기본 도구 상자]에서 [직선]을 선택한 후 만들어진 도로 가운데로 드래그하여 그림과 같이 그립니다.

 Shift 를 누른 상태로 드래그하면 직선 방향으로 쉽게 그릴 수 있습니다.

6 [선 스타일]을 클릭한 후 [선 종류]는 [굵은 점선], [선 굵기]는 [0.7mm], [채우기 색]은 [하양]으로 지정합니다. 나머지 도로도 동일하게 적용합니다.

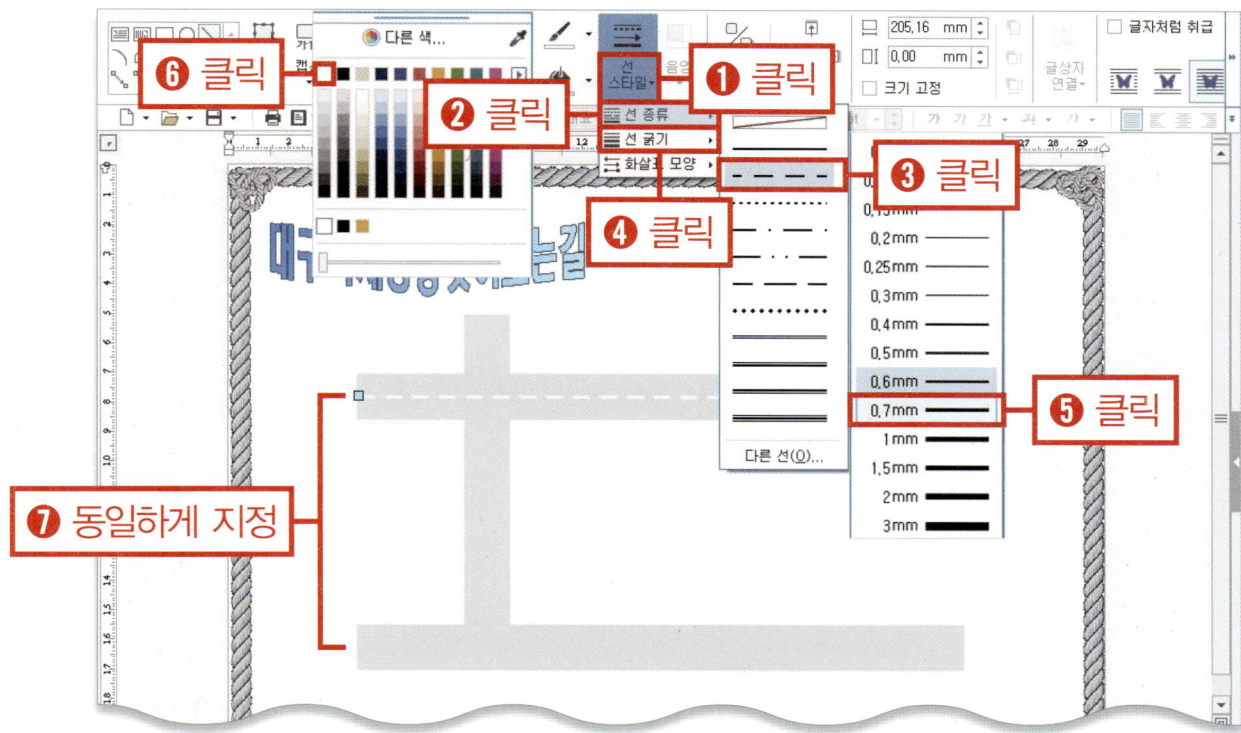

7 [개체 선택] 버튼을 클릭한 다음 도로 전체를 드래그하여 선택합니다. 이후 마우스 오른쪽 버튼을 눌러 [개체 묶기]를 클릭하여 묶어 줍니다.

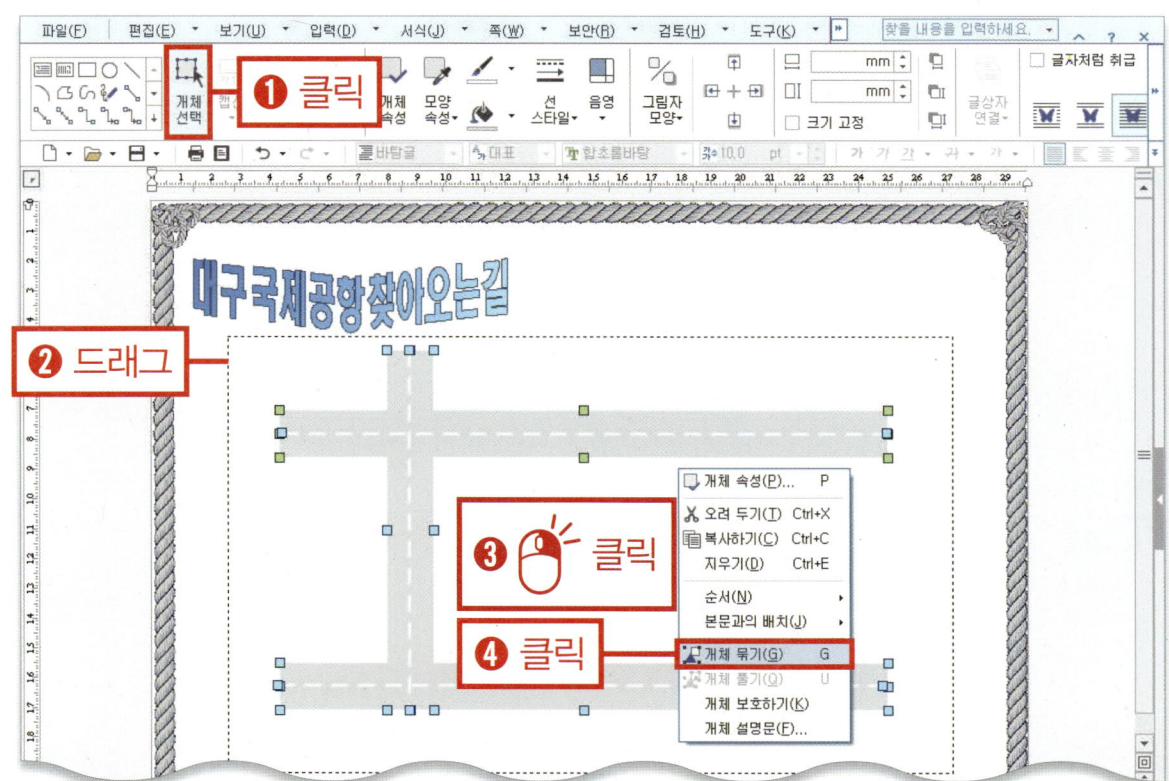

CHAPTER 18

: 예제로 배우기 :
이미지 및 글상자 활용하여 약도 꾸미기

POINT

이번 장은 글상자와 이미지를 이용하여 약도에 필요한 이름을 꾸며 봅니다.

완성 화면 미리 보기

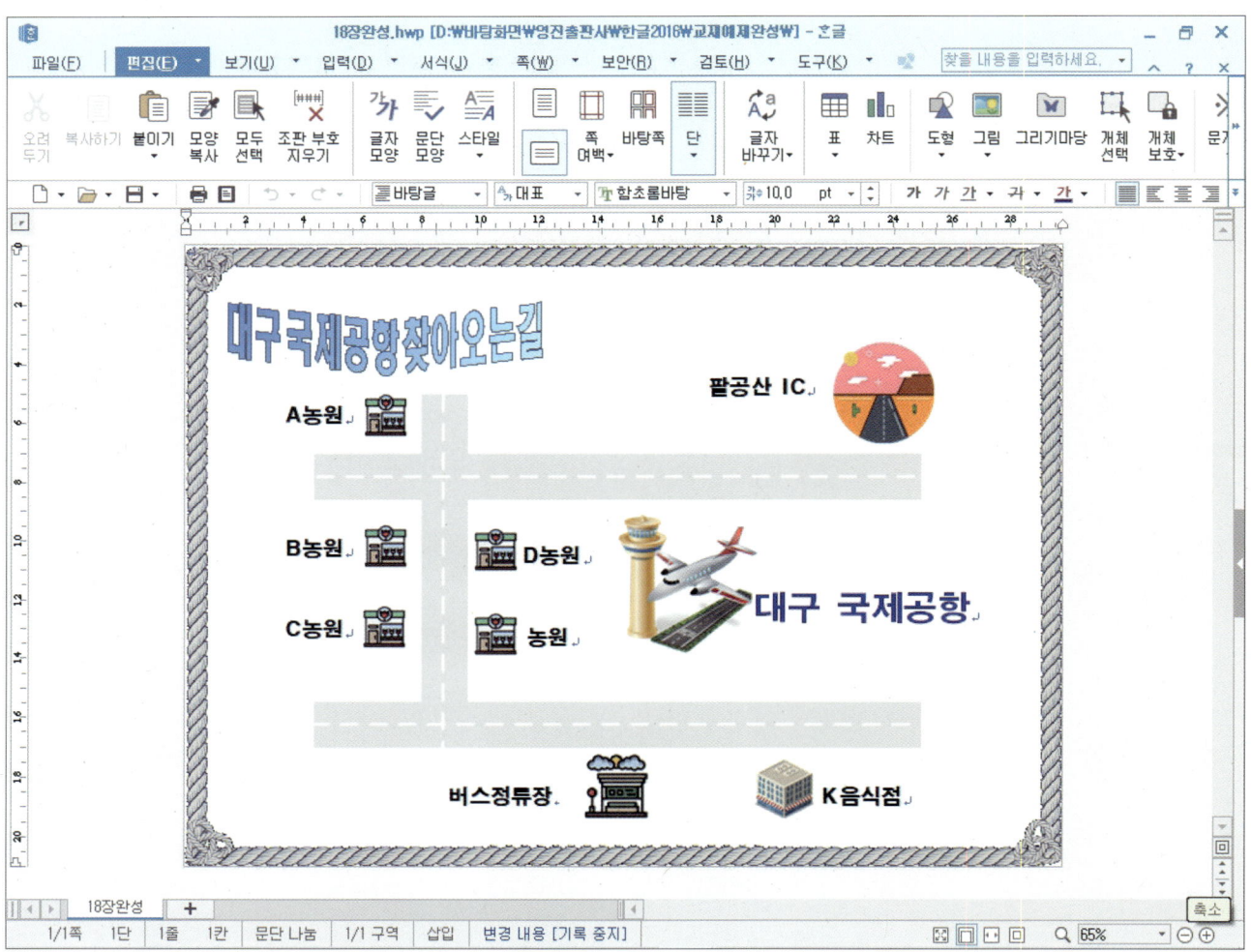

여기서 배워요! 이미지 삽입하기, 글상자로 이름 입력하기

STEP 1 이미지 삽입하기

1 [예제] 폴더에서 [18장.hwp] 파일을 불러옵니다. [입력] 탭을 클릭한 후 [기본 도구 상자]에서 [그림]을 클릭합니다. '그림 넣기' 대화 상자가 나타나면 [예제이미지] 폴더로 이동한 후 [톨게이트.png] 파일을 선택한 다음 [넣기] 버튼을 클릭합니다.

2 위와 동일한 방법으로 [예제이미지] 폴더에서 [꽃집.png] 파일을 삽입한 다음 Ctrl을 누른 상태로 드래그하여 그림과 같이 복사합니다.

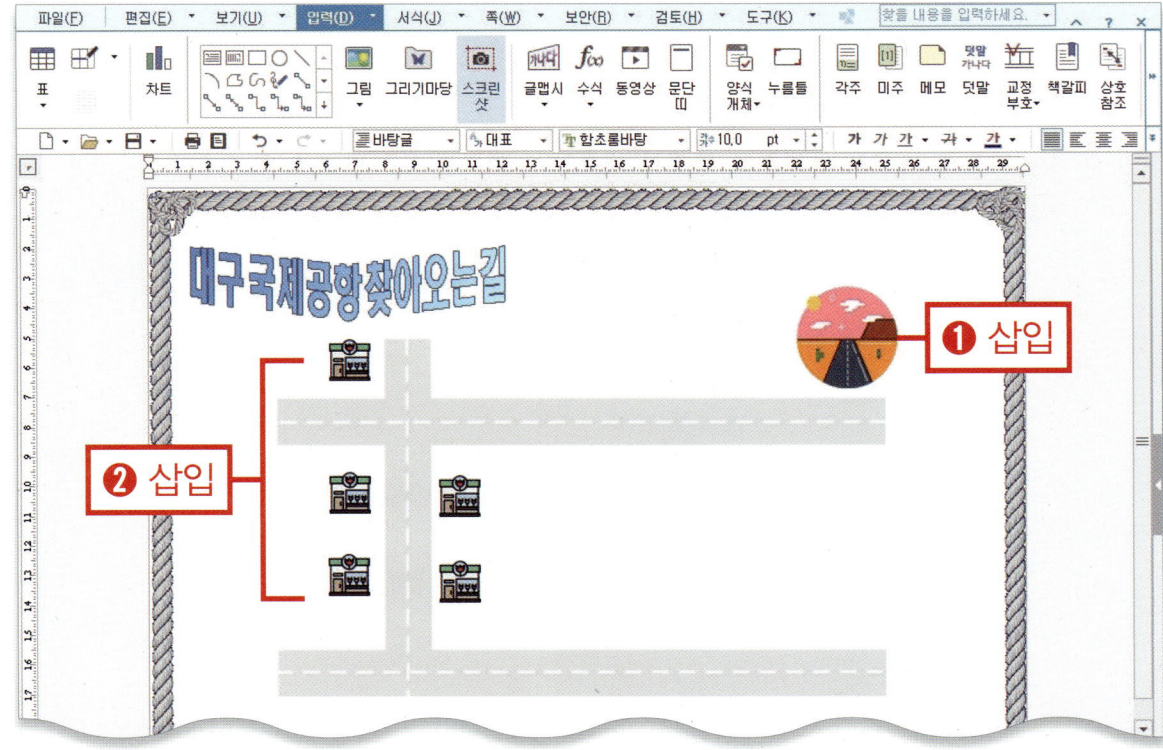

CHAPTER 18 이미지 및 글상자 활용하여 약도 꾸미기 | **135**

3 다시 [예제이미지] 폴더에서 [버스정류장.png], [음식점.png], [공항.png] 파일을 삽입한 다음 그림과 같이 배치합니다.

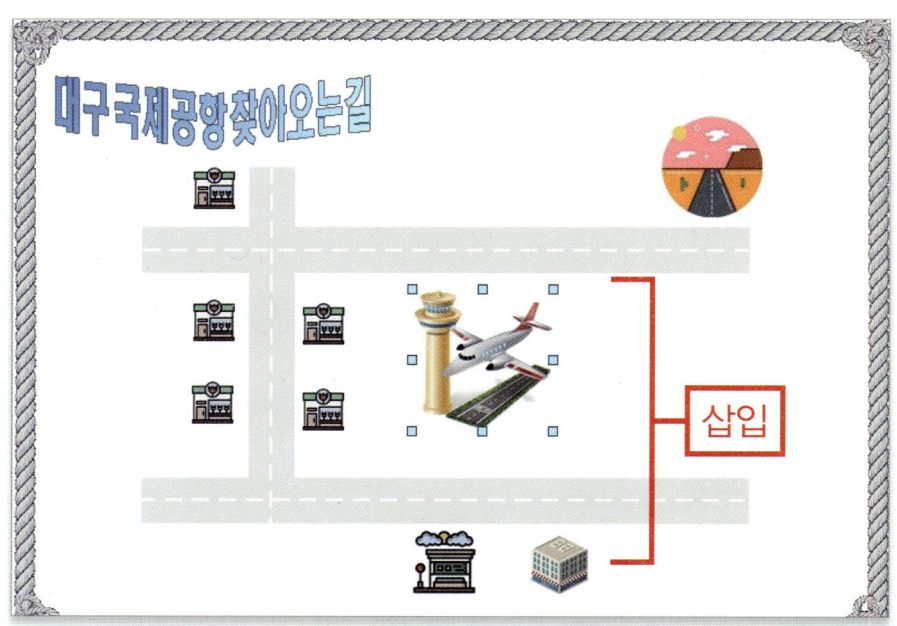

> **STEP 2** 글상자로 이름 입력하기

1 [입력] 탭-[기본 도구 상자]에서 [가로 글상자]를 클릭한 다음 드래그하여 그림과 같이 위치시킵니다. 내용은 '팔공산 IC'를 입력하고 '글꼴'은 [HY견고딕], '글자 크기'는 [20pt]로 지정합니다.

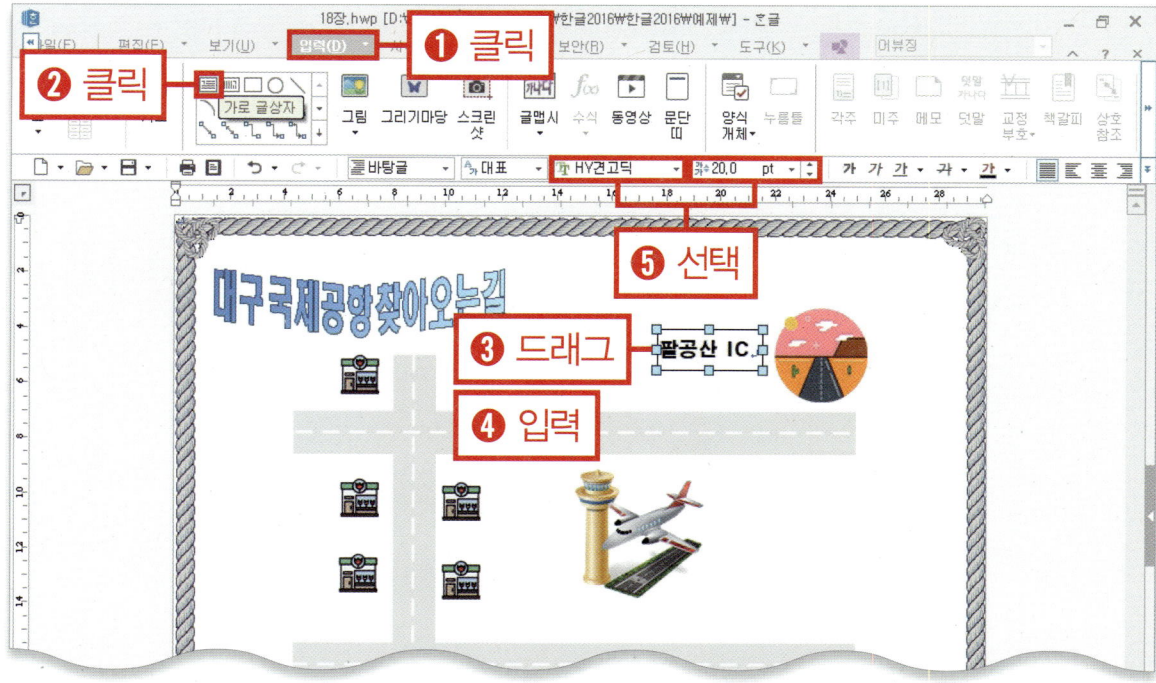

2 [도형] 탭-[기본 도구 상자]에서 [선 스타일]을 클릭한 후 [선 종류]-[선 없음]을 차례대로 클릭합니다.

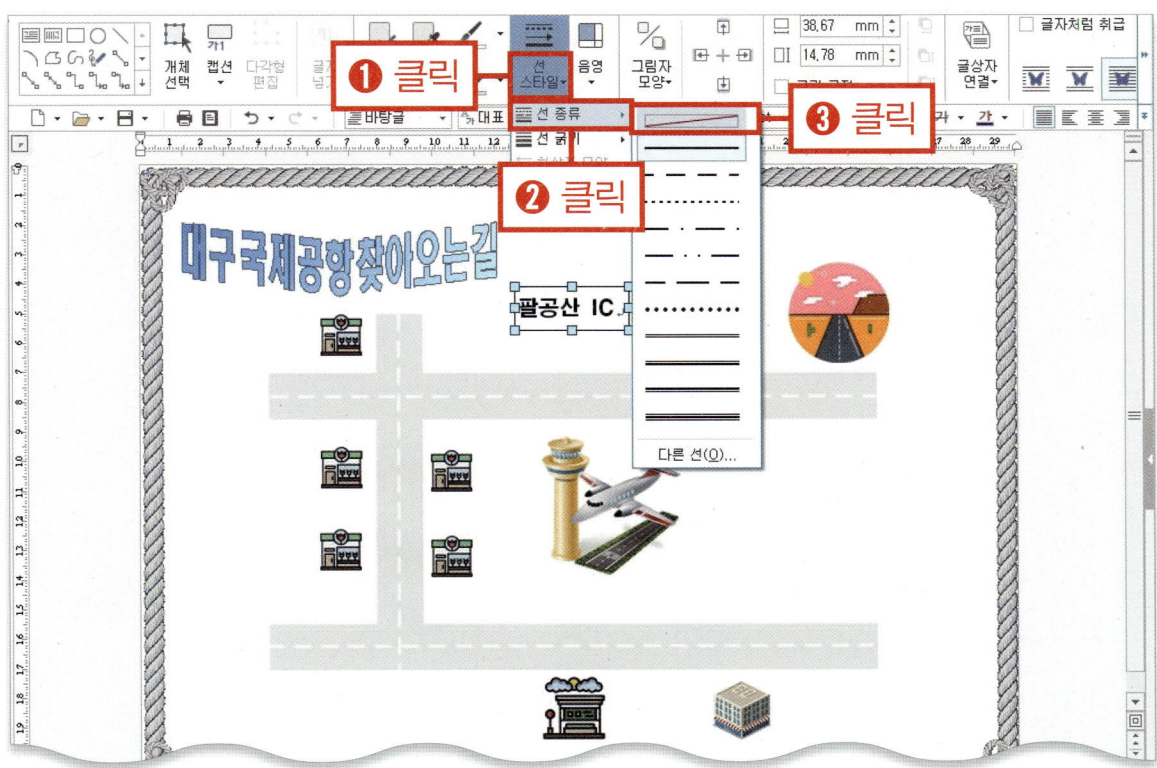

3 글상자를 삽입하기 위해 이번에는 앞서 작성한 [팔공산 IC] 글상자를 Ctrl을 누른 상태로 드래그하여 그림과 같이 복사합니다.

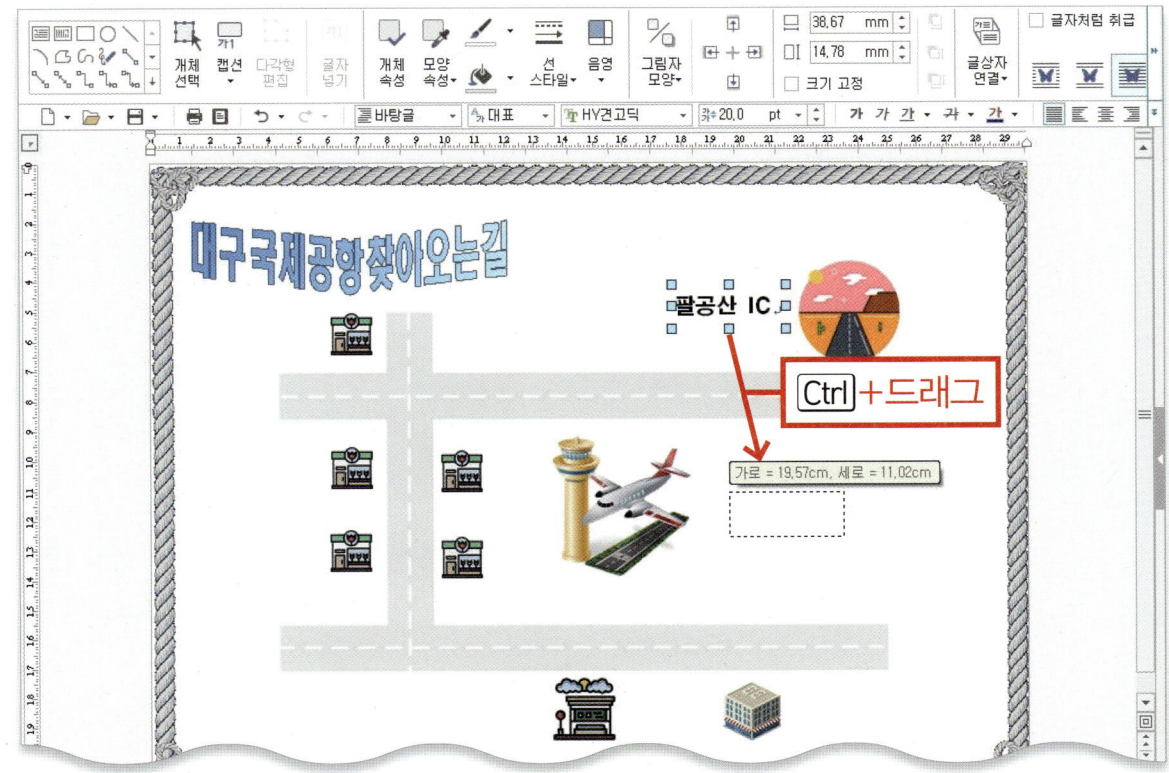

CHAPTER 18 이미지 및 글상자 활용하여 약도 꾸미기 | 137

4 내용을 [대구 국제공항]으로 수정한 다음 '글꼴'은 [HY견고딕], '글자 크기'는 [32pt], '글자 색'은 [파랑]으로 지정합니다.

5 위와 같이 글상자를 복사하여 그림과 동일하게 작성합니다.

CHAPTER 19

: 예제로 배우기 :

여행 용품 라벨 만들기

POINT

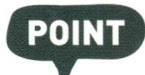

19장과 20장은 메일 머지에 대해 알아봅니다.
한글 2016(NEO)에는 라벨 기능과 메일 머지 기능처럼 자동화 기능이 있습니다.
라벨 기능으로 여행용품 라벨을 만들어 봅니다.

완성 화면 미리 보기

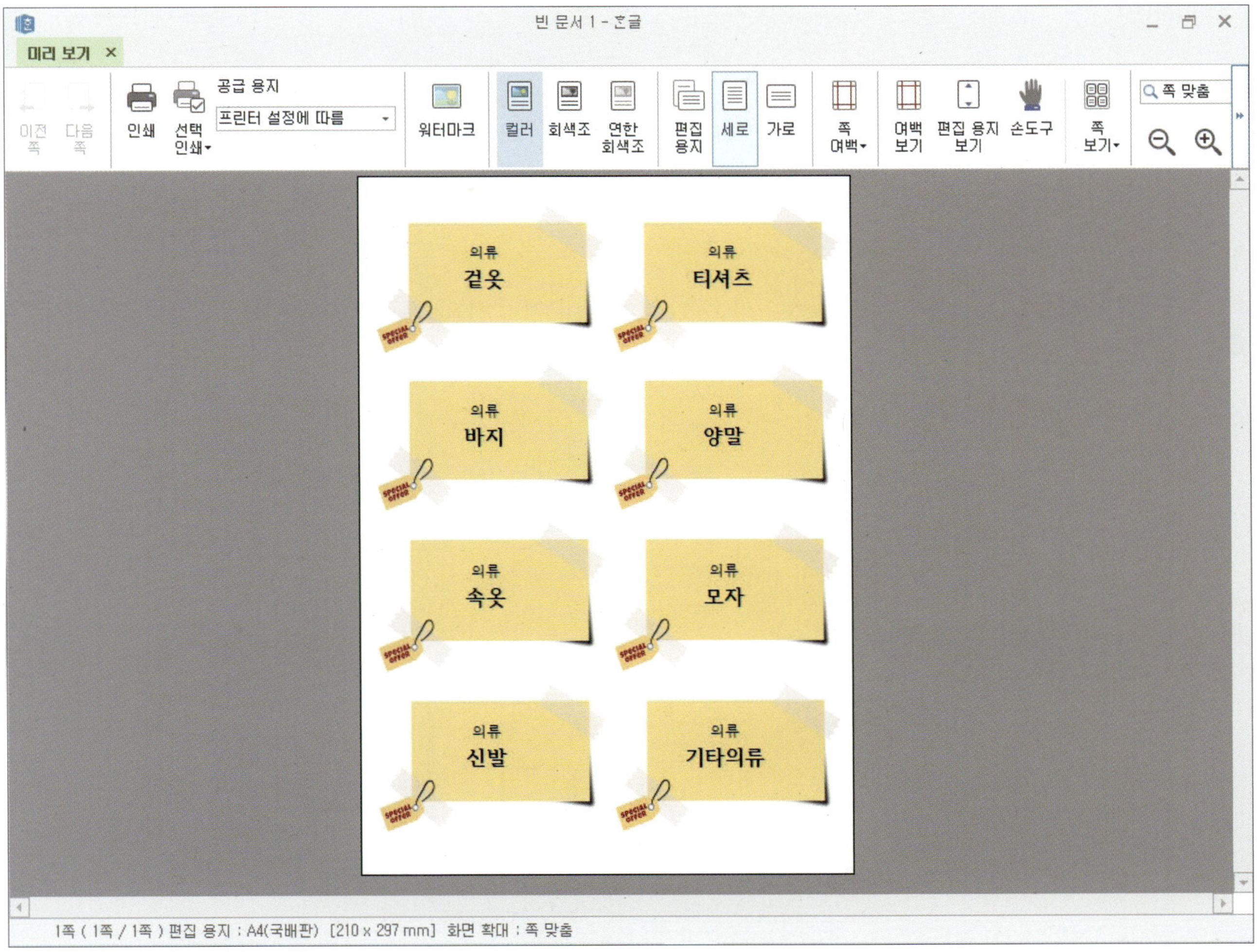

여기서 배워요! 라벨 삽입 및 꾸미기, 메일 머지로 라벨 이름 넣기

STEP 1 라벨 삽입 및 꾸미기

1 빈 문서를 불러옵니다. [쪽] 탭의 [목록 단추]를 클릭한 후 [라벨]-[라벨 문서 만들기]를 차례대로 클릭합니다.

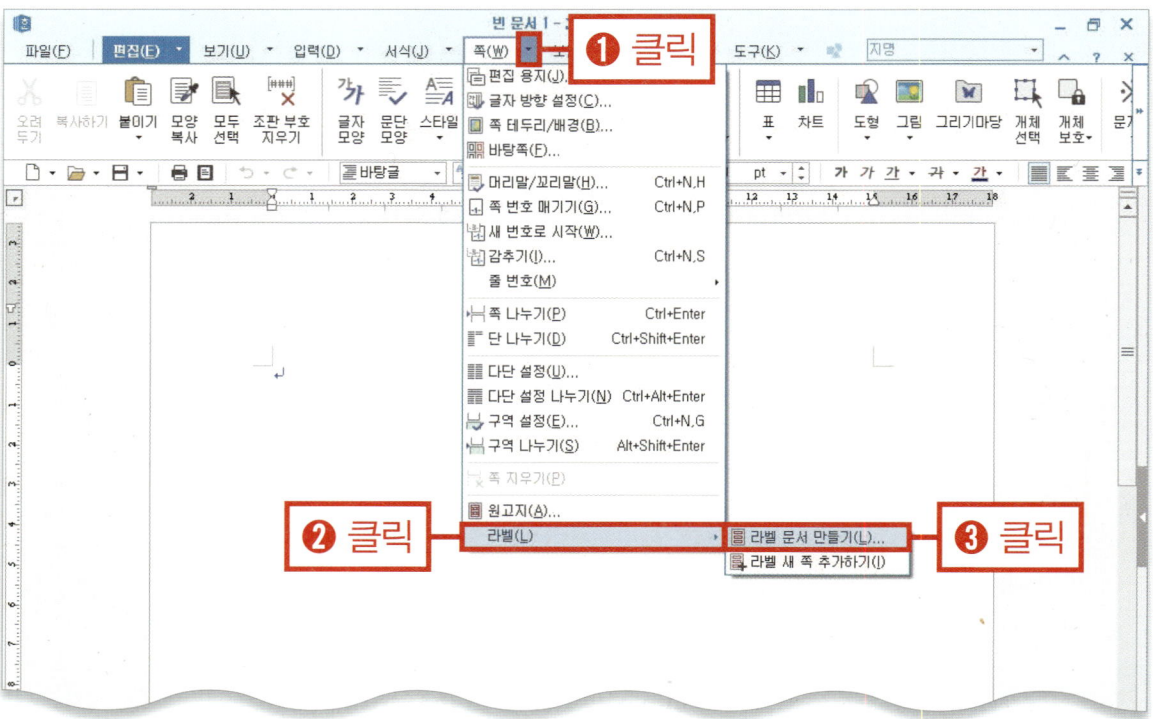

2 '라벨 문서 만들기' 대화 상자가 나타나면 [라벨 문서 꾸러미] 탭을 클릭합니다. [Formtec]-[물건 이름표(8칸)-3114]를 차례대로 클릭한 후 [열기] 버튼을 클릭합니다.

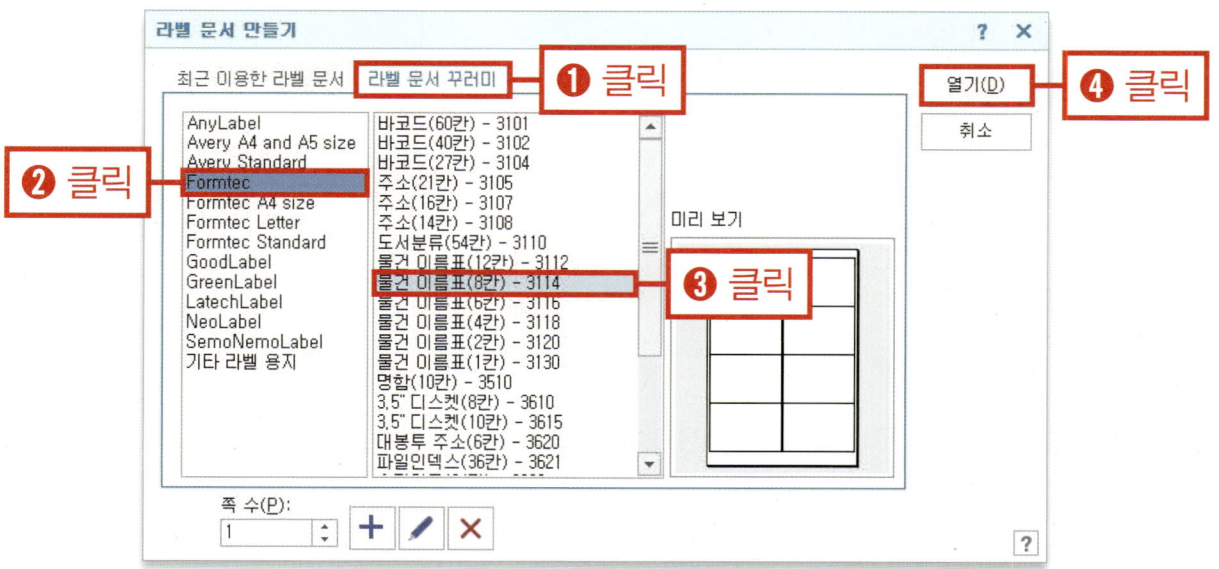

 라벨지에는 고유의 라벨 이름이 있습니다. 라벨 명을 보고 목록에서 선택합니다. 혹, 라벨 이름이 없다면 아래 [추가] 버튼을 눌러 라벨을 등록하여 사용합니다.

3 삽입된 라벨을 드래그해 전체 블록 설정합니다. [표] 탭의 [목록 단추]를 클릭한 후 [셀 테두리/배경]-[각 셀마다 적용]을 차례대로 클릭합니다.

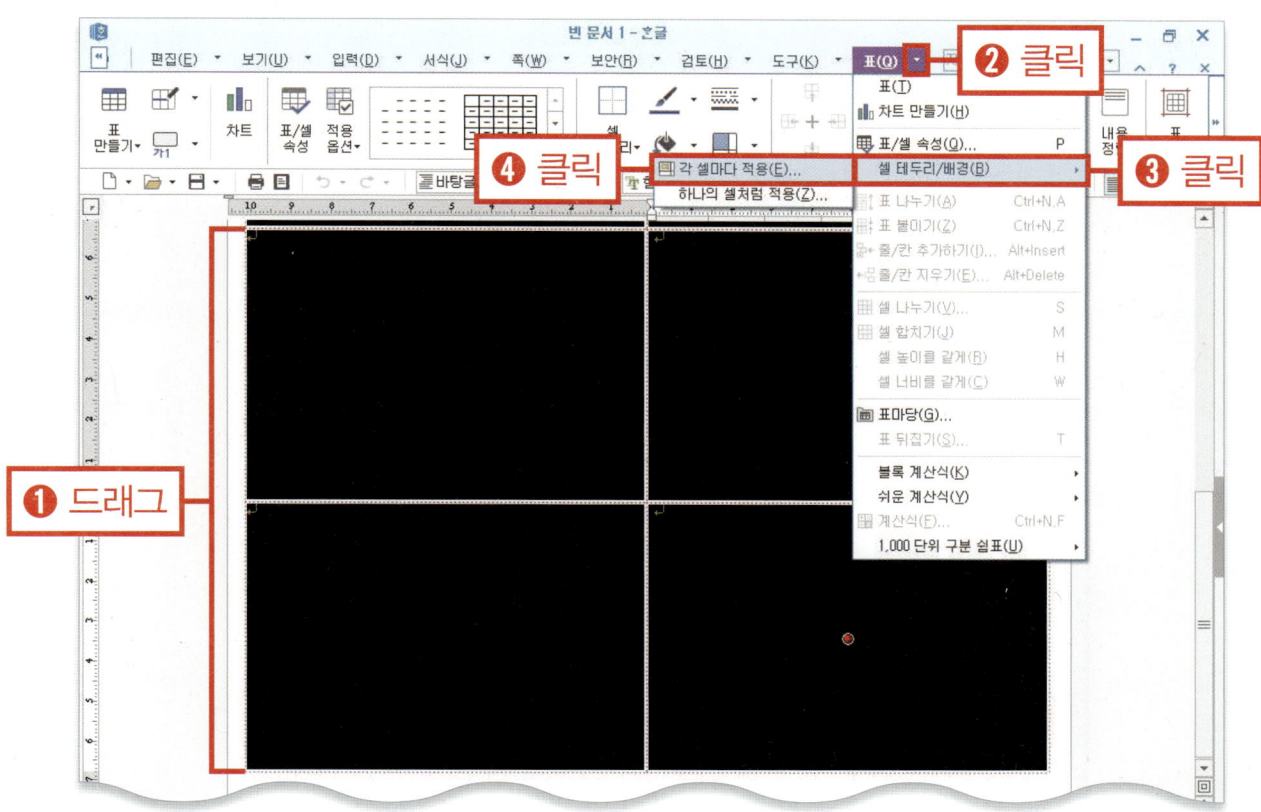

4 '셀 테두리/배경' 대화 상자가 나타나면 [배경] 탭을 클릭한 후 [그림]-[그림 선택](📷) 버튼을 차례대로 클릭합니다.

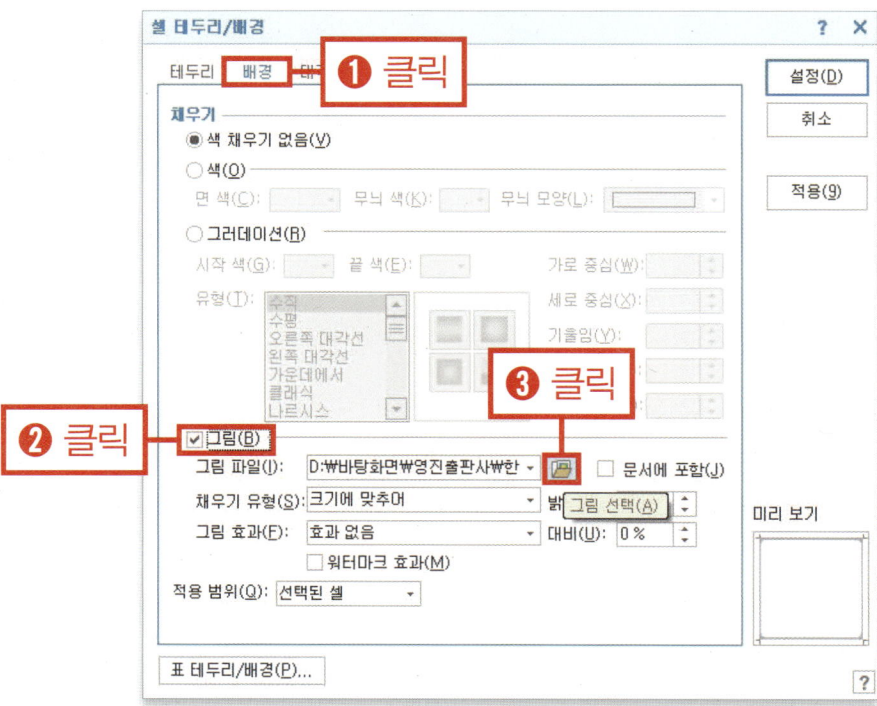

CHAPTER 19 여행 용품 라벨 만들기 | 141

5 '그림 넣기' 대화 상자가 나타나면 [예제이미지] 폴더에서 [스티커.png] 파일을 선택한 후 [넣기] 버튼을 클릭합니다.

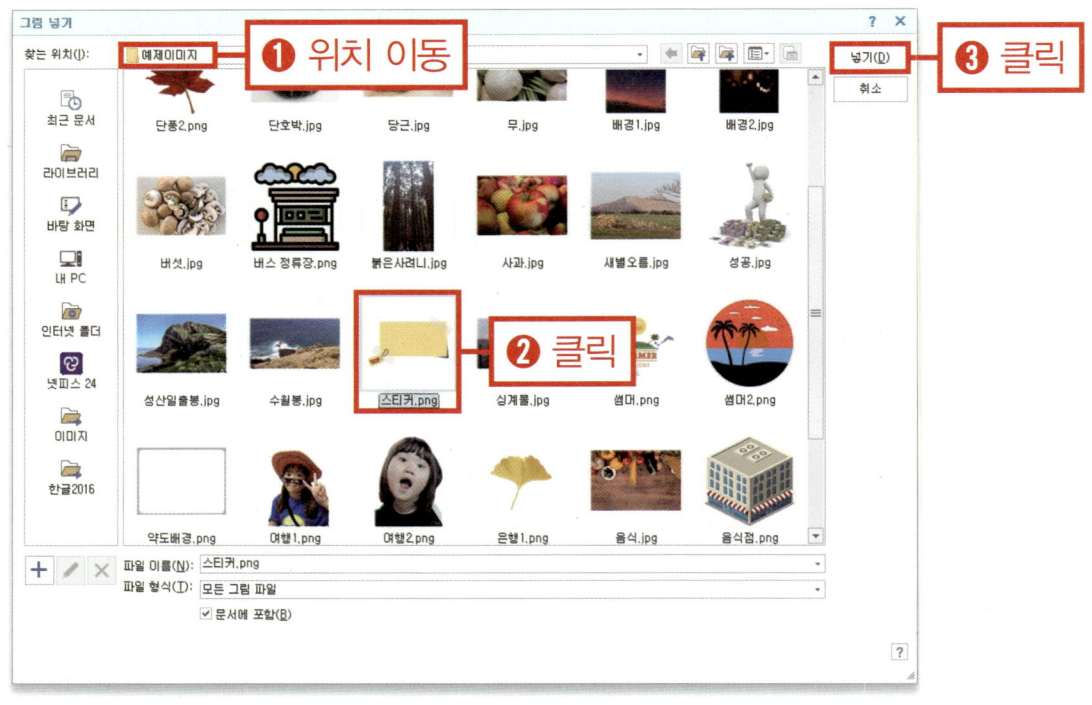

6 [설정] 버튼을 클릭합니다. 라벨에 맞춰 이미지가 삽입된 것을 확인할 수 있습니다.

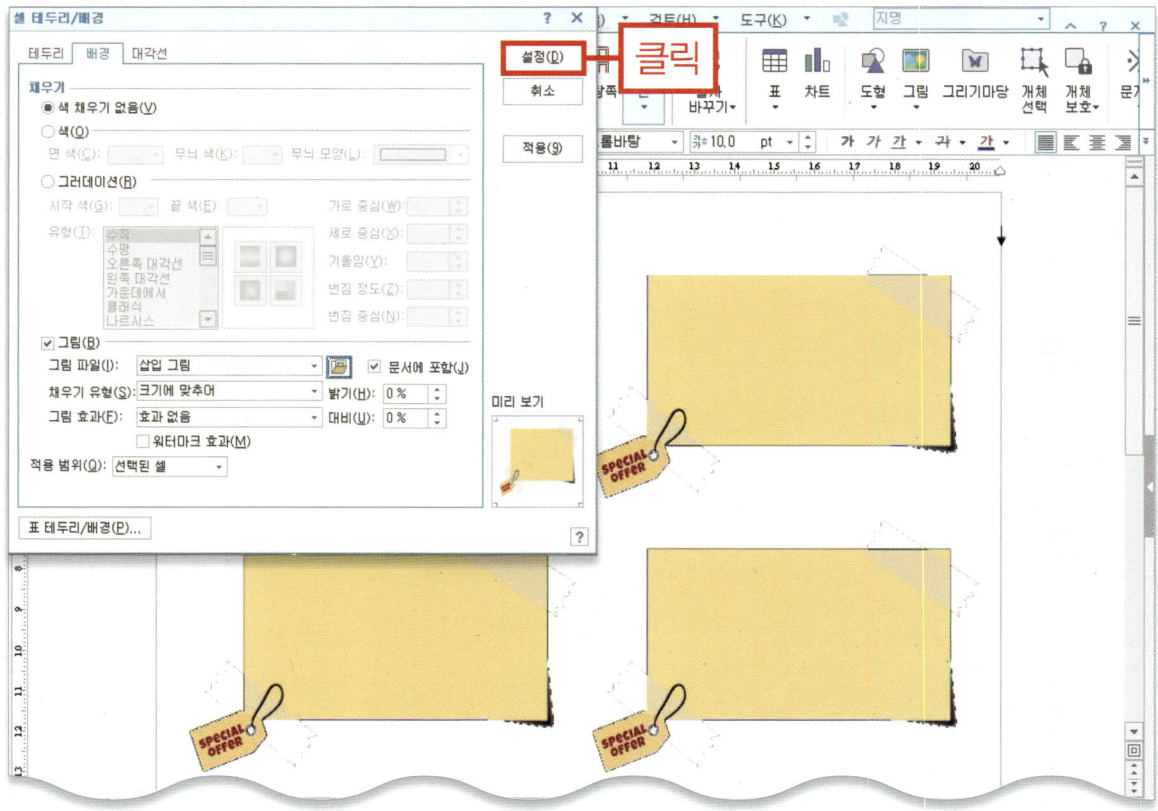

7 첫 번째 이미지 정중앙에 커서를 위치시킨 다음 [도구] 탭의 [목록 단추]를 클릭합니다. [메일 머지]-[메일 머지 표시 달기]를 차례대로 클릭합니다. '메일 머지 표시 달기' 대화 상자가 나타나면 [필드 만들기] 탭을 클릭한 후 숫자 '1'을 입력하고 [넣기] 버튼을 클릭합니다.

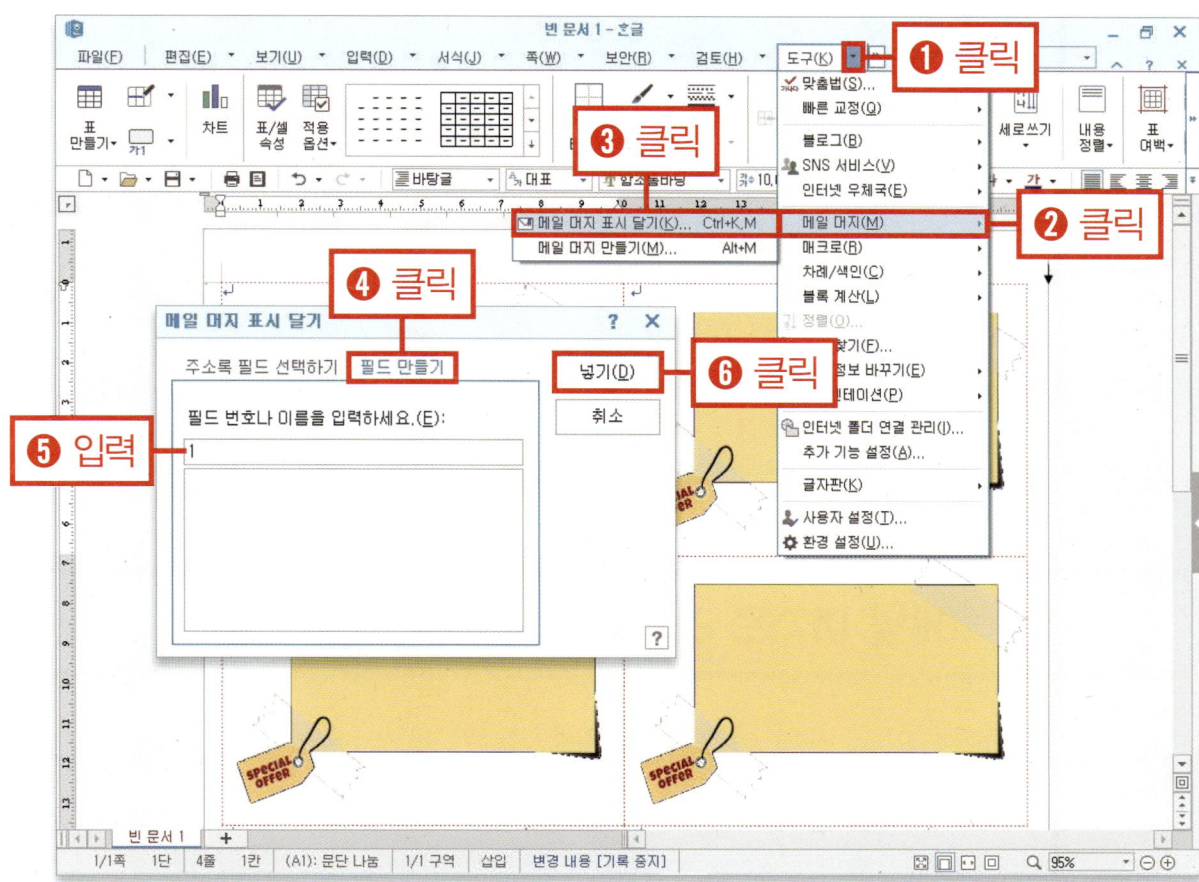

8 다시 '메일 머지 표시 달기' 대화 상자를 불러온 후 '2'를 입력하고 [넣기] 버튼을 클릭합니다.

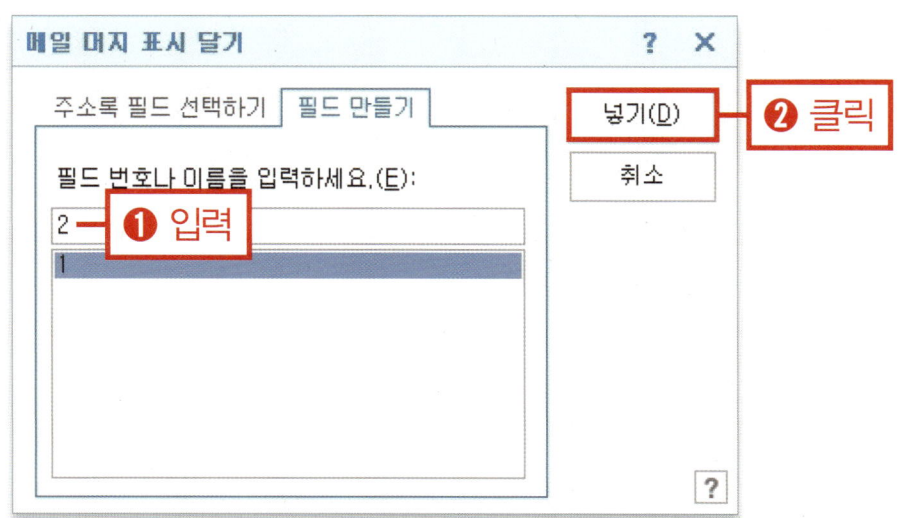

9 {{1}}의 '글꼴'은 [함초롬바탕], '글자 크기'는 [17pt], [가운데 정렬]로 지정합니다. {{2}}는 [함초롬바탕], [25pt], [가운데 정렬]로 서식을 지정합니다.

STEP 2 메일 머지로 라벨 이름 넣기

1 라벨 이름의 파일을 연결하기 위해 [도구] 탭의 [목록 단추]를 클릭한 후 [메일 머지]-[메일 머지 만들기]를 차례대로 클릭합니다.

2 ····· '메일 머지 만들기' 대화 상자가 나타나면 [호글 파일]을 클릭한 후 [찾아보기]
(📁) 버튼을 클릭합니다.

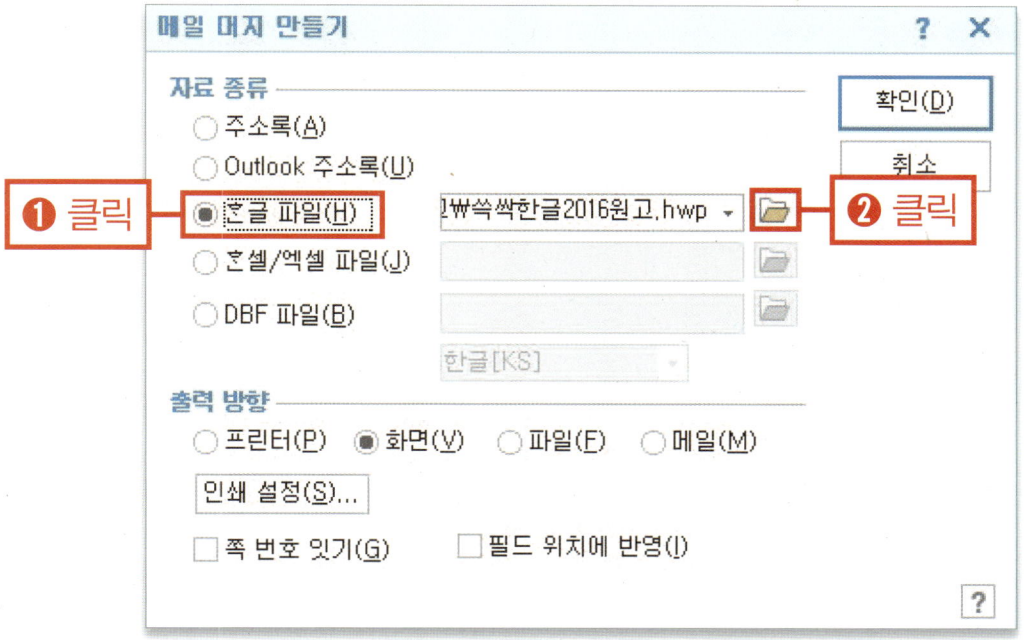

3 ····· '호글 파일 불러오기' 대화 상자가 나타나면 [예제이미지] 폴더에서 [여행라벨
한글.hwp] 파일을 클릭한 후 [열기] 버튼을 클릭합니다.

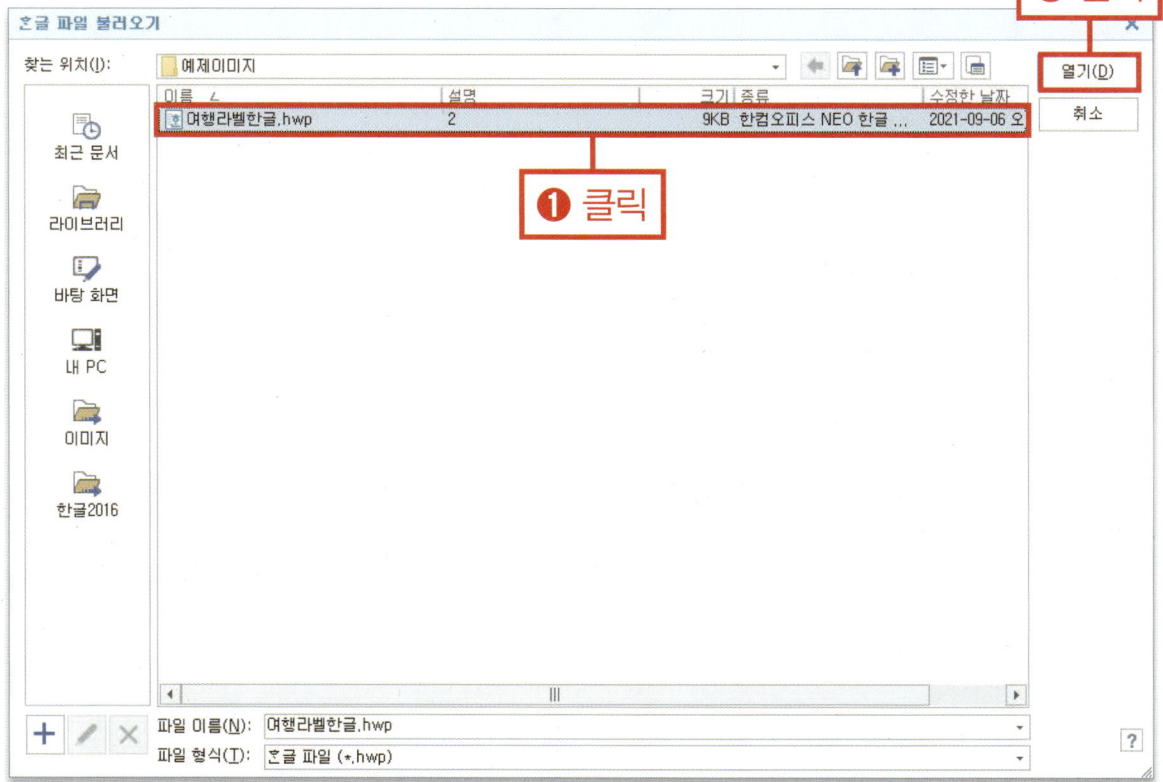

4 '메일 머지 만들기' 대화 상자로 돌아오면 '출력 방향'을 [화면]으로 선택한 후 [확인] 버튼을 클릭합니다.

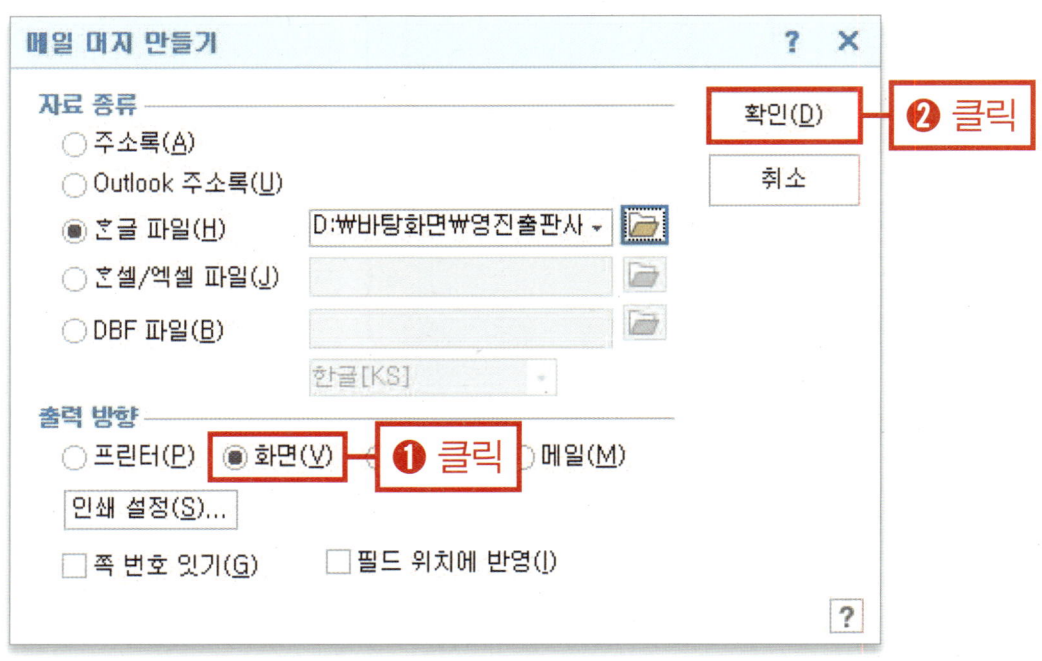

5 화면을 확인한 후 라벨지를 프린터에 넣고 [인쇄] 버튼을 클릭합니다.

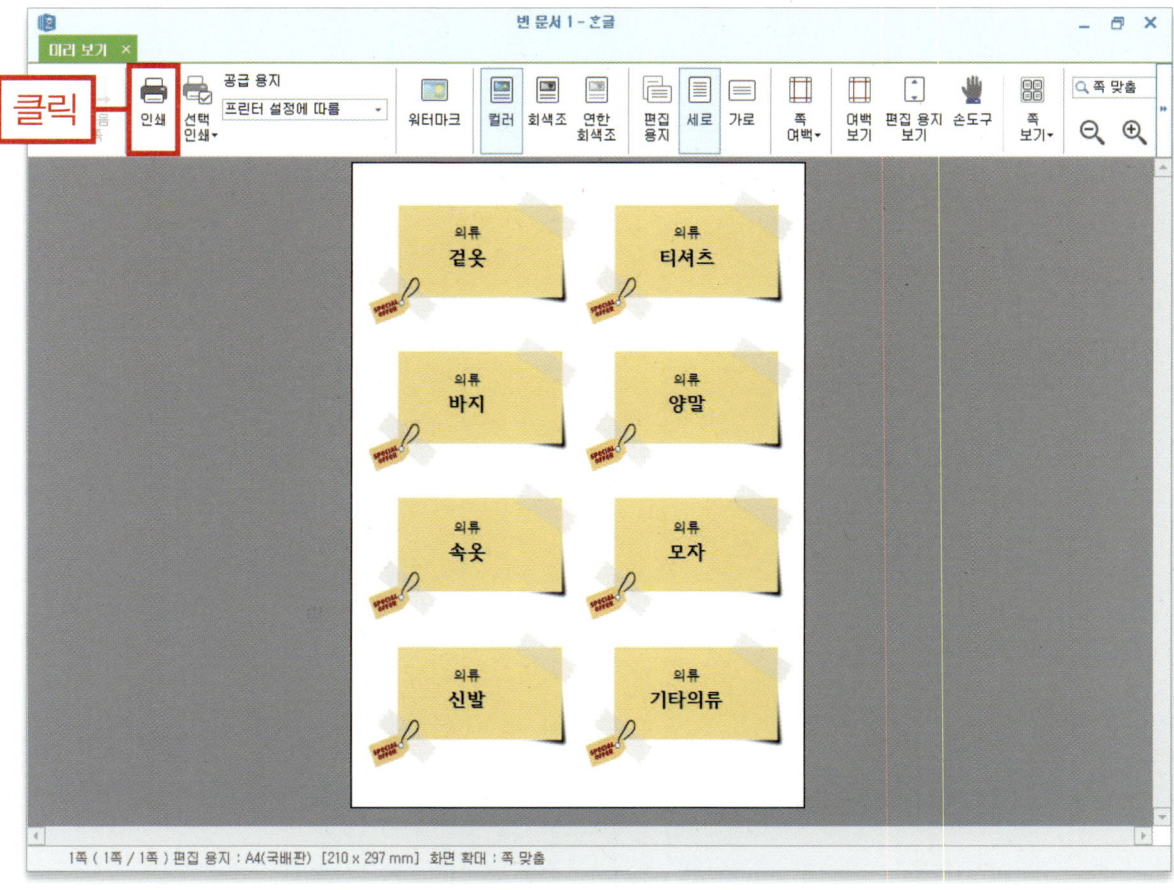

CHAPTER 20

: 예제로 배우기 :

메일 머지 기능을 이용한 우편 봉투 만들기

POINT

메일 머지 기능은 여러 명에게 정보를 발송해야 하는 DM이나 청첩장 등에 활용하면 좋습니다. 이번 장은 우편 봉투에 자동으로 주소록 데이터를 입력하는 방법을 알아봅니다.

완성 화면 미리 보기

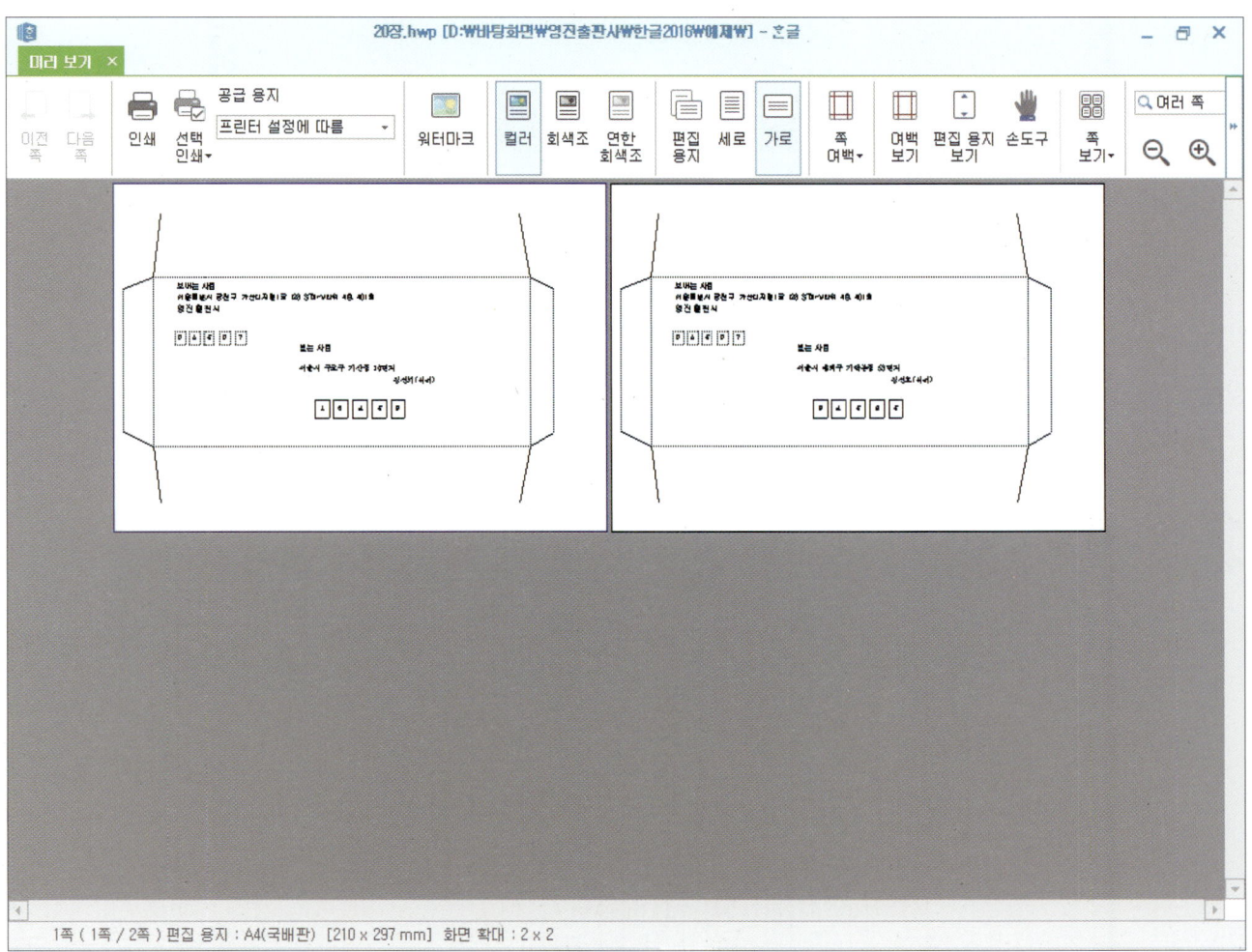

여기서 배워요! 메일 머지 표시 달기, 주소록 작성 및 연결하기

STEP 1 메일 머지 표시 달기

1 [예제] 폴더에서 [20장.hwp] 파일을 불러옵니다. 그림과 같이 받는 사람 아래에 커서를 두고 [도구] 탭의 [목록 단추]를 클릭한 후 [메일 머지]-[메일 머지 표시 달기]를 차례대로 클릭합니다.

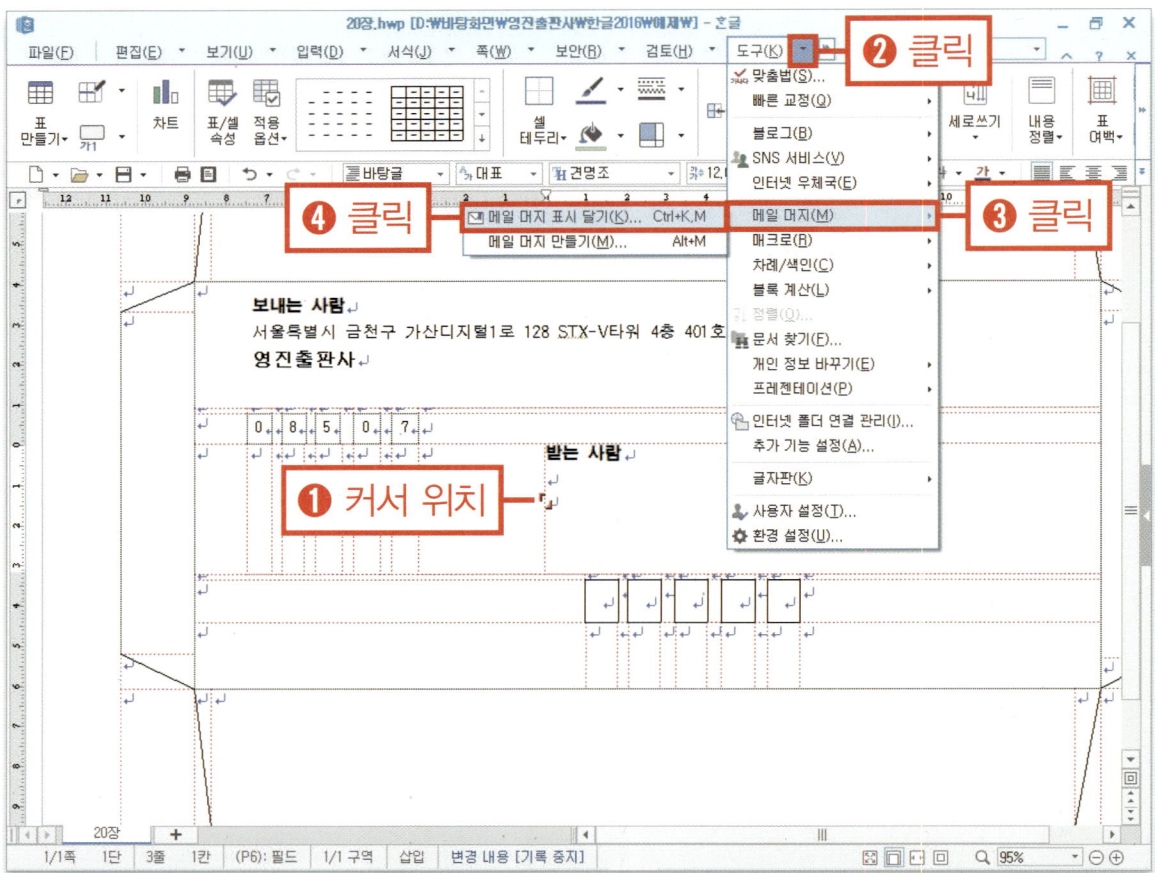

2 그림과 같이 {{1}}~{{7}}까지 메일 머지 표시를 달아 줍니다.

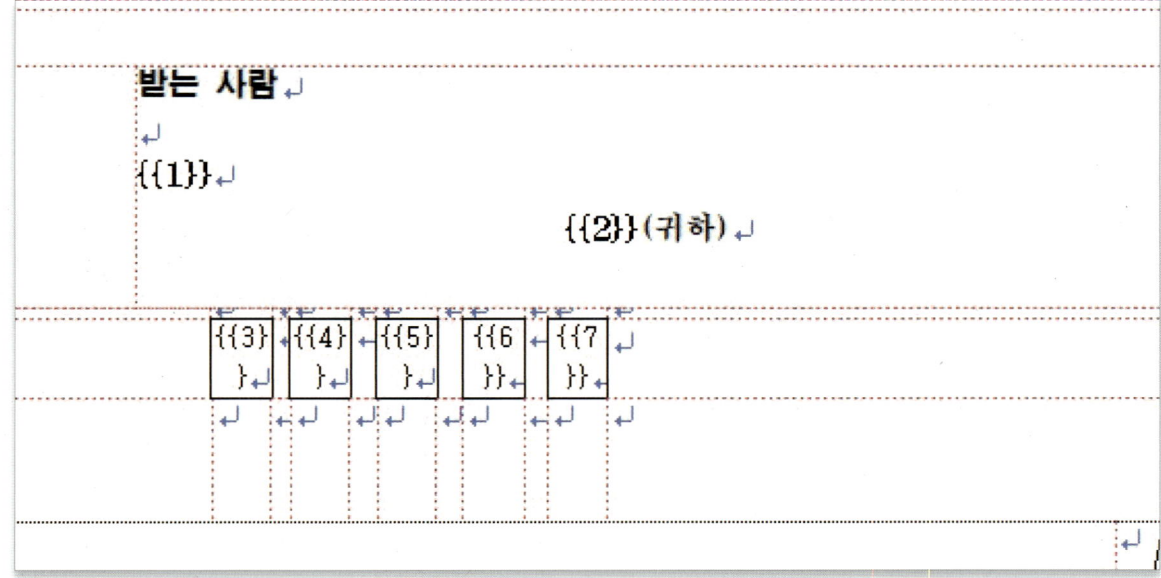

STEP 2 주소록 작성 및 연결하기

1 [파일] 탭-[새 문서]를 클릭한 다음 그림과 같이 내용을 입력합니다.

 메일 머지에 연결할 파일을 작업할 때 메일 머지 표시의 끝 숫자를 입력한 다음 그 숫자 개수만큼 내용을 입력합니다. 즉, '7'을 입력하면 '서울시 구로구 가산동 10번지'는 {{1}}에 입력되고 김선화는 {{2}}에 입력됩니다.

2 입력이 완료되면 원하는 위치에 저장합니다. 교재는 [바탕 화면]에 [주소]라는 이름으로 저장했습니다.

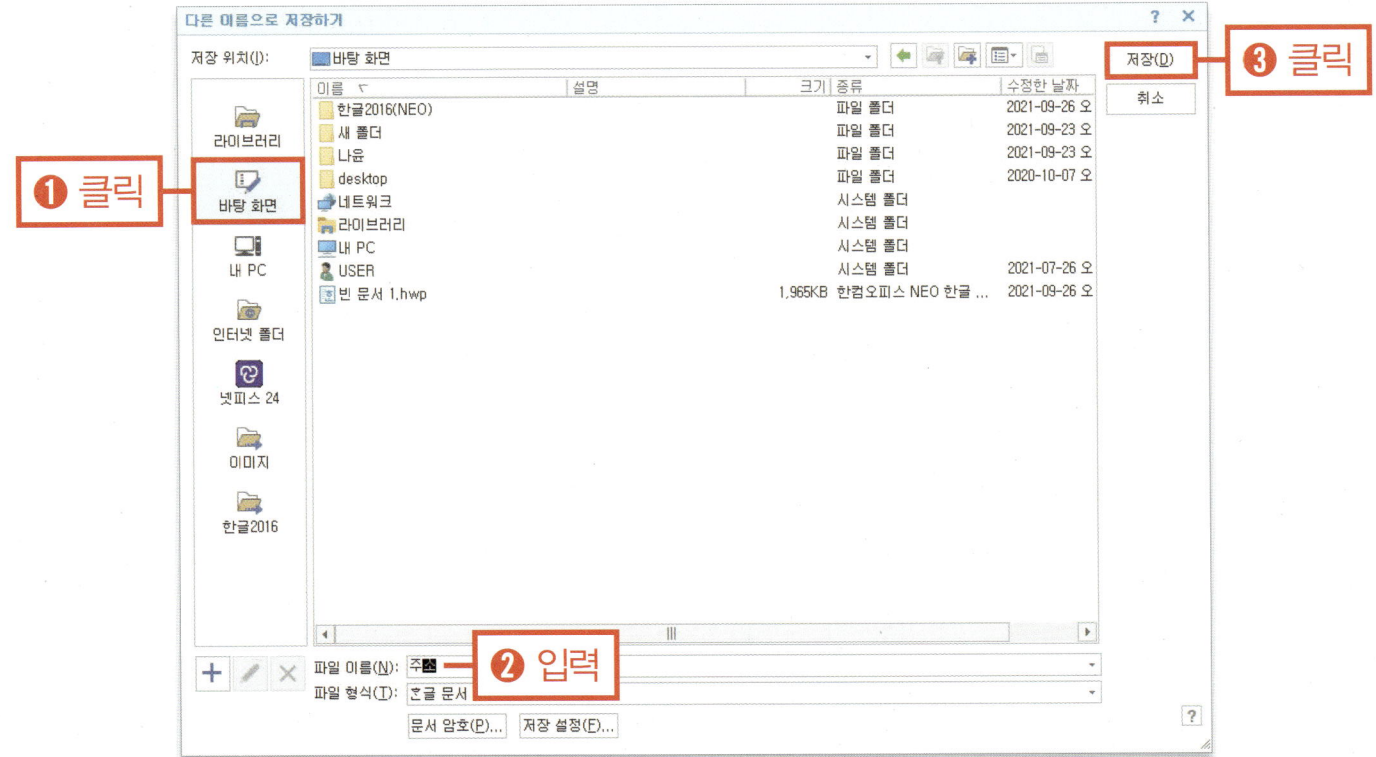

CHAPTER 20 메일 머지 기능을 이용한 우편 봉투 만들기 | **149**

3 [도구] 탭을 클릭한 후 [메일 머지]-[메일 머지 만들기]를 차례대로 클릭합니다. '메일 머지 만들기' 대화 상자가 나타나면 '훈글 파일'의 [찾아보기](📁)를 클릭하여 [주소.hwp] 파일을 연결합니다. '출력 방향'은 [화면]을 선택하고 [확인] 버튼을 클릭합니다.

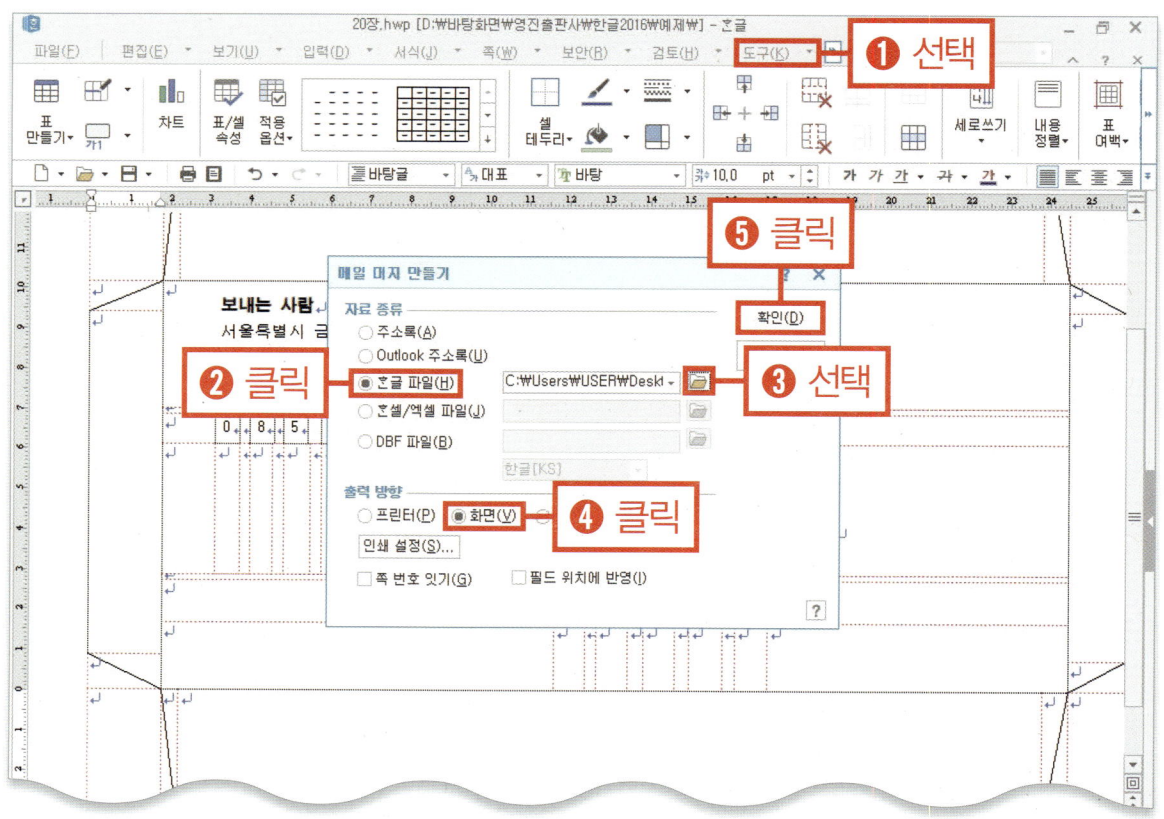

4 [미리 보기] 탭의 [쪽 보기]-[여러 쪽 보기]를 차례대로 클릭하여 전체를 확인한 후 [인쇄] 버튼을 클릭합니다.

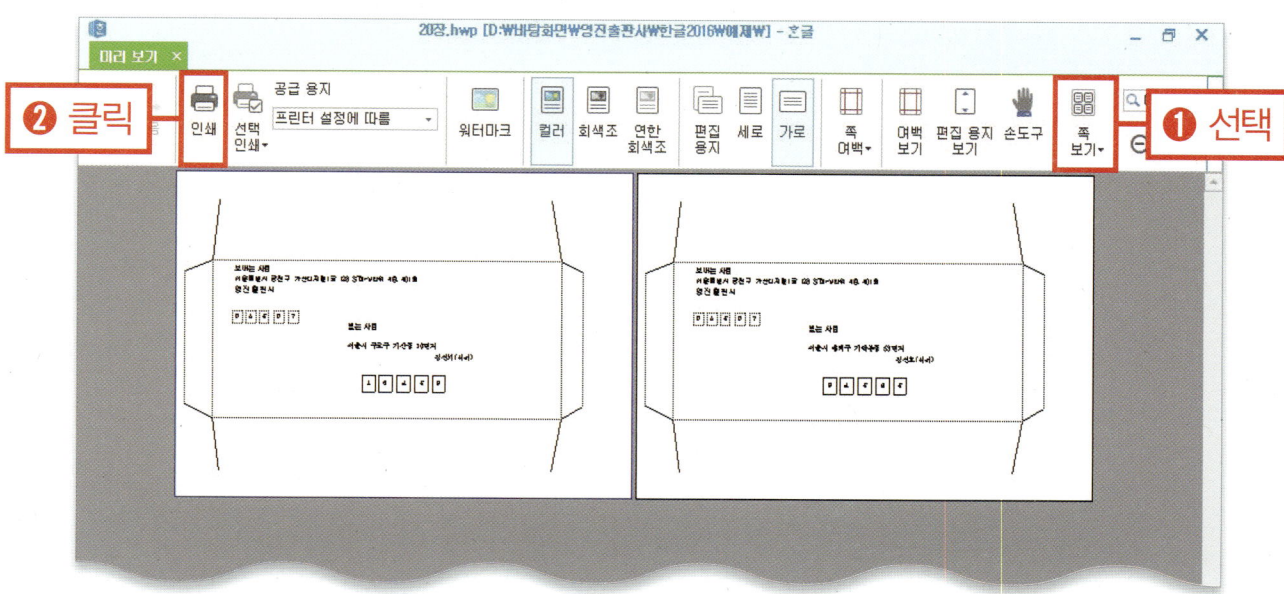

쓱 하고 싹 배우는
한글 2016(NEO)

1판 1쇄 발행 2022년 3월 28일
1판 2쇄 발행 2023년 12월 3일

저 자 | 김영미
발행인 | 김길수
발행처 | ㈜영진닷컴
주 소 | 서울특별시 금천구 가산디지털1로 128 STX-V 타워 4층 401호
등 록 | 2007. 4. 27. 제16-4189호

©2022., 2023. ㈜영진닷컴

ISBN 978-89-314-6598-3

이 책에 실린 내용의 무단 전재 및 무단 복제를 금합니다.
파본이나 잘못된 도서는 구입하신 곳에서 교환해 드립니다.